스시 마스터

일러두기
- 본문 하단 파란색 각주는 옮긴이의 주이고, 검은색 각주는 지은이의 주입니다.

스시 마스터

시바타쇼텐 엮음 | 조윤희 옮김

시그마북스
Sigma Books

스시 마스터

발행일 2019년 11월 15일 초판 1쇄 발행
2022년 4월 10일 초판 2쇄 발행
엮은이 시바타쇼텐
옮긴이 조윤희
발행인 강학경
발행처 시그마북스
마케팅 정제용
에디터 최윤정, 최연정
디자인 김문배, 강경희

등록번호 제10-965호
주소 서울특별시 영등포구 양평로 22길 21 선유도코오롱디지털타워 A402호
전자우편 sigmabooks@spress.co.kr
홈페이지 http://www.sigmabooks.co.kr
전화 (02) 2062-5288~9
팩시밀리 (02) 323-4197
ISBN 979-11-90257-11-4(13590)

撮影　合田昌弘
　　　天方晴子
　　　大山裕平
　　　東谷幸一
デザイン　荒川善正 (hoop.)
取材・編集　河合寛子
編集　淀野晃一 (連載担当)
　　　丸田 祐

SUSHI SHOKUNIN NO SAKANA SHIGOTO
© Shibata Publishing Co., Ltd. 2018
All rights reserved.
No part of this book may be reproduced in any form without the written permission of the publisher.
Originally published in Japan in 2018 by SHIBATA PUBLISHING CO., LTD., Tokyo
This Korean edition is published by arrangement with Shibata Publishing Co., Ltd., Tokyo
in care of Tuttle-Mori Agency, Inc., Tokyo through Enters Korea Co., Ltd., Seoul.

이 책의 한국어판 저작권은 (주)엔터스코리아를 통해 저작권자와 독점 계약한 **시그마북스**에 있습니다.
저작권법에 의하여 한국 내에서 보호를 받는 저작물이므로 무단전재와 무단복제를 금합니다.

파본은 구매하신 서점에서 교환해드립니다.

* **시그마북스**는 (주)**시그마프레스**의 자매회사로 일반 단행본 전문 출판사입니다.

들어가며

스시처럼 날마다 진화하는 요리는 없을 것이다. 이런 말을 들으면 의외라고 생각할지도 모르겠다. 예를 들어 설명하면, 식초 절임이나 스시를 절임장에 담가 만드는 '즈케' 기법은 유통망이 발달함에 따라 보존의 의미가 옅어진 대신에 재료를 최상의 상태로 유지하며 맛을 한층 끌어올리는 공정으로 변했다.

어획 기술이 발전하면서 도입되는 어패류의 종류도 늘어났고 각 재료의 특성에 맞는 새로운 조리 방법이 날마다 만들어지고 있다.

또 최근에는 한 개씩 주문하기보다 장인이 추천하는 그날 추천 재료를 코스로 먹는 '오마카세'를 주문하는 손님이 늘었고, 여성 손님 비중도 늘어나서 스시 자체의 크기는 점점 작아지고 있으며 재료 손질은 더욱 섬세해졌다.

같은 재료라도 다루는 사람마다 생각이 제각각이기 마련이다. 붕장어라면 껍질에 있는 점액질을 제거할 것인지 남길 것인지, 문어를 데칠 때 무를 갈아서 넣을지 말지 등등 하나씩 말하면 작은 차이처럼 느껴질지도 모른다. 그러나 이러한 작은 차이가 쌓이고 쌓여서 완전히 다른 결과를 만들기도 한다.

이 책은 베테랑부터 떠오르는 신예까지 스시 장인 35명이 주로 쓰는 재료 74종류를 준비하는 방법과 술안주 레시피 161개를 수록했다.

어패류 하나로 승부해온 스시 전문점의 기술을 엿볼 수 있을 뿐만 아니라 재료를 최대한 버리지 않고 쓰려는 다양한 연구는 요리에 종사해온 모든 사람에게 아이디어를 줄 것이다.

이 책은 그야말로 새로운 요리의 힌트가 가득 차 있는 보물 창고와 같다.

차례

제1장 스시 재료 준비

붉은살 생선 준비

다랑어 뱃살 간장 절임 _ 16
마구로 토로 즈케 | 鮪トロのヅケ

다랑어 대뱃살 간장 절임 _ 18
마구로 오토로 즈케 | 鮪大トロのヅケ

다랑어 붉은살 와인 절임 _ 20
마구로 아카미 와인즈케 | 鮪赤身のワインヅケ

다랑어 등지느러미 밑살 _ 22
마구로노 와카레미 | 鮪の分かれ身

새끼 다랑어 볏짚 구이 _ 24
메지마구로노 와라야키 | めじ鮪の藁焼き

가다랑어 볏짚 구이 _ 26
가쓰오노 다타키 | 鰹のたたき

청새치 뱃살 _ 28
마카지키노 하라미 | 真梶木の腹身

청새치 간장 절임 _ 30
마카지키노 즈케 | 真梶木のヅケ

흰살 생선 준비

광어 이케지메 _ 34
히라메노 이케지메 | 平目の活け締め

참돔 준비 _ 36
마다이노 시코미 | 真鯛の仕込み

흰살 생선의 숙성 ① _ 38
시로미자카나노 주쿠세이 | 白身魚の熟成

흰살 생선의 숙성 ② _ 40
시로미자카나노 주쿠세이 | 白身魚の熟成

흰살 생선 다시마 절임 _ 42
시로미자카나노 콘부지메 | 白身魚の昆布締め

옥돔과 소금 한 줌 _ 44
아마다이노 히토시오 | 甘鯛のひと塩

옥돔 다시마 절임 _ 46
아마다이노 콘부즈케 | 甘鯛の昆布締め

백옥돔 구이와 다시마 절임 _ 48
시로아마다이노 아부리토 콘부즈케 | 白甘鯛の炙りと昆布締め

금눈돔 다시마 절임 _ 50
긴메다이노 콘부지메 | 金目鯛の昆布締め

눈볼대 다시마 절임 _ 52
노도구로노 콘부지메 | のどぐろの昆布締め

창꼬치 다시마 절임 _ 54
가마스노 콘부지메 | 鮖の昆布締め

방어 센마이 하카타 오시즈시 _ 56
부리노 센마이 하카타오시 | 鰤の千枚博多押し

삼치 볏짚 구이 _ 58
사와라노 와라야키 | 鰆の藁焼き

등푸른 생선 준비

엿사리 식초 절임 _ 62
고하다노 스즈메 | 小肌の酢締め

전어사리 식초 절임 _ 64
신코노 스즈메 | 新子の酢締め

보리멸 식초 절임 _ 66
기스노 스즈메 | 鱚の酢締め

보리멸 다시마 절임 _ 68
기스노 콘부지메 | 鱚の昆布締め

새끼 도미 식초 절임 _ 70
가스고노 스지메 | 春子の酢締め

새끼 도미 다시마 절임 _ 72
가스고노 콘부지메 | 春子の昆布締め

새끼 도미와 식초달걀 볶음 _ 74
가스고노 스오보로 | 春子の酢おぼろ

새끼 도미 벚꽃나무 잎 절임 _ 76
가스고노 사쿠라바즈케 | 春子の桜葉漬け

학꽁치 다시마 절임 _ 78
사요리노 콘부지메 | 細魚の昆布締め

고등어 식초 절임과 백다시마 _ 80
시메사바토 시로이타콘부 | 締め鯖と白板昆布

식초 절임 고등어 볏짚 구이 _ 82
시메사바 와라야키 | 締め鯖の藁焼き

정어리 식초 절임 _ 84
이와시노 스지메 | 鰯の酢締め

전갱이 보즈시 _ 86
아지노 보즈시 | 鯵の棒寿司

청어 식초 절임 _ 88
니신노 스지메 | 鰊の酢締め

은어 식초 절임 _ 90
아유노 스지메 | 鮎の酢締め

새우, 갯가재 준비

보리새우 데치기 _ 94
구루마에비오 유데루 | 車海老をゆでる

보리새우와 식초달걀 볶음 _ 96
구루마에비노 스오보로 | 車海老の酢おぼろ

쌀새우 다시마 절임 _ 98
시로에비노 콘부지메 | 白海老の昆布締め

갯가재 준비 _ 100
샤코노 시코미 | 蝦蛄の仕込み

암컷 대게 데치기 _ 102
고바코가니노 시오유데 | 香箱蟹の塩ゆで

새우 보푸라기 _ 104
에비노 오보로 | 海老のおぼろ

오징어, 문어 준비

흰꼴뚜기 준비 _ 108
아오리이카노 시코미 | あおり烏賊の仕込み

오징어 조리기 _ 110
니이카 | 煮烏賊

오징어 인롱 ① _ 112
이카노 인로 | 烏賊の印籠

오징어 인롱 ② _ 114
이카노 인로 | 烏賊の印籠

문어 삶기 _ 116
유데다코 | ゆで蛸

문어 벚꽃색 조림 _ 118
다코노 사쿠라니 | 蛸の桜煮

문어 간장 조림 ① _ 120
다코노 쇼유니 | 蛸の醤油煮

문어 간장 조림 ② _ 122
다코노 쇼유니 | 蛸の醤油煮

문어 에도풍 조림 _ 124
다코노 에도니 | 蛸の江戸煮

조개 준비

백합 간장 조림 _ 128
니하마구리 | 煮蛤

전복 찌기 ① _ 130
무시아와비 | 蒸し鮑

전복 찌기 ② _ 132
무시아와비 | 蒸し鮑

전복 조리기 _ 134
니아와비 | 煮鮑

가리비 절이기 _ 136
니호타테 | 煮帆立

바지락 조리기 _ 138
니아사리 | 煮あさり

피조개 준비 _ 140
아카가이노 시코미 | 赤貝の仕込み

새조개 데치기 _ 142
토리가이오 유데루 | 鳥貝をゆでる

굴 데치기 _ 144
유데가키 | ゆで牡蠣

굴 조리기 _ 146
다키가키 | 炊き牡蠣

기타 준비

붕장어 조리기 ① _ 150
니아나고 | 煮穴子

붕장어 조리기 ② _ 152
니아나고 | 煮穴子

붕장어 조리기 ③ _ 154
니아나고 | 煮穴子

붕장어 조리기 ④ _ 156
니아나고 | 煮穴子

갯장어 데친 회 _ 158
하모노 오토시 | 鱧の落とし

뱅어 술 조림 _ 160
시라우오노 사케니 | 白魚の酒煮

연어 알 간장 육수 절임 _ 162
이쿠라노 다시쇼유즈케 | イクラのだし醤油漬け

연어 알 소금 절임 _ 164
이쿠라노 시오즈케 | イクラの塩漬け

박고지 조리기 ① _ 166
간표오 니루 | 干瓢を煮る

박고지 조리기 ② _ 168
간표오 니루 | 干瓢を煮る

일본식 달걀말이 ① _ 170
다마고야키 | 玉子焼き

일본식 달걀말이 ② _ 172
다마고야키 | 玉子焼き

일본식 달걀말이 ③ _ 174
다마고야키 | 玉子焼き

스시밥, 초생강, 니키리 간장, 니쓰메 간장   177

제2장 스시집의 술안주

회, 다시마 절임, 식초 절임

3종 모둠회 _ 184
모둠회 _ 185
즈쿠리 모둠회 _ 186
조개 모둠회와 만능조미료 _ 187
양파를 곁들인 가다랑어 _ 188
가다랑어 간장 절임 _ 188
봄 가다랑어와 햇양파 절임 _ 189
가다랑어 볏짚 구이 _ 189
다금바리 다시마 절임 _ 190
새끼 삼치 식초 절임 구이 _ 190
금눈돔 양념간장 회 _ 190
삼치 간장 절임 _ 191
금눈돔 구이 _ 191
숙성 고등어 식초 다시마 절임 _ 192
고등어 식초 절임 _ 192
꽁치 식초 절임 _ 193
꽁치 구이 _ 193
전갱이 회 _ 194
학꽁치 다시마 절임 회 _ 194
정어리 식초 절임 말이 _ 195
붕장어 데친 회 _ 195
은어회 내장 된장 _ 195
오징어 투명 회 _ 196
단새우 다시마 절임 _ 196
쌀새우 다시마 절임과 성게 _ 197
소금물 성게 _ 197

진미

봄에 말린 알 _ 198
건조 숭어알 ① _ 199
건조 숭어알 ② _ 199
일본식 젓갈 3종 _ 200
성게를 올린 일본식 오징어 젓갈 _ 201
일본식 오징어 젓갈 ① _ 201
일본식 오징어 젓갈 ② _ 201
일본식 오징어 젓갈 ③ _ 202
숙성한 일본식 오징어 젓갈 _ 202
전복 간 된장 절임 _ 203
전복 간 젓갈과 마스카르포네 치즈 _ 203
일본식 굴 젓갈 _ 204
가리비 곤이 회 _ 204
문어 간과 알 조림 _ 205
해삼 내장 무침 _ 205

고등어 쌀겨 절임, 두부 붉은 누룩 절임, 자라 알 된장 절임 _ 206
생건조 해삼 내장 _ 207
생새우 술도둑 절임 _ 207
고래 베이컨 _ 207

버무림, 식초 무침, 간장 절임

관자 깨소스 무침 _ 208
쑥갓 호두 무침 _ 208
다진 전갱이 _ 209
장어 간 구이와 마 _ 209
성게를 곁들인 마 _ 210
치어 젤리 _ 210
새끼 붕장어 _ 211
새끼 붕장어 소면 _ 211
흰살 생선 껍질과 조개 외투막 폰즈 무침 _ 212
조갯살과 오이 초된장 무침 _ 212
유채와 불똥오징어 초간장 무침 _ 213
굵은 큰실말 무침 _ 213
순채 무침 _ 213
암컷 대게 식초 무침 _ 214
데친 게 _ 214
털게와 청어알 무침 _ 215
게살 달걀노른자 식초 무침 _ 215
시샤모 소스 절임 _ 216
대구 이리 간장 절임 _ 216
재첩 간장 절임 _ 217
굴 참기름 절임 _ 217

조림, 찜, 데침

벚꽃색 문어 조림 _ 218
에도풍 문어 조림 _ 218
광어 지느러미살과 대구 이리 조림 _ 219
참돔 이리와 고사리순 _ 219
아귀 간 조림 ① _ 220
아귀 간 조림 ② _ 221
아귀 간 달콤 조림 _ 221
붕장어 조림 _ 222
꽁치 산초간장 조림 _ 222
정어리 오일 조림 _ 222
백합 조림 _ 223
오분자기 젤리와 순채 _ 223
화살꼴뚜기 알 조림 _ 224
데친 불똥꼴뚜기와 뱅어 _ 224
오징어 다리 먹물 조림 _ 224
마른멸치 고추 조림 _ 225
작은 토란 조림 _ 225

전복 찜 ① _ 226
전복 찜 ② _ 227
전복 찜 ③ _ 227
유자 후추 향 전복 찜 _ 228
젤리 소스를 넣은 전복과 성게 _ 228
백합 술 찜 _ 229
옥돔 술 찜 _ 229
자바리 술 찜 _ 229
아귀 간 찜 ① _ 230
아귀 간 찜 ② _ 231
성게 찜 _ 231
불똥꼴뚜기 간장 찜 _ 232
해삼 내장 달걀찜 _ 232
해삼 곤이 달걀찜 _ 233
차가운 달걀찜 _ 233
데친 문어 _ 234
데친 물문어 _ 234
불똥꼴뚜기 팽살 _ 235
생김 소스를 넣은 굴과 대구 이리 _ 236
데친 대구 이리 _ 237
다시마 육수에 익힌 대구 이리 _ 237

구이, 튀김

눈볼대 구이 _ 238
훈제 눈볼대 _ 239
눈볼대 소금 구이 _ 239
자바라 구이 _ 240
샛돔 구이 _ 240
학꽁치 대나무 구이 _ 240
삼치 유안지 간장 구이 _ 241
삼치 구이와 양파 간장 _ 241
방어 샤부샤부풍 구이 _ 242
흑점줄전갱이 가슴지느러미살 구이 _ 242
다랑어 가슴지느러미살과 구운 파 _ 243
광어 지느러미살 구이 _ 243
붕장어 구이와 캐비어 _ 244
붕장어 구이 _ 244
장어 구이 ① _ 245
장어 구이 ② _ 245
은어 소금 구이 _ 246
말린 은어 _ 246
참게 구이 _ 247
갯가재 구이 _ 247
키조개 구이와 김 _ 248
우럭조개 된장 구이 _ 248
소라 껍데기 구이 _ 248
대구 이리 구이 _ 249
성게 댓잎 구이 _ 249

고래 절임 스테이크 _ 250
죽순 구이 _ 251
연근, 표고버섯, 가지 모듬 _ 251
붉은 스시 누룽지 _ 251
은어 뼈와 껍질 튀김 _ 252
뼈 튀김, 껍질과 간 소금 구이 _ 252
도다리 튀김 _ 253
조린 전복 튀김 _ 253

모둠

전채 모둠 _ 255
쥐노래미, 아카시 문어, 찐 전복 _ 256
간을 올린 전복 회와 전복 외투막 내장 무침 _ 257
물문어 벚꽃색 조림과 새조개 _ 257

맑은 국

백합 맑은 국 ① _ 258
백합 맑은 국 ② _ 258
백합 맑은 국 ③ _ 259
자라 맑은 국 _ 260
쏘기미 맑은 국 _ 260
생선 맑은 국 _ 260
대구 이리 스프 _ 261
다랑어 파 맑은 국 _ 261
해조 미소장국 _ 262
도미 진한 국 _ 262
튀긴 가지 맑은 국 _ 263
구운 가지 퓌레 _ 263

밥

전복 밥 _ 264
고등어 말이 _ 264
털게 껍데기 밥 _ 265
대게 덮밥 _ 265
전갱이 보즈시 _ 266
벚꽃새우 김말이 _ 266
성게와 절인 야채 덮밥 _ 267
성게 밥 누룽지 _ 267

스시 장인 35인과 스시집 _ 268
스시 관련 기본 용어 _ 286

제 1 장

스시 재료 준비

붉은살 생선 준비

다랑어 뱃살 간장 절임

마구로 토로 즈케(鮪トロのヅケ)

이와 히사요시(岩 央泰) | 긴자 이와(銀座 いわ)

'즈케(절임)'는 담근다는 뜻의 즈케루(漬ける)에서 파생된 말로 간장 베이스의 조미료에 다랑어를 담가서 만든다.
냉장 설비가 없던 에도시대(1603~1868년)에 생선을 신선하게 유지하려고 고안한 기법으로,
예전에는 다랑어의 붉은살에 이용했는데 지금은 뱃살이나 흰살 생선에도 폭넓게 사용한다.

손질한 뱃살을 데쳐 니키리 간장*에 담근다

요즘 즈케라고 하면 스시용으로 손질해 덩어리째 장시간 담가두는 방법과 스시 한 개 크기로 썰어서 몇 분 정도 짧게 담가두는 방법이 있다. 덩어리째 담가두는 방법은 에도시대에 신선도를 유지하려고 사용했던 전통적 방법이고, 얇게 썰어서 담가두는 방법은 냉장 기술이 발달해 생선을 신선하게 유지할 수 있게 되면서 등장한 새로운 방법이다.

긴자 이와는 다랑어의 붉은살을 두 가지 방법으로 즈케로 만드는데, 뱃살은 덩어리째 만든다. 왜냐하면 뱃살은 지방이 많아서 절임장이 잘 침투되지 않아 얇게 썰어서 짧은 시간 담가두는 정도로는 맛이 배지 않기 때문이다. 요즘 만드는 즈케는 보존뿐만 아니라 간장과 술의 감칠맛을 생선에 스며들게 하려는 목적도 있다.

여기서 덩어리째 만드는 즈케도 먼저 뜨거운 물에 데쳐서 표면을 굳히는 선통 방법을 사용한다. 과서에는 생선의 산화를 막으려고 했던 공정으로, 최근에는 보존의 목적은 줄었으나 지방이 많은 뱃살을 데침으로써 지방은 적당히 빠지고 간장이 알맞게 스며들도록 도와주는 역할을 한다.

데친 후 간장에 담근다. 에도 시대는 생간장에 담갔다고 하는데, 요즘에는 술 등을 더해 끓인 니키리 간장에 담가서 맛이 부드럽다. 긴자 이와는 이 절임장을 옛날에 방식대로 '와리지'라고 부르는데, 술 외에 맛술 또는 설탕을 더하거나 물을 섞는 등 재료가 들어오면 그때그때 조미료의 배합과 담그는 시간을 달리한다.

가장 짧게는 4시간에서 5시간 담가두었다가 당일에 사용하는데 이때는 단맛과 물을 적게 하고 간장 맛을 진하게 한다. 1~2일 길게 담가두는 경우에는 반대로 단맛을 더 강하게 주고 물을 많이 넣어 간장 맛을 옅게 한다. 오늘 들어온 재료를 언제 손님에게 낼 것인지 관리하는 측면과 어떤 맛으로 완성할 것인지 풍미의 다양성 등 여러 관점에서 생각하고 준비 방법을 바꾸고 있다.

* 煮切り醬油: 간장에 술 또는 맛술을 넣고 끓여서 알코올을 날리고 감칠맛을 살린 간장으로 스시간장이라고도 부른다. 본문 180쪽 참조.

참다랑어(구로마구로 또는 혼마구로)의 대뱃살(오토로)이다. 지방이 가장 풍부한 뱃살 부위로 사진은 배 중심에 가장 가까운 '자바라'라는 부위다. 지방층이 줄무늬를 이루고 있어 붙은 이름이다. 이와 장인은 중뱃살(주토로)도 손질한 덩어리(사쿠)째 즈케를 만든다.

❶ 절임장을 만든다

뱃살을 담글 절임장, 일명 '와리지(割り地)'를 만든다. 간장, 술, 맛술 또는 설탕, 물을 섞어서 끓인 후 완전히 식혀서 사용한다. 조미료의 배합은 들어오는 재료와 담가두고 절이는 시간에 따라 바꾼다.

❷ 겉면을 데친다

살을 뜨거운 물에 살짝 데치는 것을 시모후리(霜降り)라고 한다. 시모후리란 '서리가 내렸다'는 뜻인데, 표면이 하얗게 변하는 것이 서리가 내렸을 때를 연상시켜 붙은 이름이다.

데쳐 뱃살의 표면을 굳히고 지방을 적당히 제거한다. 끓는 물에 뱃살을 넣고 5초 정도 지나면 표면이 하얗게 굳기 시작한다(왼쪽). 그 이상 익지 않도록 재빠르게 건져 얼음물에 30초간 담가서 열기를 식힌다(오른쪽).

❸ 절임장에 담근다

표면을 키친페이퍼로 닦아서(왼쪽) 절임장에 담근다(오른쪽). 당일에 사용할 때는 상온에서 4~5시간 담그고, 1~2일 후에 사용할 때는 묽은 절임장에 담가서 냉장 보관한다. 절임장에서 꺼내고 시간이 흐르면 겉면이 딱딱해지니 사용할 때까지 담가둔다.

수시간 담가서 완성한 즈케. 안쪽까지 절임장이 적당하게 스며들었다. 자바라 즈케는 안주에 알맞지만 같은 대뱃살이라도 지방이 그물 모양으로 마블링되어 있는 부위는 형태가 잘 망가지지 않아서 니기리즈시*로 좋다.

* 握り鮨: 쥘 초밥. 손으로 쥐어서 만드는 초밥.

다랑어 대뱃살 간장 절임

마구로 오토로 즈케(鮪大トロのヅケ)

구리야가와 고이치(厨川 浩一) | 스시 구리야가와(鮨 くりや川)

대뱃살은 풍부한 향, 응축된 감칠맛, 녹아내리는 지방의 단맛이 혼연일체가 되어 퍼진다.
10일간 숙성한 참다랑어의 대뱃살을 니키리 간장에 담가서 즈케를 만들면
지방이 많아도 육질이 적당히 단단해지고 풍미가 응축된다.

숙성시킨 후에 덩어리째 절인다

'즈케'는 냉장설비가 없던 에도시대에 빨리 상하는 다랑어의 신선도를 유지하기 위해 널리 퍼졌던 간장 절임 기법이다. 당시에는 붉은살을 선호하고 지방이 많은 뱃살은 폐기했다고 하는데 요즘에는 다양한 부위를 간장에 절여 스시에 사용한다. 스시 구리야가와도 다랑어의 숙성 정도, 코스의 흐름, 손님의 입맛 등에 맞추어 그때마다 부위를 한정하지 않고 즈케를 만들고 있다.

다랑어는 맛이 훨씬 진하고 깊은 맛이 나서 아오모리 현 시쓰카리나 홋카이도 훈카 등에서 정치 어업으로 잡은 다랑어만 사용한다. 지방이 들어간 정도보다 색을 중요하게 보고 품질을 판단한다. 대뱃살은 하얄 것이라는 이미지가 강하지만 선명한 분홍색을 띤 것이 맛이 진하고 맛있다.

다랑어가 식당에 도착하면 수십 kg 단위의 덩어리째로 곧바로 키친페이퍼로 감싸서 비닐봉지에 담아 발포스티로폼에 넣고 얼음을 채운다. 중심부까지 충분히 차가워지도록 신경을 기울여 숙성하며 먹는 시기를 판가름한다.

즈케는 덩어리째 장시간 절이는 방법과 스시 한 개 크기로 썰어서 몇 분 담가두는 방법, 이렇게 크게 두 가지 방법으로 만드는데 구리야가와는 전자 쪽이다. 다만 다랑어의 풍미를 최대한 살리고자 담가두는 시간을 조절한다. 지방이 많아서 맛이 스며들기 쉽지 않은 대뱃살은 약 1시간, 붉은살은 약 30분으로 짧다. 비용 대비 효율은 낮지만 아슬아슬할 때까지 숙성시킨 대뱃살 즈케는 특별한 맛이 있다.

숙성으로 감칠맛을 최대한 살린 대뱃살은 생짜로 담가두기보다 데쳐서 담가두는 편이 감칠맛과 단맛이 증가해 맛이 더욱 깊어진다. 입에 넣었을 때 다랑어의 지방이 녹아나와 감칠맛을 느끼기 쉽도록 즈케한 덩어리는, 다른 재료처럼 스시를 쥐기 전에 최소 30분간 상온에 두는 것이 포인트다.

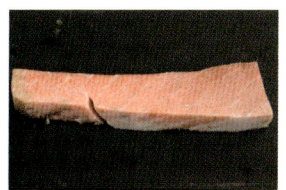

대뱃살은 뱃살 중에서도 가장 지방이 많은 부위다. 사진은 10일간 숙성한 아오모리현 시쓰카리산 참다랑어 대뱃살이다. 수십 kg 단위 덩어리로 들여와 숙성시킨 후에 붉은살, 중뱃살, 대뱃살 부위별로 나누어서 스시용 덩어리로 자른다.

❶ 대뱃살을 스시용 덩어리로 자른다

들어오는 단계에서 어느 정도 숙성이 진행되어 있으므로 숙성 기간을 확실하게 정하지 않고 표면의 색과 부드러운 정도로 먹는 시기를 판단한다. 이번에는 약 10일간 숙성시켰다. 대뱃살을 스시용 덩어리로 자르고 검게 변색된 부분을 공을 들여 제거한다.

❷ 겉면을 데친다

끓는 물에 대뱃살을 넣는다. 3~4초 정도 지나고 표면 전체가 엷은 흰색으로 바뀔 때 꺼내서(왼쪽) 더 익지 않도록 얼음물에 넣는다(오른쪽 위). 30초 정도 담가서 열기가 빠지면 꺼내 마른 수건으로 감싸서 확실하게 물기를 닦는다(오른쪽 아래). 구리야가와 장인은 "뜨거운 물로 데치면 표면이 거칠어져서 니키리 간장이 잘 스며들지요"라고 설명한다.

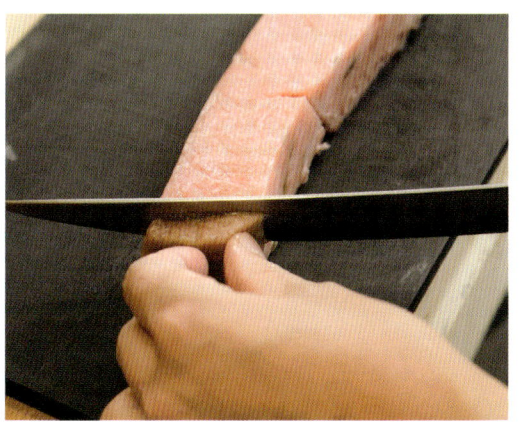

❸ 니키리 간장에 담근다

대뱃살 덩어리가 1/3 정도 잠기도록 니키리 간장을 붓고(왼쪽) 전체에 간장을 적신 상태로 상온에 둔다. 30분 정도 흐른 후에 뒤집어서(오른쪽) 다시 30분간 총 1시간 동안 담가서 간장의 맛과 향이 배도록 한다. 지방이 많을수록 간장이 잘 스며들지 않으므로 상태를 보면서 담가두는 시간은 조절한다. 니키리 간장은 향이 진한 이시카와현 노토 지역의 진한 맛 생간장을 베이스로 술, 맛술, 다시마, 가다랑어포를 더해서 만들었다(180쪽 참조).

❹ 즈케 완성

즈케가 끝난 대뱃살이다(왼쪽). 색이 진해지고 살이 단단해졌다. 키친페이퍼로 확실하게 물기를 닦고(오른쪽) 나무 상자에 넣어서 스시를 만들 때까지 냉장고에 보관한다. 지방이 녹아 감칠맛을 더욱 느끼기 쉽도록 사용하기 30분 전에 냉장고에서 꺼내서 상온에 둔다. 썰어서 스시를 만든 후에는 니키리 간장을 솔로 한 번 발라서 손님에게 내놓는다.

다랑어 붉은살 와인 절임

마구로 아카미 와인즈케(鮪赤身のワインヅケ)

스기야마 마모루(杉山 衛) | 긴자 스시코혼텐(銀座 寿司幸本店)

전통 즈케 재료인 다랑어 붉은살을 레드 와인을 넣은 니키리 간장에 담가서 만드는
긴자 스시코혼텐의 오리지널 즈케를 소개한다. 현재 주인인 스기야마 장인이 고안한 것으로,
스시 한 개 크기로 썬 붉은살에 와인을 부어서 풍미를 더한다.

레드 와인과 함께 즐기는 붉은살 즈케

와인즈케는 니키리 간장에 레드 와인을 조금 넣고 다랑어의 붉은살을 담가서 만든다. 약 20여 년 전 스기야마 장인이 가게를 이은 후 시작했다.

　장인 본인이 와인을 좋아하고 손님 중에도 다랑어와 와인을 함께 즐기기 원하는 사람이 늘어 나면서 다양한 종류의 와인을 구비하기 시작한 것이 계기였다. 현재 약 100여 종을 갖추고 있다. 어느 날 문득 와인을 마시는 손님에게 나가는 즈케에 와인을 추가하면 풍미가 더 좋아지고 맛있지 않을까 하는 생각이 들었다.

　사실 즈케를 담가두는 니키리 간장에 이미 일본술이 들어간다. 일본술을 넣는 이유는 간장의 짠맛을 줄이고 술의 감칠맛을 더하며 보존성을 올리는 목적으로, 와인도 같은 알코올이니 와인을 사용하는 것도 합리적이라고 생각했다. 또 레드 와인의 향과 진한 맛은 간장과 상성이 좋다. 그러나 다른 종류의 와인을 사용하면 풍미가 맞지 않으므로 동일한 와인을 사용하는 것이 원칙이다. 손님이 레드 와인을 주문하면 같은 브랜드의 레드 와인으로 즈케를 만든다. 참고로 다랑어 붉은살과 상성이 맞지 않는 화이트와인이나 소주 계통은 사용하지 않는다.

　한편 와인즈케는 덩어리째가 아니라 한 개 크기로 썰어서 만들고 있다. 예전처럼 즈케에 보존 목적이 없어진 만큼 현대에는 스시를 만들 때마다 조금씩 맛을 들이는 편이 최고의 상태로 대접할 수 있기 때문이다.

　담그는 시간은 일반 즈케처럼 와인즈케도 똑같이 4분에서 5분이지만 붉은살도 개체나 부위에 따라 지방의 분포에 다소 차이가 있으므로 육질을 보고 1분에서 2분 정도 시간을 조절한다. 지방이 많으면 맛이 잘 배지 않기 때문에 약간 담그는 시간을 길게 하고, 지방이 적으면 침투가 빠르니 짧게 한다. 미묘한 차이지만 즈케의 맛을 좌우한다.

참다랑어의 붉은살이다. '즈케'는 일반적으로 다랑어의 붉은살(아카미)로 만든다. 긴자 스시코혼텐에서는 와인즈케에 한정해 지방이 풍부한 방어, 흑점줄전갱이, 도미에도 응용한다.

❶ 붉은살을 스시 한 개 크기로 썬다

일찍이 즈케는 장기 보존을 목적으로 덩어리째 장시간 담가두었으나, 현대에는 풍미를 목적으로 스시 한 개 크기로 썰어 즈케하는 집이 늘고 있다. 여기서도 스시 한 개 크기로 썬다.

❷ 니키리 간장을 붓는다

붉은살에 니키리 간장을 붓는다. 니키리 간장은 진한 맛 간장, 담백한 맛 간장, 술, 맛술을 넣고 조린 것으로 짠맛을 억제하고 부드럽게 만들었다.

❸ 레드 와인을 붓는다

이어서 와인을 붓는다(왼쪽). 손님이 마시는 레드 와인과 똑같은 브랜드의 레드 와인을 사용한다. 니키리 간장의 10% 정도 양을 붓고 양면에 묻혀서 5분 정도 둔다(오른쪽). 천으로 물기를 닦고 스시를 만든다.

다랑어 등지느러미 밑살

마구로노 와카레미(鮪の分かれ身)

사토 히로유키(佐藤 博之) | 핫코쿠(はっこく)

다랑어는 부위마다 지방 함유량이 달라서 크게 대뱃살, 중뱃살, 붉은살 세 가지로 나누는데, 중뱃살에는 '와카레미'라는 부위가 있다. 와카레미는 나뉜 살이라는 뜻으로 등지느러미 뿌리 양쪽에 걸쳐 있어 붙은 이름이다. 아주 얇은 층인데 사토 장인은 가장 매력적인 중뱃살이라 생각해 즐겨 사용한다고 한다.

조직이 섬세하고 부드러운 와카레미

다랑어의 중뱃살은 붉은살과 대뱃살의 중간 정도 육질인데 실제로는 가운데 붉은살을 감싸듯이 형성되어 있어 붉은살에 가까운 부위인지, 껍질에 가까운 부위인지, 대뱃살에 가까운 부위인지에 따라 지방의 분포와 조직의 부드러운 정도가 다르다.

그래서 중뱃살을 스시용 덩어리로 자를 때 철분이 진한 붉은살에 가까운 부위부터 지방이 많은 전형적인 중뱃살 부분이 균등하게 들어가도록 한다. 즉, 붉은살부터 중뱃살까지 색채와 미각의 그러데이션이 이루어지도록 잘라서 두 가지 맛의 조합을 즐기는 것이 일반적인 중뱃살이다.

그러나 예외가 있다. 바로 이번에 소개하는 '와카레미(わかれ身)'다. 붉은살에서 떨어져 등지느러미 바로 아래에 있는 작은 부위로 지방이 균등하게 분포된 편이다. 조직이 섬세하고 입안에 착 감기는 맛은, 붉은살과 뱃살이 그러데이션된 맛을 뛰어넘는다. 사토 장인은 중뱃살 중 최고라고 말한다. 부드러워서 스시밥과 일체감도 뛰어나고 두껍게 썰어도 입안에서 부드럽게 풀어지기 때문에 감칠맛을 확실하게 느낄 수 있는 이상적 부위다.

일반 스시집에서는 농후한 맛이 축적된 대형 다랑어를 며칠에 걸쳐 부드럽게 만들어 사용하기도 하는데, 핫코쿠에서는 들어온 날부터 맛있게 먹을 수 있는 다랑어를 선택한다. 즉, 크기가 작고 살이 부드러우며 특유의 향이 강한 다랑어를 고른다. 주로 근해에서 정치망으로 포획해 곧바로 맛이 정점에 도달하는 신선한 다랑어를 선호한다.

다랑어는 계절에 따라 맛이 상당히 달라진다. 겨울 다랑어는 농후한 맛이 매력적이고, 여름 다랑어는 산뜻한 맛을 즐길 수 있다. 계절마다 가장 좋은 육질을 선택해 손님이 그 차이를 즐길 수 있도록 하는 데 신경을 쓰고 있다.

와카레미는 다랑어의 등지느러미 밑에 좌우로 걸쳐 있는 부위다. 사진은 등살의 한쪽 덩어리로 왼쪽 아래 모서리에 있는 담담한 색의 삼각형 부분이 '와카레미'다. 삼각형 왼쪽 아래 꼭짓점이 등지느러미가 붙은 뿌리에 해당한다.

❶ 와카레미를 스시용 덩어리로 자른다

와카레미의 경계선을 따라 칼집을 넣어서 스시용 덩어리로 자른다. 비스듬하게 오른쪽 아래로 칼집을 넣으면 와카레미를 통째로 자를 수 있는데, 사진은 스시용 덩어리를 자를 때 곧게 써는 방법을 보여준다(위쪽). 육질은 균질한 중뱃살이다(아래쪽).

❷ 힘줄을 제거한다

껍질부터 벗긴 면(덩어리를 자를 때 아래에 해당하는 면)은 단단한 힘줄이 몇 줄기 들어 있어서 얇게 저미듯 잘라 제거한다.

❸ 스시 크기로 썬다

스시 한 개 크기로 썬다(위쪽). 육질이 부드러워서 다랑어의 다른 부위나 다른 종류 생선보다 두껍게 썰어도 맛있게 먹을 수 있다(아래쪽).

❹ 장식용 칼집을 넣는다

두껍게 자를 때는 세로로 몇 줄 장식용 칼집을 넣는다. 입안에서 살이 금방 풀어져 부드럽게 부푼 느낌으로 먹기도 편해진다.

새끼 다랑어 볏짚 구이

메지마구로노 와라야키(めじ鮪の藁焼き)

고미야 겐이치(小宮 健一) | 오스모지도코로 우오토쿠(おすもじ處 うを徳)

다랑어의 왕자로 불리는 참다랑어는 유어도 사랑받는다. 도쿄와 가까운 관동지역에서는 '메지(メジ)'라고 부르고 오사카와 교토에 가까운 관서지역에서는 '요코와(ヨコワ)'라고 부른다. 오스모지도코로 우오토쿠에서는 성어뿐만 아니라 유어인 메지도 늘 준비한다. 볏짚 구이를 한 후 가볍게 즈케해 스시를 만든다.

구운 직후 따뜻할 때 즈케를 만든다

예전에는 참다랑어의 성어만 다루었는데 어느 날 쓰키지 시장에서 맛있어 보이는 메지의 살을 발견하고 마음에 들어 시험 삼아 구매한 것이 시작이었다. 향이 상쾌하고 맛이 산뜻해 성어와 다른 매력을 느꼈고 지금까지 빼놓지 않고 준비하고 있다.

유어도 성어와 마찬가지로 붉은살부터 대뱃살까지 있는데 우오토쿠에서는 산뜻한 맛을 느끼기 쉽도록 등 쪽의 붉은살과 중뱃살의 중간 부위를 주로 들여온다. 유어의 장점을 최대한 살리려면 회로 먹는 것이 가장 좋다. 스시로 만들면 식초의 강한 풍미 때문에 유어의 장점을 살리기 어려웠다.

그래서 가볍게 볏짚 구이를 한 후 절임장에 담가 향과 맛을 보충해 스시밥과 균형을 맞추어 니기리즈시로 맛있게 먹을 수 있도록 했다. 입에 넣자마자 잠시 동안은 볏짚 구이 향과 절임장 맛이 입안에 퍼지지만 그 후에 유어 본연의 맛이 나온다.

한편 볏짚 구이를 주로 하는 어종으로 가다랑어(가쓰오)가 대표적일 텐데 일반적으로 껍질을 부드럽게 하거나 껍질에 향을 배게 하려는 목적이다. 그러나 다랑어 유어 메지는 시장에서 들여오는 시점에 이미 껍질이 없고 또 전체적으로 은은하게 향을 더하는 정도가 목적이라서, 한 면을 20cm 정도로 큰 덩어리로 잘라서 살며시 불에 들어갔다 나오는 정도로 짧은 시간 동안 겉만 굽는다.

또 덩어리가 큰 만큼 불에서 꺼낸 후 온도도 높지 않아서 구운 직후 급냉하지 않고 그대로 상온에서 열을 식힌다. 온기를 남긴 채 절임장에 담가서 스시를 만드는 편이 메지의 맛을 살릴 수 있다고 생각한다.

기본적으로 손님이 왔을 때부터 구워서 갓 구운 상태를 보여주고 스시를 쥔다. 현장감을 연출한 덕분인지 손님에게 깊은 인상을 남기는 스시로 사랑받고 있다.

메지는 참다랑어의 유어로 시장에는 20~30kg 크기가 많다. 사진처럼 한 마리를 세로로 4등분해 블록으로 판매하는데 우오토쿠에서는 등 쪽을 들여온다.

❶ 메지를 나눈다

한 블록을 3,4등분한다. 사진은 왼쪽 끝의 검붉은살을 자르는 장면으로 이 부분은 마늘 간장에 담가서 스테이크를 하거나 육포 풍으로 조리해 술안주로 만든다.

❷ 꼬치를 꽂아서 볏짚에 굽는다

자른 살에 쇠꼬치를 부채꼴로 꽂는다(왼쪽). 중국식 냄비에 볏짚을 담고 불을 붙여서 불꽃이 올라오면 살을 가져가 약 1분 30초 정도 골고루 뒤집으면서 모든 면에 불이 닿게 한다(오른쪽).

❸ 열기를 식힌다

넓적한 쟁반에 담아서 식힌다. 냉수에 담그는 등 급냉은 하지 않는다. 살이 두툼하고 그리 오랜 시간을 굽지 않기 때문에 여분의 열기로 살짝 더 익히는 정도가 딱 좋다.

❹ 잘라서 즈케를 한다

미지근하게 온기가 남은 상태에서 썬다. 단면을 보면 테두리를 따라 약간 익은 정도다(왼쪽). 스시 한 개 크기로 썰어서 마늘을 넣은 절임장(세 종류 간장, 가다랑어포 육수, 맛술)에 3분간 담갔다가(오른쪽) 쥔다.

가다랑어 볏짚 구이

가쓰오노 다타키*(鰹のたたき)

나카무라 마사노리(中村 將宜) | 스시 나카무라(鮨 なかむら)

가을에서 초봄에 남하하는 지방이 축적된 가다랑어(가쓰오)를 모도리 가쓰오라고 부른다.
봄에서 초여름에는 하쓰 가쓰오 또는 노보리 가쓰오라고 부르는데,
지방이 적고 살이 단단해서 산뜻한 맛이 난다. 이번에는 모도리 가쓰오를 예로 다타키하는 방법을 설명한다.**

살이 익지 않도록 연기로 살짝 굽는다

에도 시대에는 가다랑어가 사랑받았는데, 특히 봄 가다랑어의 인기가 대단했다고 한다. 다만 그때까지 니기리즈시에는 사용하지 않았다. 니기리즈시를 만들기 시작한 것은 쇼와(1926~1989년)에 들어선 후라고 한다.

가다랑어의 제철은 봄에서 초여름과 가을부터 초겨울로 두 번 있다. 나카무라 장인은 입안에 착 감기고 감칠맛이 진하며 희미하게 단맛도 있는 모도리 가쓰오를 가장 선호해 가을에서 초겨울에만 들여온다. 가다랑어는 노화가 빠르고 색도 눈에 띄게 검게 변하기 때문에 당일에 전부 사용하는 것이 철칙이다.

보통 가다랑어는 술안주로 만들 때가 많지만 술안주에 쓰든 스시에 쓰든 껍질을 부드럽게 만들고 독특한 냄새를 줄이기 위해 꼭 다타키를 한다. 다타키는 맛이 진해 입에 남는 편이라 술안주 코스로 나갈 때는 여섯 가지 정도 술안주가 나간 다음 후반에 내놓는다. 스시로 만들 때는 니키리 간장을 한 번 바르고 간 생강을 곁들여 낸다. 입에 착 감기는 식감과 가다랑어의 감칠맛이 독특한 훈제 향과 함께 느껴질 때 생강의 알싸한 맛이 악센트를 준다.

가다랑어를 다타키할 때 살을 지나치게 익히지 않으면서 고소한 향을 최대한 살릴 수 있도록, 최적의 연기를 내는 방법과 가열 시간을 찾으려고 여러 번 시행착오를 겪었다.

보통 가다랑어를 직접 불에 그을리면서 그때 나오는 연기를 쏘여 특유의 향을 배게 하는데, 스시 나카무라에서는 불을 붙인 숯불을 볏짚으로 덮어 연기를 내고 먼저 연기만 쏘인 후, 볏짚에 불을 붙여서 껍질 쪽을 그을린다. 불꽃은 세기를 조절하기 상당히 어렵고, 가다랑어를 구우며 동시에 연기를 쏘여서 훈제 향이 배일 때까지 기다리면 살이 너무 익기 때문이다. 살이 지나치게 익지 않도록 먼저 확실하게 훈제한 다음, 껍질을 굽는 두 가지 공정으로 나누고 있다.

* 다타키는 두드린다는 뜻이다. 가다랑어를 겉면만 익히고 썰어 위쪽에 장을 뿌리고 두드려서 맛을 배도록 하는 데서 유래된 이름이다.
** 가다랑어는 일본 바다를 따라 추워지면 남하하고 따뜻해지면 북상한다. 겨울에는 남쪽으로 돌아간다는 뜻에서 모도리(戾)), 봄에는 처음이라는 뜻으로 하쓰(初)나 올라간다는 의미로 노보리(上)를 붙여서 부른다.

아침에 들여온 가다랑어를 3장으로 포를 떴다. 재료는 신뢰하는 업자에게 맡기는데 사진은 나가사키현 쓰시마에서 왔고, 보통은 미야기현 게센누마가 많다. 신선도는 배 껍질 쪽에 줄무늬가 뚜렷한 정도와 눈의 투명도 등을 보면 알 수 있다.

❶ 가다랑어를 손질한다

3장으로 포를 뜬 가다랑어의 머리 쪽을 삼각형으로 잘라내고 검붉은살을 제거한다. 뼈가 있는 부분을 발라내어 뱃살 쪽이 평평해지도록 형태를 정리해 자른다. 껍질 쪽에 있는 하얀 부분은 지방이다. 살이 새빨갛고, 지방이 오른 것이 맛이 진해 맛있다.

❷ 소금을 바른다

소금 20g을 껍질 쪽으로 스미게 해 20분간 상온에 둔다. 수분을 빼고 가다랑어 특유의 비린내를 빼는 공정이지만 맛도 다소 응축된다. 키친페이퍼로 감싸서 수분을 제거하고 소금을 닦아낸다.

❸ 껍질 쪽에 술을 끼얹는다

껍질과 살 사이에 쇠꼬치를 꽂고 껍질 면에만 술을 조금 끼얹는다. 술을 뿌리고 구우면 메일라드 반응*이 일어나기 쉬워져 구웠을 때 고소함도 살아나고 소금기도 씻어낼 수 있다. 가다랑어를 비스듬하게 들고 졸졸졸 흐르게 한다.

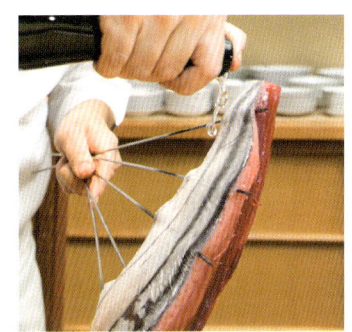

❹ 연기로 훈제하고 겉을 그을린다

숯에 불을 붙이고 볏짚으로 덮는다. 연기를 확실하게 내서 가다랑어의 양면을 연기에 쏘여 훈제한다(왼쪽). 겉을 굽기 전에 훈제하면 익는 정도를 신경 쓰지 않고 충분히 향이 배도록 할 수 있다. 그 후에 볏짚에 불을 붙여 껍질을 살짝 굽는다. 단단한 꼬리부터 시작해서 서서히 위치를 비껴가며 빠짐없이 겉을 굽는다(가운데). 약 1분 정도 그을리고 뒤집어 살을 가볍게 데우고(오른쪽) 금방 불에서 뺀다. 살은 익힌다는 느낌이 아니라 조금 따뜻하게 데운다는 느낌이다. 시간이 지나면 향이 옅어지고 살에도 수분이 생기므로 손님에게 나가기 직전에 진행한다.

❺ 썰어서 칼집을 넣는다

가다랑어를 1cm 정도 두께로 썬다. 혀에 올렸을 때 감칠맛을 느끼기 쉽도록 한쪽 단면에 잘게 칼집을 넣고 칼집을 넣은 면이 위로 오도록 스시를 쥔다.

* Maillard reaction: 고기 등 단백질을 가열할 때 환원당과 아미노산이 반응해 갈색으로 변하는 현상.

청새치 뱃살

마카지키노 하라미(真梶木の腹身)

유이 류이치(油井 隆一)　|　기즈시(㐂寿司)

청새치(마카지키)는 일찍이 에도 마에 스시*를 대표하는 재료였으나 최근에는 다루는 집이 드물어졌다. 어획량이 감소한데다가 다랑어의 인기에 눌리고 다루는 기술이 제대로 계승되지 않는 등 여러 원인이 있다고 한다. 기즈시는 창업 이래 전통을 이어 계속 스시를 쥐고 있다.

지방이 올라 부드러운 단맛이 느껴지는 뱃살을 사용한다

청새치는 스시 재료로 분류하면 붉은살에 해당하는데, 눈으로 보면 연어와도 비슷해서 어렴풋이 오렌지색을 띠고 투명한 느낌이 특징이다. 지방이 잘 올라서 식감이 부드럽고 매끄럽다. 지방에는 단맛도 있으며 튀는 면 없이 깔끔한 맛이 좋다. 예전에는 다랑어보다 청새치를 좋아하는 사람이 많았다고 한다. 참고로 황새치(메카지키)는 다른 어종이다.

　제철은 늦가을부터 벚꽃이 질 무렵까지다. 다만 최근에는 어획량이 한정되어 있는데다 일본요리에서 많이 쓰고 있어 스시집에서는 간단하게 손에 넣기 어려울 수도 있다. 기즈시는 오랫동안 계속해서 사용했기 때문에 지속적으로 들여올 수 있는데, 어쩌면 중계업체와 신뢰관계가 중요한 식재료일지도 모르겠다.

　청새치는 등시느러미 아래 양옆구리에 있는 와카레미가 특히 육질이 좋고 스시에도 적합한데, 기즈시는 다랑어의 대뱃살에 해당하는 뱃살 부위만 쓰고 있다. 지방이 충분히 올라서 청새치의 개성이 가장 강한 부위다. 한 마리분 뱃살을 통째로 들여오는데 신선도는 물론 지방이 오른 정도와 색상까지 보고 3박자를 갖추지 않았으면 스시에는 사용하지 않는다.

　갓 들여와 신선도가 좋을 때 세 종류 종이로 감싼 후 비닐봉지에 넣어 얼음을 채우고 2일에서 3일 정도 두었다가 사용한다. 지방이 전체에 돌아 살이 더욱 부드러워진다.

　남은 준비 과정은 살 안쪽에 있는 내장막과 바깥쪽에 있는 껍질을 제거해 스시용 덩어리로 자르기만 하면 되는데, 이 과정이 상당히 어렵다. 육질이 부드러운데다 자바라라고 부르는 지방층이 많아서 껍질을 벗기거나 자를 때 어긋나거나 늘어나서 제각각 분리되기 쉽다. 칼의 각도, 움직이는 방법, 속도 등이 중요한데 요령은 경험을 쌓아서 몸으로 익힐 수밖에 없다.

*江戸前寿司: 에도는 도쿄의 옛 이름으로 도쿄 앞 바다를 중심으로 널리 퍼졌던 전통 스시를 가리켜 '에도 마에 스시'라고 부른다.

기즈시에서 사용하는 청새치의 뱃살(왼쪽)이다. 다랑어의 대뱃살에 해당하는 부위로 지방이 가장 많다. 오른쪽 사진은 비늘이다. 끝이 뾰족하고 뼈처럼 단단해서 남아 있지 않도록 주의해야 한다.

❶ 청새치의 내장막을 벗긴다

뱃살 안쪽에 있는 내장을 감싼 막에 칼을 넣고 잘라서 벗겨낸다(왼쪽). 뱃살의 끝을 잘라낸다(오른쪽). 살이 부드러운데다 특히 자바라 부분은 근육이 흐트러지기 쉽기 때문에 칼을 불필요하게 움직이지 않고 깨끗하게 잘라서 정리하는 것이 포인트다. 사진의 덩어리는 가슴지느러미에서 배지느러미까지 뱃살을 대략 8등분한 크기다.

❷ 스시용 덩어리로 자르고 껍질을 벗긴다

껍질을 제거하지 않고 살 부분만 먼저 스시용 덩어리 크기로 자른다. 이번에는 2등분했다(왼쪽). 다음으로 각각 살에서 껍질을 잘라낸다(오른쪽). 스시용 크기로 자른 후에 껍질을 제거하는 편이 망가지지 않는다. 또 스시 한 개 크기로 썰 때도 분리되기 쉬우니, 결에 수직 방향으로 한 번에 썰어야 한다.

청새치 간장 절임

마카지키노 즈케(真梶木のヅケ)

하시모토 다카시(橋本 孝志) | 스시 잇신(鮨 一新)

스시 잇신은 청새치 등 쪽 붉은살을 스시용 재료로 쓴다.
10년 정도 전에 에도 마에 스시의 전통 재료를 다시 살펴보다가 사용하기 시작했다.
덩어리째 하룻밤 절임장에 담그고 1일 동안 재웠다 쓰는 전통 방식으로 즈케를 만든다.

절임장에 다랑어포로 고급스러운 풍미를 더한다

젊은 시절에는 청새치의 좋은 점을 알 만한 기회가 없었는데, 막상 한 번 사용해보니 너무 매력적이라 지금은 빼놓을 수 없는 소중한 재료가 되었다.

다랑어와 마찬가지로 겨울이 제철인데, 쓰키지 시장에는 북쪽 산리쿠 바다부터 남쪽 와카야마에 걸쳐 광범위한 지역에서 오랜 기간 동안 들어오기 때문에 뜻밖에도 안정적으로 손에 넣을 수 있다. 외줄낚시로 잡은 다랑어처럼 창으로 직접 포획하는 청새치가 가장 고급으로 취급된다. 한동안 감소하다가 몇 년 전부터 조금씩 늘어나는 조짐이 보이고 있어 쓰키지 시장에서 보이면 꼭 구입하고 있다.

청새치는 감칠맛이 진하다는 것이 가장 큰 매력이다. 더 깊이와 비교하면 양은 다랑어가 뛰어나지만, 감칠맛의 진함은 청새치가 우수하다고 생각한다.

스시 잇신에서 사용하는 등살의 중앙 부위는, 지방이 잘 올라온 붉은살로 맛도 뛰어나고 씹었을 때 식감도 가장 훌륭하다. 생짜로 써도 좋지만, 간장의 맛을 확실하게 들이는 전통 즈케를 하는 편이 맛이 진정되어 스시밥과 잘 어울리기 때문에 즈케로만 만든다.

만드는 방법은 다랑어 붉은살 즈케와 같다. 덩어리째 잘라서 데쳐 표면을 굳히고 절임장에 하룻밤 담갔다가 꺼내서 다시 1일 동안 둔 후 스시에 사용한다.

절임장은 간장과 술을 1:1로 섞고 맛술을 10% 정도 넣은 후 다랑어포를 추가한다. 다랑어포는 즈케를 맛있게 만드는 방법을 모색하다가 발견했는데, 처음에 가다랑어포를 썼더니 가다랑어포의 풍미가 지나치게 강하게 느껴졌다. 더욱 섬세하고 고급스러운 감칠맛과 향을 지닌 다랑어포를 시험해본 결과 잘 어울려서 계속 쓰고 있다. 참고로 절임장은 반복해서 사용해 청새치에서 나온 풍미를 농축하고 있다. 몇 차례 사용할 때마다 끓이고 간을 새로 해서 맛을 맞춘다.

스시 잇신은 청새치 등 쪽 가운데 아름다운 주홍색을 띤 붉은살을 주로 사용한다. 등지느러미 바로 아래에 해당하는 부위다(사진에서 왼쪽 부위). 청새치 최상의 부위로 지방이 잘 올라와 있다.

❶ 청새치를 덩어리로 자른다

아래 사진에서는 청새치를 세로 잘라서 스시용 덩어리로 만들었다. 이번에는 여섯 덩어리가 나왔다. 다루기 편하도록 각각 반 정도 길이로 자른다.

❷ 데친다

살을 키친페이퍼로 덮고 뜨거운 물을 살짝 뿌려서(왼쪽) 표면을 익힌다(오른쪽). 뒷면에도 뜨거운 물을 뿌린 후 곧바로 얼음물에 넣어서 빨리 열기를 식힌다. 데치는 과정을 생략하면 절임장이 지나치게 많이 스며들어 살이 끈끈해져 썰기 어려워진다.

❸ 절임장에 담근다

다랑어포를 넣은 절임장에 10시간 조금 넘게 담가두는데, 그 사이에 한 번 뒤집는다. 지방이 많을 때는 더 길게 담가둔다. 절임장은 서너 번 사용하면 끓여서 거품을 거두고 간을 해서 계속 사용하고 있다.

사진 오른쪽이 절임장에서 갓 꺼낸 청새치다. 꺼낸 후 종이로 감싸서 용기에 담아 하룻밤 냉장고 넣어 맛이 스며들게 한다. 왼쪽이 하룻밤 둔 상태다.

흰살 생선 준비

광어 이케지메

히라메노 이케지메(平目の活け締め)

야마구치 다카요시(山口 尚享) | 스시도코로 메구미(すし処 めぐみ)

생선을 신선하게 장시간 보존하는 기술로 '이케지메'가 있다.
회와 니기리즈시에 쓰는 생선을 잡은 후에 반드시 진행하는 작업으로, 대부분 어부나 중개업체가 실행한다.
스시도코로 메구미는 직접 이케지메를 하고 있어, 광어를 예로 설명한다.

흰살 생선의 최고 풍미와 식감은 이튿날까지

스시도코로 메구미는 활어로 들여오는 생선과 오징어를 전부 직접 이케지메한다. 이케지메는 신선도를 오래 유지하려고 하는 작업이니만큼, 이케지메하고 후처리를 포함해 냉장고에서 재우기까지 전체 공정을 쉬지 않고 진행하는 편이 더욱 효율적이라고 생각하기 때문이다.

살아 있는 생선의 등뼈를 절단해 피를 빼고 척수를 파괴해 신경을 죽이는 공정을 연달아 진행한다. 피는 잡균과 비린내의 원인이 되므로 처음에 단숨에 빼는 것이 중요하다. 또 등뼈에 들어 있는 척수를 파괴하면 근육 안에서 중요한 성분의 자기소화를 지연시켜 사후 경직까지 시간이 늘어나고, 살아 있는 듯 신선한 상태를 오랫동안 유지할 수 있다.

시장에서 하는 이케시메는 여기까지다. 식당에 들어온 후 비늘과 내장을 제거하고 물에 씻고 소금물에 담가서 여분의 수분을 빼는 공정을 진행한다. 스시도코로 메구미는 마지막에 냉장고에 넣어 숙성시키는 단계까지 온도와 소금물 농도에 세심한 주의를 기울이면서 잇따라 직접 작업을 함으로써 신선도를 확실하게 유지한다.

광어는 이케지메한 후 감칠맛 성분이 서서히 만들어져 6시간에서 8시간 후가 먹기 딱 좋으므로, 오전에 손질해서 그날 밤 늦게까지 손님에게 내놓는다. 자바리(구에), 능성어(마하타), 방어, 다랑어, 흑점줄전갱이처럼 크고 지방이 많은 종류는 여러 날에 걸쳐 숙성해야 하는데, 보통 흰살 생선은 사후 경직이 완전히 이루어진 후에는 감칠맛이 늘어나지 않기 때문에, 2일 정도면 감칠맛과 촉촉한 식감의 균형이 최고 상태에 이른다.

또 수분과 감칠맛 성분이 빠져나가지 않도록 소금을 뿌리거나 탈수시트를 사용하지 않고 소금물에 탈수를 한다. 수분을 유지해 촉촉해야하지만 날생선의 맛이 발휘된다고 생각하기 때문이다.

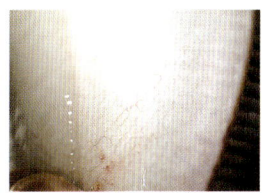 

광어는 1.2~1.6kg 크기를 들여온다. 질이 좋은 광어는 하얀 면의 모세혈관으로 판단한다(왼쪽). 혈관이 많고 투명하게 보일수록 잡힌 후 스트레스를 적게 받고 산소도 충분해서 신선하다.

❶ 광어를 이케지메한다

살아 있는 광어를 날뛰지 않도록 확실하게 누르고 가슴지느러미가 시작되는 부분에 칼끝을 댄다. 등 쪽으로 단숨에 잘라서 척수가 들어 있는 등뼈와 동맥을 절단한다. 피가 잘 빠지도록 꼬리지느러미 시작점을 잘라 등뼈와 동맥을 끊는다.

❷ 피를 빼고 척수신경을 파괴한다

가슴지느러미 쪽 단면을 흐르는 물에 대고 재빠르게 피를 씻어낸다(왼쪽). 피가 나오지 않으면 등뼈의 중심 구멍에 철사를 꽂고(오른쪽 위) 수차례 위아래 훑어서 척수를 파괴한다. 오른쪽 아래 사진은 철사가 통과하는 위치. 이제 주위의 지느러미를 잘라내고 비늘, 내장, 머리를 잘라 제거한다. 내장이 들어 있던 복막 부분은 칫솔 등을 사용해서 정성스럽게 물로 씻고 검붉은살과 오염물을 완전히 씻는다.

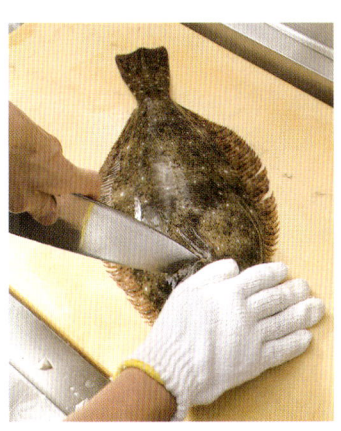 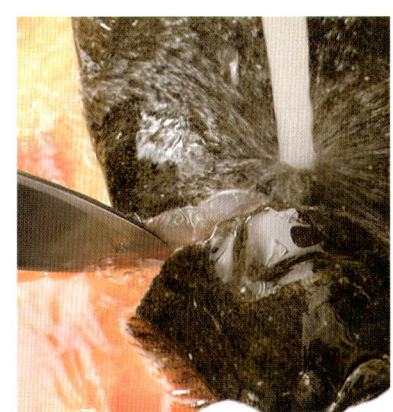 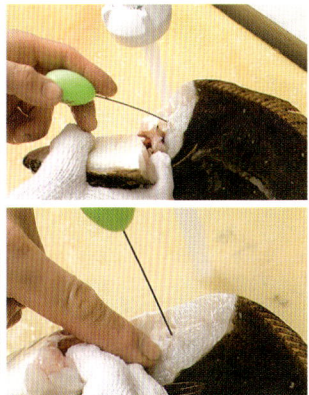

❸ 등뼈에서 피를 뺀다

꼬리지느러미 절단면 쪽 척수에 철사를 꽂아서 몇 번 훑는다. 입으로 바람을 불어넣어서 고여 있는 피를 뺀다. 복막부에 배어 나오기 시작하므로 물로 씻는다.

❹ 소금물에 담근다

물로 씻는 중에 자른 면으로 들어간 물을 빼고자 15℃ 전후 소금물(염분 농도 1.8% 전후)에 2분 정도 담근다. 지나치게 오래 담가두면 탈수가 진행되므로 2분을 크게 넘기지 않는다. 꺼낸 후에는 소금물의 소금기를 씻어내는 정도로 빠르게 물로 씻는다. 염분은 농도계로 정확하게 측정한다

❺ 숙성시킨다

사진처럼 가운데를 들면 살이 부드럽고 신선도가 유지되어 양쪽이 처지는 것을 알 수 있다. 물기를 닦고 껍질이 지나치게 마르지 않도록 수분 흡수율이 낮은 종이에 싸서 비닐봉지에 넣는다. 지나치게 차가워지지 않도록 발포스티로폼 상자에 담아서 냉장고 안에서 5~8℃를 유지하면서 6~8시간 숙성시킨다.

참돔 준비

마다이노 시코미(真鯛の仕込み)

곤도 다케시(近藤 剛史) | 스시 기즈나(鮓 きずな)

흰살 생선의 대표인 참돔(마다이)은 일본 각지에서 잡히는데, 세토 내해의 아카시 해협 일대에서 잡히는 '아카시 다이'가 특히 인기가 많다. 곤도 장인은 도제 시절부터 아카시 다이를 다루었고, 독립한 후에도 가게의 간판 메뉴 중 하나로 아카시의 참돔을 다양하게 사용하고 있다.

이케지메 당일은 회로, 하룻밤 숙성시키고 스시로

품질이 좋은 자연산 참돔은 지방이 지나치게 많지 않고 적당하게 올라서 지방의 감칠맛, 단맛, 향이 갖추어져 있다. 아카시의 참돔은 이러한 조건에 적합하며 또 항구에서 이케지메 등을 처리하는 기술이 뛰어나서 높이 평가 받는다. 품질이 좋은 참돔으로 니기리즈시를 만들 수 있는 것도 그러한 전통 기술이 있기에 가능하다. 참돔은 관서지역에서 영업하는 스시집에서 특히 힘을 기울이는 스시 재료다.

참돔을 충분히 맛볼 수 있도록 회, 껍질이 붙은 니기리즈시, 껍질을 벗긴 니기리즈시 등으로 변화를 주고, 니기리즈시는 살의 품질에 따라 2장을 겹쳐서 줄 때도 있다.

참돔은 소판 시간 부디 역신에서 0시긴 깅도 진에 이게지메를 하도곡 부딕해시 식방에 보직하면 2샹으로 포를 뜬나. 뼈가 없는 반쪽은 당일에 회로 사용하고 뼈가 있는 쪽은 1일 동안 두었다가 다음날 스시를 쥔다.

회는 아직 조직이 살아 있을 때 손님에게 내어 씹는 맛도 즐길 수 있도록 한다. 스시는 시간을 두고 감칠맛을 올려서 스시밥과 어울리고 약간 끈기 있게 입에 착 붙는 식감을 내야 한다. 최근에는 며칠간 길게 숙성하는 방법도 있다고 하는데 스시 기즈나는 씹는 맛을 남기는 정도로 숙성하기 때문에 참돔을 비롯한 많은 생선을 1일 동안만 숙성시킨다.

한편 껍질 처리는 크기에 따라 결정한다. 작을 때는 껍질이 부드러우니 껍질이 붙은 채로 사용한다. 클 때는 껍질이 단단해지기 시작한 상태이기 때문에 벗기고 사용한다. 껍질을 벗기는 경계는 1.1kg이다.

껍질째 먹으면 껍질 바로 아래에 있는 지방의 감칠맛과 탄력을 즐기며 껍질도 맛있게 먹을 수 있고, 껍질을 벗기면 사용하기 직전에 가볍게 소금으로 절여서 응축된 감칠맛과 조여진 살의 식감이 매력적이다. 이렇게 맛의 차이를 비교하는 즐거움이야 말로 고급 참돔이기에 가능하다고 생각한다.

아카시 해협의 중심지 아카시우라에서 잡히는 참돔이다. 아카시산이라는 표가 붙어 있다. 사진 아래쪽이 1.5kg, 위쪽이 1kg 조금 넘는데 곤도 장인은 1.1kg을 경계로 준비 방법을 바꾼다.

❶ 참돔을 2장으로 포를 뜬다

머리를 잘라내고 2장으로 포를 뜬다. 뼈가 없는 살은 이케지메한 당일에 회로 손님에게 내고, 뼈가 있는 부분은 1일 동안 재웠다가 스시로 쥔다.

❷ 하룻밤 숙성시킨다

살 면에 흡수성이 좋은 생선전용포장지, 껍질 쪽에는 잘 건조되지 않는 일반 키친페이퍼를 대고 신문지로 감싸서 발포스티로폼 상자에 담는다. 4℃ 냉장고에 넣어서 참돔을 5℃로 보존해 하룻밤 둔다.

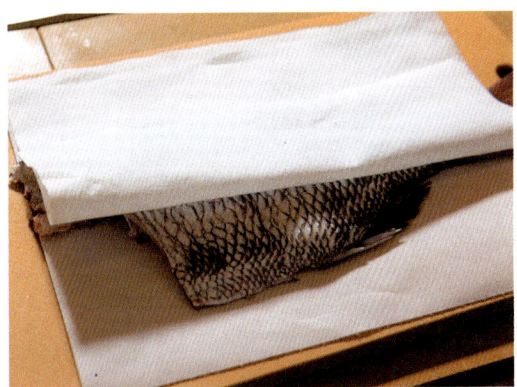

❸ 껍질을 데친다 (소형 참돔)

1.1kg 이하일 때는 부드러운 껍질을 붙인 채 스시를 쥐므로 껍질 쪽만 데친다. 등뼈와 배뼈를 제거하고 껍질을 위로 하고 무명천을 덮고 뜨거운 물을 살짝 붓는다(왼쪽). 곧바로 얼음물에 담갔다가 꺼내서 물기를 닦으면 준비가 끝난다(오른쪽).

❹ 껍질을 벗기고 소금으로 절인다 (대형 참돔)

1.1kg 이상 대형일 때는 단단해진 껍질을 벗긴다. 소형 참돔과 마찬가지로 1일 동안 재워두었다가 살에서 뼈를 제거하고 몸을 2등분해 껍질을 벗긴다(왼쪽). 영업을 시작하기 직전에 양면에 소금을 바르고 10~15분간 두었다가 가볍게 수분을 닦는다(오른쪽). 소금을 씻어내고 얼음물에 담가 살을 쫀득하게 조인다.

흰살 생선의 숙성 ①

시로미자카나노 주쿠세이(白身魚の熟成)

이사야마 유타카(伊佐山 豊) | 스시 마루후쿠(鮨 まるふく)

많은 생선이 이케지메 직후보다 시간을 두는 편이 부드럽고 감칠맛이 늘어난다.
최근에는 재워두는 시간을 더욱 길게 해 감칠맛을 추구하는 스시집이 늘고 있다.
스시 마루후쿠도 흰살 생선을 다양하게 숙성시켜 사용한다.

1단계는 한 마리째, 2단계는 반으로 손질해 숙성

생선의 숙성에 본격적으로 몰두하기 시작한 것은 수년전부터다. 대형 자바리(구에)를 평소보다 길게 시간을 두고 다시마에 절여서 맛을 보고 숙성의 효과를 깨달았다.

원래 스시는 생선의 감칠맛을 충분히 끌어내야 한다고 생각했기 때문에 그 후부터 다른 중형 생선도 숙성을 시험하기로 했다. 한차례 다양한 생선을 시험해보고 적정한 숙성 시간을 탐구해보았는데, 숙성에는 상당한 깊이가 필요해 지금도 여전히 시행착오를 겪고 있다.

보통 생선을 3일에서 10일 정도 숙성한다. 자바리 같은 대형 생선을 제외하면 5일에서 6일이 보통이다. 이케지메한 후 머리에 내장을 제거하고 통째로 우선 3일 전후로 숙성한다. 다음으로 여분의 수분을 뺀 후에 다시 한번 3일 전후로, 이렇게 두 단계로 나누어서 숙성한다.

뼈를 바르기 전에 숙성시키는 이유는 살아 있던 살을 진정시키기 위해서다. 재워두지 않고 곧바로 소금을 뿌리면 중심부의 수분이 잘 나오지 않아서 빨리 상하고 살에도 투명감이 없이 탁해지기 때문에 스시로 만들었을 때 아름다움이 줄어든다. 2단계에서는 생선의 감칠맛을 끌어내기 위해 숙성하는데 손질해서 진행한다.

숙성에 사용하는 도구는 흡수력이 좋고 내수성이 있는 내수종이와 비닐봉지다. 첫 번째 3일 전후 숙성을 할 때는 도중에 소금을 다시 뿌린 후 종이를 교환하지 않고 그대로 조용히 재워둔다.

앞으로 흰살 생선뿐만 아니라 비늘 생선까지 2주에서 3주간에 걸쳐 장기 숙성하는 방법에도 적극적으로 도전해볼 생각이다. 생선을 준비하는 방법도 다양하게 바꾸어서 더욱 감칠맛을 끌어내는 방법을 찾고 있다.

이번에는 11월에서 2월이 제철인 광어를 예로 소개한다. 광어는 이케지메한 것을 들여온다.

❶ 광어를 1단계 숙성한다

광어의 머리와 내장을 제거하고 내수종이와 비닐봉지로 싸서 냉장고에 넣는다. 2일간 두어서 살아 있는 살을 진정시킨다.

❷ 소금으로 절인다

5장으로 포를 뜨고 껍질을 벗긴 후 양면에 가볍게 소금을 바른다. 몸의 크기에 따라 20분 전후로 두어 여분의 수분을 제거한다.

❸ 종이와 비닐봉지에 감싸서 숙성시킨다

배어나온 수분과 소금을 씻어내고 물기를 잘 닦고 2단계 숙성에 들어간다. 뼈를 바르고 얇은 종이로 꼭 감싼 후(위쪽) 비닐봉지에 담아서 공기를 빼서 밀폐해(아래쪽) 얼음을 채워서 냉장고에서 2~3일간 둔다.

숙성한 광어의 뼈 없는 위쪽 살과 지느러미살(엔가와)이다. 수분이 빠져나가서 약간 끈끈하고 부드러워졌으며 표면에 윤기가 돈다. 또 감칠맛도 증가했다.

흰살 생선의 숙성 ②

시로미자카나노 주쿠세이(白身魚の熟成)

사토 다쿠야(佐藤 卓也) | 니시아자부 다쿠(西麻布 拓)

니시아자부 다쿠는 각종 필름과 시트를 사용해
많은 종류의 흰살 생선을 어종에 따라 3일에서 10일 전후로 숙성해 스시를 쥔다.
생선의 종류와 크기에 따라 다루는 방법이 다소 변하는데 이번에는 능성어(마하타)를 예로 설명한다.

반나절에서 1일 단위로 소금을 뿌려서 서서히 수분을 뺀다

스시 재료에 숙성 기법을 많이 사용하는 이유는 날이 지나면 지날수록 살이 부드러워지고 감칠맛과 단맛이 확실하게 늘어나기 때문이다.

흰살 생선은 손질한 직후에는 대체로 몸이 살아 있어 단단하고 수분도 많아서 신선함을 가장 중요하게 여기는 회에 적합하다. 그러나 스시를 쥐면 볼록한 스시밥과 하나가 되지 않고 풍미도 부족해 감칠맛을 중시하는 니기리즈시에는 부족한 느낌이 든다. 금눈돔(긴메다이)이나 삼치(사와라)처럼 지방이 올라 풍미가 강한 생선은 니시마에 절이기도 하지만, 대부분은 수일간 숙성시켰을 때야말로 아주 맛있는 스시 재료가 된다.

숙성의 기본 단계는 손질해 뼈가 없는 윗살에 소금을 뿌리고 탈수 시트 등으로 감싼 다음 얼음을 채워 수일간 둔다. 처음에는 반나절 정도, 그 후에는 1일 단위로 필요에 따라 소금을 다시 뿌리거나 새로운 종이로 다시 감싸기를 반복해서 서서히 수분을 빼고 감칠맛을 높인다. 소금은 간이 목적이 아니라 수분을 빼기 위해 뿌리는 만큼 단계적으로 조금씩 뿌려서 효율 좋게 수분을 빼야 한다. 한 번에 너무 많이 뿌리면 젓갈처럼 절여지고 중심부의 수분은 빠지지 않는다.

또 껍질과 살이 닿는 부분에 감칠맛이 많으므로 기본적으로 처음에는 껍질째 숙성시키다 살이 안정된 후에는 껍질을 벗기고 숙성시킨다.

얼마만큼 숙성시킬지 판단하기란 상당히 어려워서 경험을 쌓으며 보는 눈을 키우는 방법밖에 없다. 어종·크기·부위·개체마다 수분, 지방의 함유량, 감칠맛의 정도가 달라서 반나절 혹은 1일마다 눈으로 숙성 상태를 확인하고 혀로 맛을 확인해 그때마다 필요한 소금의 양을 정하고 흡수성과 통기성 등이 다른 시트를 적절하게 사용해 감칠맛을 최고 상태로 이끈다.

또 정점을 지나면 열화가 시작되어 냄새가 나기 시작하기 때문에 어느 선에서 숙성을 중단할지도 상당히 중요하다.

능성어는 대형으로 맛이 좋은 흰살 생선 중 하나다. 능성어, 자바리, 도미, 광어 등 흰살 생선을 대부분 수분을 빼고 숙성시켜 스시 재료로 사용한다.

❶ 소금을 뿌린다

능성어의 예시다. 3장으로 포를 뜨고 양면에 소금을 뿌리고 10분간 두었다가 표면의 수분을 닦는다. 숙성 중에도 소금을 뿌리고 서서히 수분을 빼기 때문에 한 번에 소금을 많이 뿌리지 않는다. 처음에는 껍질이 붙은 상태로 숙성한다.

❷ 수분을 닦고 종이와 필름으로 감싸서 숙성시킨다

생선에서 나온 수분과 염분을 맨 처음에만 물에 살짝 흘려보내고 물기를 닦는다(왼쪽). 살 쪽에 탈수 시트를 붙이고(가운데) 넓적한 쟁반에 담아 위를 랩으로 덮어서(오른쪽) 냉장고에서 숙성한다. 반나절에서 1일마다 소금을 뿌리고 필름과 종이를 바꾸면서 냉장고에서 숙성시킨다. 도중에 껍질을 벗긴다.

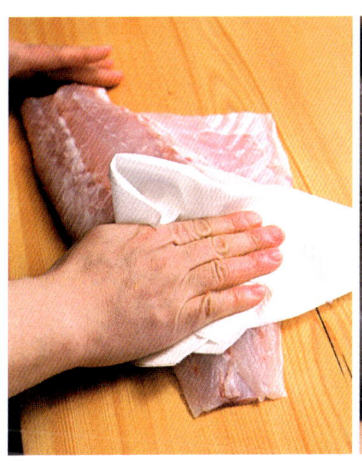 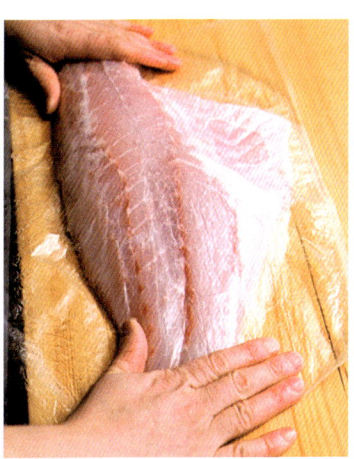 

생선의 종류, 부위, 지방이 오른 정도를 고려하며 3~10일간 숙성시킨다. 사진은 10일간 숙성시킨 자바리다. 살이 응축되고 조직이 부드러워졌으며 감칠맛과 단맛도 늘어났다.

숙성 과정에서 수분의 양을 고려해 흡수성, 통기성, 부드러움이 다른 필름, 종이, 탈수 시트, 선도보존 패드 다섯 종류를 바꾸어가며 사용한다.

흰살 생선 다시마 절임

시로미자카나노 콘부지메(白身魚の昆布締め)

우에다 가즈토시(植田 和利) | 스시도코로 긴베에(寿司處 金兵衛)

스시집마다 추구하는 풍미가 달라서 다시마 절임에 사용하는 다시마의 종류와 산지를 구별해 사용한다.
스시도코로 긴베에는 3년 이상 숙성시켜 풍미를 올린 숙성 다시마를 사용한다.
우에다 장인이 3대를 이었을 때 모든 스시 재료를 다시 검토하던 중에 도입했다.

향이 달고 부드러운 '숙성 다시마'로 절인다

숙성 다시마는 이름 그대로 연간 단위로 장기간 숙성시켜 풍미를 끌어올린 다시마다. 다시마를 공조 시설을 갖춘 창고 등에서 1년 혹은 2~3년 정도 시간을 들여 숙성시킨다.

다시마 가게에서 추천해서 숙성 다시마를 처음 사용하기 시작했다. 스시집을 물려받은 후 전체 재료를 다시 검토하던 중에 독특한 다시마가 있다고 다시마 업자가 소개해주었다. 그냥 먹어도 단맛과 향이 있는데, 시험 삼아 다시마 절임에 사용해보니 괜찮았다. 숙성하는 동안 다시마에서 잡맛이 빠지기 때문이라고 하는데 다시마 특유의 바다 내음과 떫은 맛 같은 거슬리는 점이 없어서 다른 다시마로 만들 때와 맛이 확실히 다르다고 느꼈다. 참고로 이러한 향과 맛의 특징은 과학 분석실험에서도 명확하게 밝혀졌다고 한다.

겉보기는 일반 다시마와 비슷한데 숙성 과정에서 수분이 증발해 약간 얇고 가볍다. 다시마 절임에 사용하면 감칠맛이 응축되어 있어서인지 어패류의 수분이 응축되는 정도나 맛이 드는 시간이 빠르고 끈기도 강한 느낌이다. 만드는 순서는 보통 다시마를 사용했을 때와 같은데 시간은 조절하는 편이 좋고 다시마가 생선살에 쉽게 들러붙기 때문에 벗길 때 정성과 주의를 기울여야 한다. 감칠맛이 진한데도 거친 느낌이 없이 매끄러워 손님들도 먹어보면 차이를 느낀다.

마콘부*의 숙성 다시마를 사용하는데 시장에서는 오리콘부라고 부르기도 한다. 보통 다시마보다 비싸고 등급이 3단계 정도로 나누어져 있다. 리시리(利尻)나 라우스(羅臼) 지역 다시마로 만들기도 하며 일본요리의 각종 육수에도 많이 사용한다고 하는데, 스시도코로 긴베에는 다시마 절임에만 사용한다. 또 새롭게 숙성 다시마를 배 모양으로 만들어서 굴을 술로 찔 때 용기 대용으로 사용해, 다시마 육수의 감칠맛을 살리는 방법도 시험해보고 있다.

* 真昆布: 미야기현에서 홋카이도에 걸쳐 자라는 다시마로 일반 다시마보다 두껍고 품질이 좋다.

이번에는 광어(왼쪽)를 숙성 다시마(오른쪽)로 절이는 방법을 소개한다. 광어는 5장으로 포를 뜬 후 껍질을 벗기고 지방이 많은 뱃살 부위를 사용한다. 다시마는 하고다테의 다시마를 3년간 숙성한 것이다.

❶ 숙성 다시마를 술로 닦는다

생선의 길이에 맞추어 숙성 다시마를 자르고 술에 적신 행주로 광어와 닿는 면을 닦아서 부드럽게 만든다. 힘을 주어 닦으면 표면에 붙어 있던 감칠맛 성분인 하얀 가루도 떨어지므로 가볍게 쓰다듬는 느낌으로 닦는다.

❷ 광어 뱃살에 소금을 뿌린다

광어는 살 쪽에만 소금을 뿌린다. 밑처리 소금은 장인의 생각과 생선 종류에 따라 양과 시간이 달라지는데, 스시도코로 긴베에는 모든 생선을 한쪽에만 소금을 약간 뿌리고 곧바로 다시마 사이에 끼운다.

❸ 다시마로 감싼다

광어의 살을 숙성 다시마 사이에 넣고(위쪽) 키친페이퍼로 싸고 랩으로 공기가 생기지 않도록 밀착해서 감싼다(오른쪽 아래). 누름돌 등 무거운 것으로 누르지 않고 그대로 냉장고에서 2시간 반~3시간 정도 두어 광어에서 수분이 빠지고 다시마의 감칠맛이 배도록 한다. 당일에서 다음날 손님 상에 올린다.

❹ 다시마를 벗긴다

끝나면 다시마를 벗기고 밀폐 용기에 담아 냉장고에 보관한다. 숙성 다시마는 일반 다시마보다 수분이 적어서 생선이 잘 들러붙는다. 벗길 때 살이 망가지지 않도록 주의한다.

옥돔과 소금 한 줌

아마다이노 히토시오(甘鯛のひと塩)

마쓰모토 다이스케(松本 大典) | 스시 마쓰모토(鮨 まつもと)

옥돔(아마다이)은 교토와 오사카 등 관서지역에서 많이 잡혀서 특히 교토 요리 메뉴에서 빠질 수 없는 반면,
도쿄 앞 바다에서 잡히지 않아서 전통 에도 마에 스시에는 사용되지 않았다.
하지만 최근에는 장소를 제약받지 않아 어패류 재료가 다양해지면서 옥돔 스시도 등장하고 있다.

소금으로 1시간 절이는 '소금 한 줌' 기법으로 맛을 응축

처음 독립할 때는 지역 어류를 도입할 생각이 딱히 없었는데, 교토에는 질이 좋은 옥돔이 풍부하게 들어오고 옥돔은 토박이 손님에게 친숙한 재료라 즐기는 분도 많아서 사용하기로 마음을 먹었다.

근해에서 옥돔이 세 가지 품종이 들어오는데, 어획량이 많아서 주로 유통되는 옥돔은 붉은색 옥돔(아카아마다이)이다. 지방이 균형 잡혀 있고 감칠맛도 농축되어 사용하기 편한 품종이다. 기본적으로 꼬리까지 살이 골고루 붙어 있고 껍질이 얇은 것으로 약 1kg짜리를 들여온다. 가을에서 겨울에는 더욱 지방이 많아지는데 1년 내내 잡히기 때문에 품질이 좋다면 계절에 상관없이 쓰고 있다.

옥돔은 수분이 많아서 그대로는 사용하면 맛이 흐릿한 편이다. 조리하기 전에 미리 소금을 뿌려서 수분을 빼는 '소금 한 줌' 공정을 빼놓을 수 없고 스시 재료로 쓸 때도 마찬가지다.

그렇다고 고등어 식초 절임처럼 소금을 잔뜩 바르면 짠맛이 너무 강해지고 너무 적으면 효과가 없기 때문에, 소금의 양과 시간을 정확하게 파악하는 것이 중요하다. 스시 마쓰모토는 입자가 고운 소금을 살 전체에 얇게 발라서 1시간 상온에서 방치한다. 소금이 완전히 녹아서 살에 스며드는 양만 발라서 여분의 수분을 확실하게 뺀다.

그 후 다시 물에 씻으면 수분이 지나치게 많아지므로 빠져나온 수분을 행주로 닦아내기만 한다. 물에 씻지 않는다는 점도 고려해서 소금 양을 조절하는 것이 중요하다. 옥돔에서 수분이 빠져나오면 감칠맛과 단맛이 올라가서 입에 착 붙는 식감과 함께 스시 재료로는 안성맞춤이라고 생각한다.

또 옥돔은 껍질도, 껍질 아래에 있는 지방도 맛있으니 껍질째 사용하기를 권하고 싶다. 데쳐서 껍질을 부드럽게 해도 좋은데, 스시 마쓰모토는 스시 한 개 크기로 썬 후 표면을 살짝 구워서 향을 더한다.

옥돔은 교토에서 다양한 요리에 사용한다. 사진은 도쿄의 중앙도매시장에서 들여온 나가사키현 쓰시마산 옥돔의 한 종류인 붉은색 옥돔(아카아마다이)이다. 마쓰모토 장인은 약 1kg 크기가 가장 사용하기 편하다고 한다.

❶ 옥돔을 3장으로 포를 뜬다

요리에서는 옥돔의 비늘을 사용하기도 하는데, 스시에는 사용하지 않는다. 자잘한 비늘을 깨끗하게 제거한다. 3장으로 포를 떠서 배뼈와 잔가시를 발라낸다.

❷ 소금으로 절인다

살이 위로 오도록 소쿠리에 늘어놓고 살에만 구석구석 빠짐없이 소금을 뿌리고(왼쪽) 약간 길게는 1시간 정도 상온에 두고 여분의 수분을 뺀다(오른쪽). 물에 씻지 않으므로 소금의 양은 녹아서 살에 스며들 정도로만 조절한다. 빠져나온 수분을 확실하게 행주로 닦아낸다.

❸ 3일간 숙성시킨다

2장을 껍질 쪽을 맞붙여서 랩으로 딱 맞게 감싸서 냉장고에서 숙성시킨다. 2~3일간 아무리 짧아도 꼬박 1일은 숙성시킨다. 이렇게 소금의 짠맛을 살에 깊이 침투시켜 골고루 맛을 들이고 감칠맛을 끌어낸다.

❹ 껍질을 살짝 굽는다

스시 한 개 크기로 썰어서 껍질만 가볍게 굽는다. 기본은 스페인산 해염과 스다치* 과즙을 뿌려서 손님에게 내는데, 코스 중에 다른 재료에 소금을 사용할 때는 니키리 간장을 바르는 등 임기응변도 발휘한다. 회로 낼 때도 준비 과정은 동일한데 약간 두껍게 썬다.

* スダチ: 감귤과 열매.

옥돔 다시마 절임

아마다이노 콘부즈케(甘鯛の昆布締め)

오카지마 산시치(岡島 三七) | 조로쿠즈시 미나미(蔵六鮨 三七味)

옥돔은 고급스러운 감칠맛과 부드러운 식감이 매력적이라 본고장 관서지역뿐만 아니라
관동지역에서도 사용하고 있다. 도쿄에서 스시집을 경영하는 오카지마 장인도 항상 준비하는 재료 중 하나다.
여기서는 옥돔을 예로 껍질을 벗기고 다시마에 절이는 방법을 살펴보자.

술로 불려서 감칠맛을 올린 다시마에 절인다

옥돔은 조로쿠즈시 미나미의 간판 메뉴라 할 정도로 자주 사용한다. 어획량이 많은 붉은색 옥돔(아카아마다이)을 중심으로 드물게 백옥돔(시로아마다이)도 있으면 들여온다. 붉은색 옥돔이 고급스러운 맛이라면 백옥돔은 감칠맛이 진하고 형태도 커서 남성적인 느낌이다. 크기가 큰 만큼 소금으로 절이는 시간도 길게 잡아 수분을 확실히 빼서 사용한다.

이번에는 붉은색 옥돔을 사용하는데 붉은색 옥돔은 일 년 내내 다양한 산지에서 잡혀 지속적으로 사용할 수 있다는 장점이 있다. 품질이 좋으면 분홍색을 띠고 아름다우며 몸에 탄력도 뚜렷해서 눈으로 보고 품질이 좋고 나쁘고를 확실히 알 수 있다. 게다가 아가미도 선명하고 아름다운 빨간색이다.

한편 옥돔은 생선 중에서도 특히 수분이 많아서 준비할 때 여분의 수분을 빼고 감칠맛을 응축하는 과정이 중요하다. 조로쿠즈시 미나미는 소금을 강하게 뿌려 30분 정도 두었다가 빠져나온 수분과 소금을 물로 씻는다. 이 단계에서 그대로 스시에 쓸 수 있지만 다시마에 절여 다시마의 감칠맛을 담아서 사용한다.

다시마는 사용하기 전에 술에 충분히 적셔서 30분간 둔다. 다시마를 상당히 부드럽게 만들고 술의 감칠맛까지 침투시켜 두 가지 감칠맛을 생선에 옮기려고 고안한 방법으로, 다른 다시마 절임을 준비할 때도 똑같은 방식으로 한다. 다시마는 촉촉하고 부드럽게 하는 편이 표면의 오염물과 떫은맛을 제거하기 쉬우므로, 촉촉하게 만든 후에 행주로 깨끗하게 닦아서 사용한다.

회로 뜰 때는 5시간 정도 옥돔을 다시마로 절이는데, 스시에 쓸 때는 다시마의 감칠맛을 확실하게 실어서 강한 인상을 주려고 더욱 길게 하룻밤 동안 절인다.

1.5kg짜리 대형 붉은색 옥돔(아카아마다이, 왼쪽)이다. 비늘이 주홍색으로 아름답고 등의 옆구리 살과 배의 탄력이 좋은 것이 품질이 좋다. 품질이 좋은 것은 아가미도 선명한 붉은색이다(오른쪽).

❶ 옥돔의 비늘을 벗긴다

옥돔의 비늘은 작고 부드러워서 칼로 살며시 포를 떠서 살에 상처를 입히지 않도록 한다. 비늘도 맛있으므로 튀겨서 술안주로 쓴다.

❷ 소금으로 절인다

3장으로 포를 떠서 하얀 껍질을 벗기고 소금을 뿌린다(왼쪽). 수분이 많아서 20~30분 정도 두면 수분이 제법 빠져나온다(오른쪽). 물에 씻어 물기를 닦는다.

 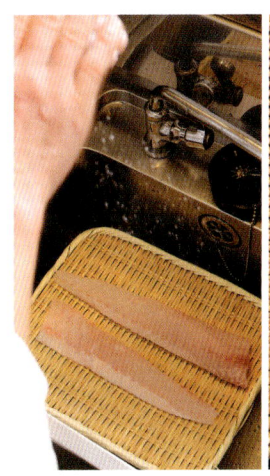 

❸ 다시마를 술에 불린다

옥돔을 다시마로 절일 때는 라우스 다시마를 사용한다. 다시마가 촉촉할 정도로 술을 붓고 양면에 스며들게 해서 30분 정도 두어 부드럽게 불린다. 그때 윗면이 건조하지 않도록 키친페이퍼로 덮는다. 불린 다시마는 젖은 행주로 표면의 잡티를 닦아내고 사용한다.

❹ 다시마로 절인다

옥돔 양면에 다시마를 대고 랩으로 감싸서 하룻밤 냉장고에 둔다. 스시를 쥔 후에 옥돔 표면에 소금과 스다치 과즙을 뿌리고 절일 때 사용한 다시마를 잘게 썰어서 곁들인다.

백옥돔 구이와 다시마 절임

시로아마다이노 아부리토 콘부즈케(白甘鯛の炙りと昆布締め)

와타나베 마사야스(渡邉 匡康) | 스시 와타나베(鮨 わたなべ)

옥돔에는 세 가지 품종이 있어 비늘 색의 차이로 아카(붉은색), 시로(흰색), 기(황색)라고 부른다.
그중에서 백옥돔(시로아마다이)이 가장 어획량이 적어 드물다.
스시 와타나베는 늦가을에서 겨울에 가장 맛이 올랐을 때 백옥돔만 사용하는데, 그 특별한 방법을 살펴보자.

껍질 쪽은 살짝 겉만 굽고 살 쪽은 다시마로 절인다

어획량이 많은 붉은색 옥돔에 비해 백옥돔은 양이 적어서 값이 비싸다. 그만큼 품질이 좋아서 수년 전부터 계속 사용하고 있다. 붉은색 옥돔도 품질이 좋지만, 백옥돔은 육질이 훨씬 섬세하고 지방의 감칠맛이 좋다. 또 개체별 차이가 적어 품질이 고른 점에 특히 매력을 느끼고 있다.

모든 옥돔은 수분이 많기 때문에 탈수가 중요한데 스시 와타나베는 소금을 뿌리는 대신 탈수 시트로 감싸서 하룻밤 두는 방법을 사용한다. 소금은 비늘 생선이나 보리멸(기스) 같은 작은 생선의 수분을 단시간에 빼고 싶을 때만 쓴다. 옥돔 같은 중형 물고기는 탈수시트로 천천히 수분을 빼는 편이 숙성도 진행되어 풍미를 살릴 수 있다고 생각한다.

옥돔을 쓰시에 쓸 때는 껍질 쪽과 몸 쪽, 둘로 나누어서 각각의 특징이 살아나도록 준비를 해서 차이가 눈에 보이도록 하고 있다. 또 둘로 나눌 때도 가운데에서 나누면 차이가 적어지므로, 껍질 쪽을 얇게 살 쪽을 두껍게 나누어서 품질을 확실히 구분할 수 있도록 한다.

껍질 쪽은 껍질 아래에 있는 지방층에 감칠맛이 응축되어 있으므로, 가볍게 겉면만 구워서 지방을 살짝 녹여 지방의 감칠맛을 맛볼 수 있도록 배려하는 데 주안점을 둔다. 한편 살 쪽은 다시마로 절여서 본래 담백한 맛에 다시마의 감칠맛을 약간 추가한다. 다만 다시마의 맛이 지나치게 강하면 옥돔의 섬세한 풍미가 사라지므로 2시간 정도 살며시 다시마를 대는 정도로만 한다.

다 된 후에 바르는 니키리 간장도 풍미가 강하기 때문에 양을 자제하고, 그만큼 매실 절임으로 만든 이리자케*를 발라서 짭짤한 맛을 보충한다.

* 煎り酒: 일본주에 매실 절임 등을 넣어서 조린 것으로 재료의 감칠맛을 살려주는 일종의 전통 만능조미료.

백옥돔이 옥돔 중에서도 어획량이 적고 비싸다. 이름대로 비늘이 하얗다. 와타나베 장인은 맛과 육질도 뛰어난 2kg 전후의 백옥돔을 아이치현, 오이타현, 후쿠오카현에서 주로 들여온다.

❶ 백옥돔을 포를 떠서 수분을 닦는다

비늘은 어디에도 사용하지 않기 때문에 엷게 썰어서 발라내고 3장으로 포를 뜬다. 껍질이 붙은 채로 탈수 시트에 1일, 키친페이퍼에 3일 전후 싼 후 두어서 여분의 수분을 뺀다.

❷ 스시용 덩어리로 자른다

배뼈를 발라내고 등뼈가 있던 중심선을 따라 두 개로 나누어서 스시용 덩어리로 자른다. 중심선의 옆구리에 작은 가시가 있으므로 옆구리와 함께 5mm 폭으로 잘라내서 육수를 낼 때 뼈와 함께 쓴다.

❸ 두 덩어리로 나눈다

다루기 쉽도록 길이를 반으로 자른다. 각각 껍질에서 5~6mm 아래에 수평으로 칼을 넣어서 껍질 쪽과 살 쪽, 둘로 나눈다.

❹ 한 개 크기로 썬다

다시마에 절일 살 쪽은 스시 한 개 크기로 썬다. 껍질 쪽(사진 오른쪽 구석)은 키친페이퍼로 감싸서 냉장고에 넣었다가 쥐기 직전에 썬다.

❺ 살 쪽을 다시마로 절인다

다시마의 감칠맛이 지나치게 스며들지 않도록 라우스 다시마로 부드럽게 겹쳐서 무거운 것으로 누르지 않고 2시간 정도 둔다(왼쪽). 스시를 쥐기 직전에 매실 절임, 술, 물로 만든 이리자케를 한쪽 면에 바른다(오른쪽).

❻ 껍질 쪽은 겉만 굽는다

껍질 쪽은 구울 때 모양이 망가지지 않도록 세 곳 정도 칼집을 넣고 소금을 뿌린다. 위쪽으로 숯불을 가져가서 가볍게 겉만 구워 스시를 쥔다.

금눈돔 다시마 절임

긴메다이노 콘부지메(金目鯛の昆布締め)

마스다 레이(増田 励) | 스시 마스다(鮨 ます田)

> 금눈돔은 치바와 이즈에 양질의 산지가 있어 도쿄 등 관동지역에서 고급 흰살 생선으로 명성이 높다.
> 보통 조리거나 회로 먹을 때가 많은데 최근에 스시 재료로도 각광을 받고 있다.
> 마스다 장인은 다시마로 절인 다음, 데워서 여분의 지방을 제거한 후 스시를 쥔다.

스시를 쥐기 직전, 오븐에 15초 데워서 지방을 조절

예전에는 금눈돔을 조려서 술안주로 내기도 했는데 최근에는 스시만 만든다. 겉보기도 좋고 입에 착 달라붙는 부드러운 식감이 뛰어나다. 흰살 생선 중에서도 지방의 맛을 충분히 즐길 수 있고 감칠맛도 강하다. 스시 재료로 부족함이 없는 생선이라고 생각한다. 금눈돔의 이러한 개성이 산미가 강한 스시 마스다의 스시밥과 궁합이 잘 맞아 애용한다.

다만 스시 재료에 지방은 필요하지만 많다고 좋은 것은 아니다. 지방이 기름지게 느껴지거나 끈끈해지지 않도록 조절해 기분 좋게 맛을 느낄 수 있게 하는 점이 중요하다. 그래서 다시마로 절여서 스시를 쥐기 바로 전에 겉만 가볍게 굽는다.

다시마에 절이는 주요 목적은 다시마의 감칠맛이 생선에 배도록 하면서 여분의 수분을 다시마로 흡수시켜서 살을 쫄깃하게 조이기 위해서다. 동시에 생선의 지방을 어느 정도 조절하는 역할도 한다. 처음 가게를 시작했을 무렵에는 다양한 흰살 생선을 다시마로 절였는데, 지금은 가장 효과가 뚜렷한 금눈돔과 보리멸만 한다. 보리멸은 맛이 담백하기 때문에 다시마가 감칠맛을 더하는 역할을 한다. 금눈돔은 지방이 많기 때문에 다시마가 과잉된 지방을 흡수하고, 다시마의 감칠맛이 느끼함을 줄이는 역할을 한다.

금눈돔은 겉면을 굽는다고 표현했는데, 스시 한 개 크기로 썰어서 오븐에 15초 정도 데우는 정도다. 살이 익도록 굽거나 고소한 향을 낸다기보다 '지방을 띄운다'는 느낌에 가깝다. 지방이 열로 데워져 표면에 배어나오는 타이밍에 꺼내서 배어나온 지방을 닦아낸다.

이렇게 다시마에 절이고 겉면만 구워서 내면 눈으로 보았을 때도 씹을 때 녹을 듯한 식감도 그렇게 하지 않을 때와 비슷하다. 다만 입에 넣었을 때 은근한 따스함을 느끼고 지방 맛이 딱 좋다고 느낄 수 있도록 변한다.

스시 재료로서 역사는 짧지만 한창 인기가 상승 중인 금눈돔이다. 흰살 생선 중에서는 지방 함유량이 많아서 살이 부드럽다. 사진은 2kg 대형으로 품질이 좋기로 유명한 치바현 초시에서 들여왔다.

❶ 금눈돔을 손질한다

3장으로 포를 뜨고 껍질을 벗긴다. 금눈돔의 특징인 빨간 껍질을 일부러 남기고 사용하는 곳도 있는데, 마스다 장인은 촉촉하고 입에 착 붙는 식감을 살리려고 껍질을 제거한다고 한다.

❷ 소금을 약간 뿌린다

가볍게 짠 맛을 내고 여분의 수분을 제거하고자 양면에 아주 가볍게 소금을 뿌린다. 30분 정도 두고 수분이 배어나오면 물에 씻지 않고 키친페이퍼로 닦는다.

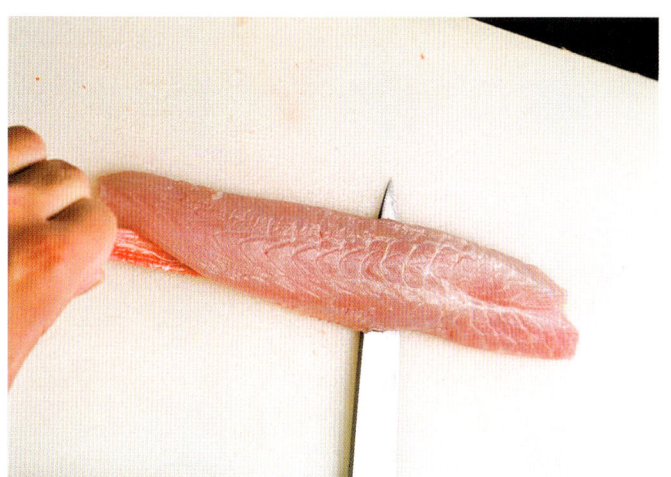

❸ 다시마로 절인다

술에 적신 행주로 다시마를 확실히 닦아서 부드럽게 만든다. 금눈돔을 사이에 끼고 랩으로 감싸서 약 2시간 반 정도 냉장고에 둔다. 다시마를 벗기고 랩으로 다시 감싸서 냉장고에서 1일 동안 숙성시킨 후에 사용한다.

❹ 썰어서 겉만 굽는다

스시를 쥐기 바로 전에 썰어서 알루미늄포일에 올려 오븐에 넣고 불에서 멀리 두고 굽는다. 양면을 15초 전후로 살짝 가열해서 지방을 띄우고, 배어나온 지방을 키친페이퍼로 가볍게 닦은 후에 스시를 쥔다.

눈볼대 다시마 절임

노도구로노 콘부지메(のどぐろの昆布締め)

구리야가와 고이치(厨川 浩一) | 스시 구리야가와(鮨 くりや川)

눈볼대(노도구로, 아가무쓰)는 풍부한 지방과 진한 감칠맛으로 최근 인기가 상승 중인 흰살 생선이다.
관서지역에서는 예전부터 스시에 사용했는데, 최근에는 관동지역에서도 스시나 구이로 인기를 얻고 있다.
이번에 니기리즈시에 맞추어 다시마에 절이는 방법을 살펴보자.

데쳐 껍질을 부드럽게 만든 후 다시마에 절이기

스시 구리야가와는 항상 흰살 생선 한두 종류를 다시마에 절인다. 생선에 다시마의 감칠맛이 전해져 맛이 진해지고, 스시 코스 흐름에도 맛의 변화를 줄 수 있다. 이번에 소개하는 눈볼대를 비롯한 도미, 광어, 보리멸, 새끼 도미(가스고) 등을 자주 사용하는데 대체로 흰살 생선에 적합하다고 생각한다.

스시 한 개 크기로 썰어서 다시마로 감쌀 수도 있는데 구리야가와 장인은 3장으로 포를 뜬 크기를 기본으로 한다. 또 대형 어종일 때는 스시용 덩어리로 썰어서 껍질이 단단하면 벗기는 등, 밑처리는 생선마다 달리 한다. 눈볼대처럼 껍질 바로 아래에 있는 감칠맛을 살리고 싶을 때나 원래 껍질이 부드러운 어종은 껍질째 절인다. 다시마에 절이기 전에 데 쳐서 껍질을 부드럽게 한다.

보리멸처럼 작은 생선은 뜨거운 물을 직접 끼얹으면 익기 때문에 처음에 껍질에 강하게 소금을 뿌린다. 이렇게만 해도 껍질을 부드럽게 만들 수 있다.

리시리 다시마로 생선의 살을 빈틈없이 싼 후 랩으로 감싸고 눈볼대 정도 크기면 1kg 정도 되는 물건을 위에 올려 냉장고에서 3~4시간 정도 절인다. 랩으로 감싸서 건조를 막고 냉장고 냄새도 배지 않도록 한다.

생선에 물건을 올려 누를 때는 주로 생선을 넣은 재료상자를 이용한다. 평평해 골고루 누를 수 있고 무게도 자유롭게 조절할 수 있어 편리하다. 또한 다시마의 양, 무게, 절이는 시간은 어떤 상태로 만들고 싶은지에 따라 자유롭게 조절할 수 있다.

이번에는 그대로 스시를 쥐지만, 다시마에 절인 생선으로 니기리즈시를 만들 때는 니키리 간장을 바르고 잘게 썬 다시마, 주로 히다카(日高) 다시마를 술로 촉촉하게 만든 후 소금을 뿌리고 다져서 올리거나, 백다시마를 조려서 올린다. 같은 다시마지만 다른 감칠맛으로 악센트를 줄 수 있다.

최근 스시집에서도 환영 받는 눈볼대다. 껍질과 살 사이에 있는 젤라틴질의 감칠맛을 살리고자 껍질이 붙은 상태로 3장으로 포를 뜬다.

❶ 소금으로 절인다

살에 소금 간을 한 다음, 여분의 수분을 빼기 위해 양면에 소금을 가볍게 뿌리고 30~40분간 둔다. 살의 두께가 등 쪽과 배 쪽이 상당히 다르기 때문에 얇은 배 쪽을 겹쳐 두어 소금이 지나치게 들어가지 않도록 한다.

❷ 데친다

데쳐 껍질을 부드럽게 만든다. 표면에 묻은 소금은 물로 씻어내고 껍질 가까이 아슬아슬하게 꼬치를 꽂아서 껍질을 위로 오도록 도마에 놓는다(왼쪽). 행주로 덮고 뜨거운 물을 3회 정도 붓는다(가운데). 이때 껍질이 단단한 꼬리 쪽에 뜨거운 물을 길게 흘린다. 지나치게 익지 않도록 곧바로 얼음물에 담가서 바로 열을 식히고 동시에 꼬치도 뺀다(오른쪽). 열기가 식으면 건져서 물기를 닦는다.

❸ 다시마에 절인다

리시리 다시마에 술을 뿌려서 촉촉하게 만든다. 다시마로 눈볼대를 싸고 랩으로 딱 맞게 감싼다. 평평한 용기에 담고 1kg 정도 되는 분선을 무게가 골고루 눌리도록 올려서 냉장고에서 4시간 정도 둔다. 다 끝나면 다시마를 벗기고 재료 상자에 보관한다.

창꼬치 다시마 절임

가마스노 콘부지메(鱸の昆布締め)

고미야 겐이치(小宮 健一) | 오스모지도코로 우오토쿠(おすもじ處 うを徳)

창꼬치 스시라고 하면 향토스시인 스가타즈시*나
주로 요리전문점에서 내는 하코즈시**, 고소데즈시*** 등이 있는데, 니기리즈시 재료로는 생소하다.
우오토쿠에서는 제철 가을이 돌아오면 꼭 다시마에 절이는 흰살 생선이다.

담백한 맛 간장 베이스에 담갔다가 다시마에 절인다

창꼬치는 전통 에도 마에 스시 재료는 아니지만, 튀는 구석이 없고 맛이 좋은 흰살 생선으로 니기리즈시에 적합한 재료라고 생각한다. 살이 두껍고 큰 것이 특히 맛이 좋기 때문에 시장에서 좋은 창꼬치를 발견하면 반드시 들여온다. 스가타즈시 등에서 껍질째 구워 많이 사용한다고 하는데, 우오토쿠는 시스밥과 맛의 조합이나 씹을 때 일체감을 고려해 껍질은 벗기고 다시마에 절여서 사용한다.

흰살 생선은 주로 다시마에 절이는데 준비하는 방법은 같다. 먼저 스시 한 개 크기로 썰어서 담백한 맛 간장을 베이스로 해서 만든 니키리 간장에 담갔다가 다시마에 약 1시간 동안 절인다.

스시용 덩어리로 썰거나 뼈가 없는 윗쪽 살 등을 덩어리째로 다시마에 절이는 방법도 있는데, 두께가 일정하지 않거나 덩어리 전체에 균일하게 맛이 배지 않아서, 감칠맛이 골고루 확실하게 배도록 처음부터 작게 썰어서 절이고 있다. 그만큼 절이는 시간을 짧게 두고 지나치게 오래 두지 않도록 수시로 맛을 체크한다. 창꼬치는 살이 부드러워서 다시마에 절이면 다시마가 붙어 형태가 망가지기 쉬우므로 조심스럽게 떼어내야 한다.

다시마 절임은 생선에 소금을 뿌려서 여분의 수분을 빼고 필요하면 식초로 절이는 것이 일반적인데, 우오토쿠는 독자적 방법을 쓴다. 담백한 맛 간장에 니키리 술과 맛술을 배합한 절임장에 2~3분간 담가서 먼저 맛을 들인다. 니키리 간장은 맛술이 들어가 약간 단맛이 있다. 이 배합은 교토의 일본요리점에서 배웠는데 회에 쓰는 흰살 생선을 이 간장으로 맛을 들였다. 우오토쿠는 스시밥에 소금을 약간 많이 넣는 터라 딱 맞게 어울려서 맛의 균형이 잘 맞는다.

* 姿寿司: 머리 등을 떼지 않고 뼈와 내장을 제거하고 생선살과 스시밥을 채워 원래 모양으로 만드는 스시.
** 箱寿司: 상자누름초밥, 목재 틀에 재료와 스시밥을 채워넣고 틀을 빼서 직사각형으로 만든다.
*** 小袖寿司: 기모노 소매 모양을 따서 평소보다 작게 만든 스시.

스시 재료치고는 크고 살이 두꺼운 창꼬치를 사용한다. 사진 속 창꼬치는 치바현 토요쓰에서 들여왔는데 30cm 정도 된다. 그 밖에 이바라키현의 코시바나 카사이 등 도쿄 주변에서 맛이 좋은 창꼬치가 많이 나온다.

❶ 3장으로 포를 떠서 껍질을 벗긴다

밑처리는 통상대로 비늘을 벗기고 3장으로 포를 뜨고 배뼈 등 가시를 제거한다. 스시의 크기에 맞추어 서너 장으로 엇베어 썰면서 껍질도 제거한다.

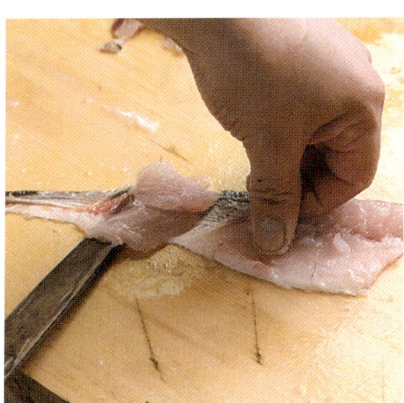

❷ 절임장에 담근다

우오토쿠는 다시마로 절이기 전에 약간 단맛이 있는 장에 담가 맛이 배도록 하는 독특한 방법을 쓴다. 절임장은 담백한 맛 간장과 니키리 술*, 맛술을 그때마다 배합해 만들고, 여기에 2분 정도 담가둔다.

❸ 다시마에 절인다

다시마는 물로 촉촉하게 적신 행주로 닦고 식초를 솔로 전체에 발라 부드럽게 만든다(왼쪽). 창꼬치의 물기를 키친페이퍼로 닦은 후에 다시마 사이에 끼운다(오늘쪽). 랩으로 감싼다. 한 개 크기로 썬 상태이기 때문에 1시간이 안 되게 짧게 절인다.

❹ 다시마를 벗겨서 보관한다

딱 좋게 다시마의 맛이 스며들었을 즈음 다시마를 제거하고 용기에 담아 랩으로 덮어서 냉장고에서 보관한다. 당일부터 사용할 수 있는데 3일째가 가장 맛있다.

* 煮切り酒: 술을 냄비에 넣고 가열해 알코올을 날린 것.

방어 센마이 하카타 오시즈시*

부리노 센마이 하카타오시(鰤の千枚博多押し)

노구치 요시유키(野口 佳之) | 스시도코로 미야코와케미세(すし処 みや古分店)

방어는 출세어** 중 하나인데 유어인 이나다(하마치) 단계에서 스시에 사용한다.
가을 이후에 성어인 방어로 성장하고, 몹시 추운 겨울을 맞은 방어는 다랑어의 뱃살에 필적할 정도로 맛있다.
스시도코로 미야코와케미세에서는 겨울방어를 센마이즈케***와 조합해 오시즈시에 쓴다.

가부라즈시를 응용한 겨울방어와 센마이즈케 하코즈시

'방어 센마이 하카타 오시즈시'는 스시도코로 미야코와케미세의 겨울철 간판 메뉴다. 방어는 일반 스시로 쥐어도 맛있는데, 10년 정도 전에 호쿠리쿠 지방에서 유명한 가부라즈시(かぶら寿司)에서 힌트를 얻어 오시즈시를 만들었다. 상당히 평을 좋아서 그 후 겨울마다 빼놓지 않고 만드는 메뉴가 되었다.

가부라즈시는 무의 일종인 대형 가부를 소금에 절인 후 칼집을 내고 그 사이에 얇게 썬 방어를 끼워 넣고 쌀누룩에 담가 발효시켜 만든다. 다만 이러한 숙성 방식 스시는 호불호가 확실하게 갈리므로 누구나 부담 없이 맛있게 먹을 수 있도록 하카타 오시즈시를 응용해 만드는 방법을 고안했다.

쌀누룩 대신 일반 스시밥을 사용하고, 가부 대신 교토 특산품인 센마이즈케를 사용한다. 이 둘 사이에 방어 살을 끼우고 목제 틀로 눌러서 뭉친다. 누룩을 쓰지 않아 단맛이 줄고 센마이즈케와 스시밥에 산미가 있어 산뜻하게 먹을 수 있다.

방어는 후쿠야마현 히미나 니가타현 사도가 유명한데 품질 좋은 방어가 안정적으로 잡힌다. 방어의 품질은 뱃살의 두께, 지방이 오른 정도로 판단한다. 대형 어종이라 시장에서 3장으로 포를 떠서 판매하고 3단계 등급으로 나누는데 최고 등급부터 육질을 살펴보고 골라서 들여온다. 보통 3장으로 포를 뜬 뱃살만 들여온다. 생선 구이 등도 하는 일본음식점은 등살을 사용할 때도 많지만, 스시로 쥔다면 지방의 감칠맛과 부드러운 식감을 즐길 수 있는 뱃살이 적합하다. 육질에 따라 당일 사용하기도 하고 지나치게 살이 살아 있으면 며칠 숙성해 사용한다.

한편 술안주로 소개하는 '고등어 말이(사바노 치도리, 264쪽)'는 하카타 오시즈시를 발전시킨 형태로 방어 대신 단초에 절인 고등어를 센마이즈케로 말아서 만든다. 가부라즈시는 본래 방어로 만들지만, 고등어로 만들어도 궁합이 잘 맞는다.

* 押し寿司: 누름초밥, 틀에 넣고 눌러 만든 초밥.
** 出生漁: 성장함에 따라 이름이 변하는 어류. 용어해설 참고.
*** 千枚漬け: 얇게 썬 무를 절인 교토 특산품.

방어는 연말연시에 최고로 성장해 맛도 가장 좋다. 사진은 명산지로 알려진 후쿠야마현 북서부 히미산 겨울방어다. 3장으로 포를 뜬 한쪽의 뱃살을 들여왔다.

❶ 방어 살을 펼친다

하카타오시*를 만들 때처럼 방어를 얇게 펼쳐서 쓴다. 우선 껍질을 벗기고 방어 살을 목제 틀의 짧은 폭에 맞추어 자른다. 다음으로 덩어리를 두께 아래쪽 1/3 지점에 칼을 넣어서 반대쪽 끝이 잘리기 직전까지 썰고 남은 부분도 같은 방법으로 썰어서 펼친다.

❷ 소금에 절인다

양면에 소금을 뿌려 살 속의 수분을 뺀다. 30~40분 정도 둔다. 지방이 많이 올랐을 때는 더 길게 둔다. 수분이 다 빠져나오면 수분을 닦는다.

❸ 상자에 담는다

오시즈시용 목제 틀에 랩을 큼직하게 잘라 착 붙여 깔고 센마이즈케(왼쪽), 방어(가운데), 스시밥(오른쪽)의 순서대로 채운다. 이때 센마이즈케는 틀 옆면에 세우듯이 4장을 비껴가면서 깔고 방어는 틀의 치수에 맞추어 끝을 자르고 정리해 두께가 일정하도록 깐다. 방어와 스시밥을 한 번씩 더 채워서 두 층을 만든다. 작게 만들고 싶을 때는 한 층만 만들기도 한다.

❹ 틀로 누른다

틀 밖으로 나온 랩으로 스시밥을 감싸고 뚜껑을 덮고 몇 차례 눌러서 내용물들이 서로 밀착하도록 만든다(왼쪽). 뚜껑을 덮은 채로 고무줄 등으로 묶어서 냉장고에 약 3시간 정도 둔다. 랩째 틀에서 꺼내어(오른쪽) 나가기 전에 랩째로 썬다.

* 博多押し: 색이 다른 재료로 여러 층을 만든 스시.

삼치 볏짚 구이

사와라노 와라야키(鰆の藁焼き)

스즈키 신타로(鈴木 真太郎) | 니시아자부 스시 신(西麻布 鮨 真)

볏짚 구이는 불을 붙인 볏짚에 생선을 겉만 굽는데,
가벼운 훈제 향을 더하면서 표면도 살짝 구워서 껍질까지 부드럽게 먹을 수 있다.
붉은살 생선, 흰살 생선, 등푸른 생선 등에 폭넓게 사용된다. 이번에는 삼치를 예로 소개한다.

볏짚 구이 후에 냉동실에서 급냉해 향과 식감을 유지한다

개인적으로 생선 볏짚 구이를 좋아해서 자주 만든다. 껍질이 고소하고 부드러우며 전체를 덮는 훈제 향이 생선의 풍미를 높이는 데 큰 역할을 하기 때문이다.

겨울에서 초봄에는 삼치를 볏짚 구이 하고, 봄에서 여름에는 연어 유어(오오메마스, 도키시라즈)나 송어(마스), 가을에는 가을 가다랑어(모도리 가쓰오)를 볏집 구이 한다. 같은 가다랑어라도 봄에는 지방이 적고 산뜻한 풍미가 있는데 볏짚에 구우면 특징이 사라지기 때문에 적합하지 않다. 같은 생선이라도 시기에 따라 잘 어울릴 때와 그렇지 않을 때가 있어, 다양한 생선을 시험해보고 현재 구성을 확립했다.

볏짚 구이를 할 때도 먼저 소금을 뿌려서 여분의 수분을 빼고 맛을 응축한다. 볏짚의 좋은 점은 가스불보다 불이 부드럽게 닿아 부분적으로 타거나 지나치게 익는 일이 적은 편이다. 또 연기도 적절하게 피어나서 훈제 향을 내기 쉽고 향 자체도 좋다.

그렇기는 해도 신중하게 굽지 않으면 너무 구워져 실패할 수 있다. 껍질은 불에 확실하게 대서 갈색으로 잘 구워질 때까지 익히지 않으면 맛이 줄어드는 반면, 살은 결코 색을 내지 않고 연기로 훈제해 약간 단단하게 되는 정도로만 마무리해야 한다. 특히 배 부위는 상당히 얇기 때문에 주의해야 한다. 살의 중심부는 '생짜'이어야 한다. 생선을 자주 뒤집고 불에 대는 위치를 조절하고 볏짚을 추가하거나 공기 구멍으로 바람 조절하는 등 불을 잘 조절하는 것이 가장 중요하다.

보통 구운 후 남은 열기로 인해 익는 것을 방지하려고 얼음물에 넣어 식힌다. 그러나 물에 넣으면 모처럼 밴 향과 갓 구웠을 때의 바삭한 식감이 사라지기 때문에 냉동실에서 급냉한다.

100% 적초(지게미식초)로 만든 스시밥과 상성이 좋아 손님에게 호평을 받고 있다.

삼치는 겨울에서 초봄까지 제철이다. 삼치를 손질한 후 한쪽 덩어리를 십자로 4등분한 크기가 꼬치를 꽂아 굽기 딱 좋다. 배 쪽 껍질은 부드러워서 그대로 두는데(사진) 등 쪽은 단단하므로 제거한다.

❶ 삼치를 소금으로 절인다

우선 소금을 뿌려 살 속 여분의 수분을 뺀다. 양면에 소금을 뿌리고(왼쪽) 대나무 바구니에 올리고 1시간 정도 둔다(오른쪽). 소금의 분량은 생선의 크기, 지방이 오른 정도에 따라 가감한다. 흐르는 물에 씻어서 종이로 확실하게 물기를 닦는다.

❷ 꼬치를 꽂는다

삼치의 껍질이 아래로 가도록 두고 껍질 바로 안쪽에 쇠꼬치를 여러 자루 꽂는다. 가다랑어를 구울 때와 마찬가지로 꼬치를 부채꼴로 꽂으면 들기 쉽다.

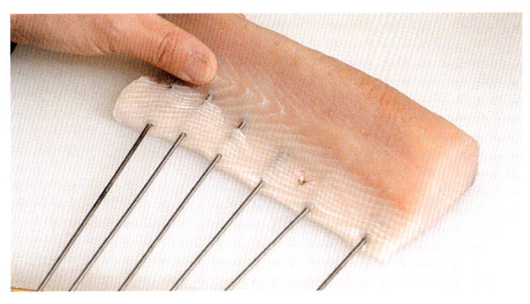

❸ 볏짚에 굽는다

화로에 볏짚을 넣고 불을 붙여 피어오르는 연기와 불꽃에 삼치를 겉만 굽는다(왼쪽). 껍질은 불꽃을 대서 확실하게 굽고 살은 연기로 훈제하는 정도로만 한다. 무명천으로 감싸서 냉동실에 넣고 7~8분 급속 냉각시킨(오른쪽) 후 냉장고에서 보관한다.

등푸른 생선 준비

엿사리 식초 절임

고하다노 스즈메(小肌の酢締め)

하마다 쓰요시(浜田 剛) | 스시 하마다(鮨 はま田)

엿사리(중치급 전어, 고하다)는 등푸른 생선 중에서도 특별하다고 자주 말한다.
식초에 절이면 감칠맛이 올라가고 스시밥과 상성도 좋아져, 니기리즈시로 최고의 맛을 즐길 수 있기 때문이다.
또 고하다는 준비 방법에서 스시집의 개성이 드러나서 먹어보고 단골을 정하는 손님도 많다.

소금과 식초를 강하게 사용해 '에도 마에 정취'를 표현

고하다를 제대로 알고 싶어서 많은 곳에서 고하다 스시를 먹어보았다. 짧게 절여서 날생선에 가까운 담백한 맛부터 소금과 식초를 강하게 쓰는 곳까지 스시집마다 맛이 천차만별이라 놀랄 정도였다.

바꾸어 말하면 선택의 폭이 상당히 넓어서 고민을 많이 하게 되는 생선이다. 이 점이 어렵기도 하지만, 또 재미있는 부분으로 스시 장인으로서 솜씨를 선보일 여지가 크다 할 수 있다.

이토록 수많은 방법 중에서 분류하자면 스시 하마다는 소금과 식초를 강하게 쓰는 편에 속한다. 이는 추구하는 스시 스타일에서 비롯된다. 니기리즈시의 맛을 결정하는 가장 밑바탕인 스시밥에 적초와 소금을 써서 확실히 맛을 들이는 편으로, 생선 재료도 간을 강하게 해야 맛의 균형이 맞기 때문에 고하다도 강하게 절인다. 또 맛이 뚜렷하고 선명한 스시에서 에도 마에의 정취가 느껴진다고 생각한다.

지방이 오른 정도와 크기에 따라 절이는 시간이 차이가 있어 여기서는 평균을 소개한다고 보면 좋다. 처음에 쓰는 소금은 고하다가 완전히 숨겨질 정도 듬뿍 올려 약 1시간 10분간 둔다. 전어는 고등어 다음으로 쓰는 소금양도 많고 시간도 길다. 그 후 소금을 씻어내고 식초물에 담갔다가 건진 후 30분 정도 두었다가 생식초에 1시간 정도 담근다. 이 부분도 시간이 꽤 긴 편이다. 그러나 결코 지나치게 짜거나 신맛이 강해지지 않도록 적절한 범위에서 절인다.

고하다를 생짜에 가깝게 식초에 절이는 방법도 맛이 있어서, 어느 쪽이 가장 좋다고 말하기 어렵다. 여기서 소개하는 방법은 어디까지나 스시 하마다에서 이상적으로 생각하는 맛이다. 다만 스스로 '이것이 바로 에도 마에의 고하다'라는 이미지에 가깝다고 힘주어 말할 수 있다.

고하다는 줄세어 중 하나인 전어(고노시로)의 성장기 이름이다. 스시 하마다는 유어인 신코부터 고하다, 나카즈미를 전부 사용한다. 고하다는 약 14cm 길이를 들여온다.

❶ 고하다를 펼친다

머리, 비늘, 지느러미를 제거하고 배를 갈라 펼쳐 내장과 뼈를 깨끗하게 발라내고 물에 씻는다. 스시 재료용으로 깔끔한 형태로 잘라서 정리한다.

❷ 소금으로 절인다

소금을 발라서 소쿠리에 늘어놓는다. 그 위에 다시 소금을 뿌린다. 스시 하마다는 독특하게 고하다가 완전히 묻혀 보이지 않을 정도로 소금을 많이 뿌린다. 절이는 시간도 약 1시간 10분 정도로 길게 잡는다.

❸ 식초에 절인다

물에 씻어 소금을 제거하고 물을 섞은 적초로 헹군다. 금속 소쿠리에 세워서 펼치고 30분간 두었다가 지게미식초에 1시간 정도 담근다. 식초에 절일 때 사용하는 식초는 숙성 기간이 짧은 흰색 타입을 쓴다.

❹ 숙성시킨다

볼에 금속 소쿠리를 겹치고 고하다의 껍질이 밖으로 향하도록 세워서 늘어놓는다(왼쪽). 랩으로 싸서 냉장고에서 2일 정도 물기를 빼면서 맛을 들인다. 오른쪽 사진에서 왼쪽이 2일간 숙성시켜 완성한 고하다다.

전어사리 식초 절임

신코노 스즈메 (新子の酢締め)

야스다 도요쓰구(安田 豊次) | 스시도요(すし豊)

신코(新子)는 한자 뜻 그대로 태어난 지 얼마 안 된 어린아이를 말하는데, 어류로 따지면 유어를 말한다.
스시에서는 일반적으로 전어가 성장하기 전 상태를 가리키고, 신코가 조금 더 성장하면 고하다가 된다.
관서지역에서는 참오징어나 까나리의 유어도 신코라고 부르지만, 여기서는 전어의 유어 신코를 설명한다.

겉보기에도 좋고 맛도 좋은 것은 '2장 쥐기'

관서지역은 고등어 보즈시* 등 등푸른 생선을 즐기는 전통이 있지만 기본적으로 흰살 생선 문화다. 40년 전에 처음 개업했을 무렵만 해도 등푸른 생선으로 스시를 쥔다고 하면 거부감을 느끼는 손님이 많았는데, 시대가 바뀌어 지금은 고하다나 신코가 도쿄에서만큼 선호하는 인기 재료가 되었다.

신코는 오사카만에서 8월 오본** 전후 약 1개월간 잡힌다. 신코가 나오기 시작하면 더 오래 즐길 수 있는 고하다의 계절도 다가왔다는 생각으로 어쩐지 두근두근 설렌다.

똑같이 신코라고 불러도 크기가 다양해서 5~10cm까지 차이가 난다. 작으면 여러 마리를 겹쳐서 스시를 쥐고 크면 한 마리로 만든다. 각각 사용하는 장수에 따라 4장 쥐기(四枚づけ), 3장 쥐기(三枚づけ), 2장 쥐기(二枚づけ)라고 부르고 한 마리를 통째로 쓸 때는 통 쥐기(丸漬け)라고 부른다.

한때 일부 스시집에서 다른 곳보다 빨리 신코를 스시로 내놓으려고 점점 작은 신코를 사들이기도 했다. 사실 너무 작으면 맛도 덜 들고 살도 얇아서 여러 장을 겹쳐서 쥐어야 하기 때문에 보기에도 아름답지 않다. 신코는 다른 등푸른 생선과 다르게 산뜻하고 섬세한 맛이 매력인데 너무 작으면 그런 섬세한 맛을 느낄 수 없게 된다. 만들었을 때 모양과 맛을 고려해 2장 쥐기를 기본으로 7~8cm를 들여오고 있다.

준비하는 방법은 고하다와 같아도 몸의 크기가 작아 내장이 상하기 쉽다. 그래서 식당에 들어오면 바로 손질하는 것이 중요하다. 그리고 소금과 식초를 뿌리는 양과 시간을 상당히 제한한다. 함께 들어와도 크기는 다양하므로 손질하기 전에 크기를 대, 중, 소로 나누고 소금과 식초를 사용하는 시간을 미세하게 조절한다.

유어라고는 해도 눈에 띄지 않는 부분도 꼼꼼하게 작업해야 한다. 손질한 결과가 완성 후에 뚜렷하게 드러난다.

---

* 棒寿司: 봉초밥. 김말이나 행주 등으로 말아서 만드는 초밥.
** お盆: 일본의 명절.

전어의 유어 신코다. 사진은 약 7~8cm가 평균 크기로 2장으로 쥐기에 적합하다. 신코는 늦여름에 시중에 나오는 것을 말하며, 가을이 깊어지며 성장하면 '고하다'라고 부른다.

❶ 신코를 펼친다

조심스럽게 비늘을 벗기고 머리를 자르고 배를 갈라 펼친다(왼쪽). 내장, 등뼈, 배뼈를 제거하면서 형태를 깨끗하게 다듬는다(오른쪽). 신코는 배 쪽 살이 부드러워서 부서지기 쉽기 때문에 조심스럽게 다루어야 한다.

❷ 소금으로 절인다

납작한 쟁반에 소금을 뿌리고 껍질이 아래로 가도록 신코를 펼쳐놓은 다음 위에서 소금을 뿌린다. 소금은 가볍게 바르는 정도로 뿌리고 20~40분간 둔다. 크기에 따라 시간을 조절한다. 흐르는 물에 3~4분 정도 씻어서 소금기와 비린내를 씻어낸다.

❸ 식초에 절인다

볼에 쌀식초를 담고 신코를 담근다. 큰 것부터 순서대로 겹쳐서 큰 것이 가장 오래 담가지도록 한다(왼쪽). 시간은 마지막에 넣은 가장 작은 것이 약 1분 정도 담가지는 정도다. 또 처음 담근 것도 3분 이내가 되어야 한다. 소쿠리처럼 구멍이 있는 그릇에 펼쳐서 식초를 빼고(오른쪽) 랩으로 감싸서 냉장고에서 몇 시간 둔다.

❹ 스시로 쥔다

소금과 식초가 배면 스시를 쥔다. 2장 쥐기가 기본으로 두 마리를 살짝 비껴 겹쳐서 두께를 균일하게 맞춘다(위쪽). 두 마리를 반으로 갈라서 4장을 겹쳐서 쥘 때도 있다(아래쪽). 나누는 방법이 달라지면 보기에도 다를 뿐만 아니라 식감도 달라진다.

보리멸 식초 절임

기스노 스즈메(鱚の酢締め)

마쓰모토 다이스케(松本 大典) | 스시 마쓰모토(鮨 まつもと)

보리멸(기스)은 에도시대에 에도 마에, 지금의 도쿄 앞 바다에서 풍부하게 잡혀서 일찍부터 스시 재료로 정착했다.
고하다나 고등어와 마찬가지로 광채가 있는 아름다운 껍질 색이 빛나는 생선으로 분류된다.
최근은 다시마로 절이는 곳도 있지만 예전에는 식초 절임이 일반적이었다.

처음에는 소금을 뿌리고 데친 후에 식초에 절인다

제철인 여름이 오면 반드시 보리멸을 낸다. 전통 스시 재료이면서 산뜻해서 여름에 적합하다. 부드럽고 산뜻한 맛이 더운 여름에 딱 맞는 재료라고 생각한다.

다시마 절임도 맛있지만, 스시 마쓰모토는 식초 절임이 기본이다. 전통 에도 마에 기법이기도 하고 식초로 절이는 편이 산뜻한 느낌이 살아나기 때문이다. 또 보리멸은 요오드 냄새를 느끼기 쉬운데 여분의 수분을 뺀 후에 물로 잘 씻어서 식초에 절이면 이를 억제하는 효과도 있다.

보리멸은 껍질이 맛있기 때문에 스시를 만들 때 껍질이 붙은 채로 준비한다. 꼼비 삭기 때문에 펼쳐서 손질해, 살에 소금을 빠짐없이 뿌려 수분을 빼낸다. 나온 수분은 냄새를 제거하기 위해 물로 씻어낸다. 물기를 충분히 닦아낸 후에 냉장고에 1~2시간 둔다. 이때 잠시 두는 이유는 살 표면에 스며든 염분을 다시 더 깊이 침투시키기 위해서다. 소금의 짠맛을 확실하게 느끼게 하기 위해서 식초에 절이기 전에 꼭 시간을 들여 맛을 들이는 시간을 둔다.

염분이 안정되면 하나씩 껍질을 데쳐 곧바로 적초에 담근다. 곧바로 다음 보리멸 살에 뜨거운 물을 끼얹어서 식초에 넣고 조금 전에 넣었던 보리멸 살을 꺼내는 순서대로 진행한다. 식초에 담그는 시간은 찰나다.

보통 처음에 껍질을 데친 후 소금을 뿌려서 식초에 절이는 순서가 많은데, 스시 마쓰모토는 데치기와 식초에 담그는 과정이 연달아 이어져 데친 후에 남은 열기 때문에 살이 익지 않도록 얼음물에 담그는 과정을 하지 않아도 된다.

준비하는 동안 생선을 가능한 수분에 노출되지 않도록 해, 감칠맛을 살린다는 의미에서도 이 방법은 합리적이라고 생각한다.

보리멸은 에도 마에 스시에서 빼놓을 수 없는 재료다. 사진은 양질의 보리멸 산지로서 알려진 치바현 다케오카(도쿄완)에서 온 것으로 스시 재료로 딱 좋은 크기는 15cm다.

❶ 보리멸을 펼친다

보리멸은 껍질을 살리므로 비늘을 깨끗하게 제거하고 머리와 내장을 제거한다. 몸이 작기 때문에 등을 갈라 펼쳐서 등뼈, 배뼈, 지느러미 등을 제거하고 깨끗하게 잘라서 정리한다.

❷ 소금으로 절인다

살이 위로 오도록 소쿠리에 늘어놓고 소금을 뿌린다. 이때 껍질에는 뿌리지 않는다. 5분 정도 두어서 염분을 침투시켜 여분의 수분을 뺀다. 생선의 크기, 살 두께, 지방이 오른 정도에 따라 시간을 미세하게 조절한다.

❸ 1~2시간 둔다

표면을 가볍게 물로 씻은 다음 물기를 닦은 후 살이 위로 오도록 다시 소쿠리에 담고 소쿠리를 세워서 수분을 제거한다. 그 후에 냉장고에 넣어 1~2시간 정도 두어서 소금이 배어들게 한다.

❹ 껍질을 데친다

껍질을 데쳐서 부드럽게 만든다. 소쿠리에 올리고 뜨거운 물을 끼얹어도 괜찮은데, 마쓰모토 장인은 도제 시절부터 습관으로 보리멸을 껍질을 위로 해 손에 들고 하나씩 뜨거운 물을 끼얹는다.

❺ 식초에 담근다

다음으로 적초에 담근다. 하나를 담근 사이에 다음 하나를 데치므로 약 10초 동안 식초에 담그게 된다. 데친 하나를 담그기 전에 먼저 담갔던 것을 꺼낸다(왼쪽). 식초에서 꺼낸 후에는 껍질을 위로 오도록 소쿠리에 펼쳐서 물기를 뺀 후(오른쪽) 냉장고에 약 1시간 정도 둔다. 산초 잎을 숨겨서 스시를 쥔다.

보리멸 다시마절임

기스노 콘부지메(鱚の昆布締め)

이와세 겐지(岩瀬 健治) | 신주쿠 스시이와세(新宿 すし岩瀬)

최근 증가 추세에 있는 보리멸 다시마 절임이다.
신주쿠 스시이와세는 다시마에 절이는 재료가 적은 편인데 보리멸이 다시마에 절이는 재료 중 하나다.
또 한쪽 면만 다시마에 절여 생 보리멸의 풍미를 살린다.

살에 2~3시간 다시마를 대어 날 것에 가깝게

보리멸은 지방이 적어 담백하고 살이 부드럽다. 다시마로 감칠맛을 올리면서 수분을 딱 적당히 빼는 정도로 절이는 편이 보리멸에 가장 적합하다고 생각한다. 참고로 신주쿠 스시이와세에서 다시마에 절이는 재료는 보리멸, 금눈돔, 쌀새우(시로에비)뿐이다. 다시마 절임은 다양한 흰살 생선에 응용할 수 있는데, 이 세 종류가 가장 잘 어울린다고 생각한다.

보리멸은 오래전부터 에도 마에 스시에서 다룰 정도로 도쿄완(에도 마에)의 품질이 좋아서 스시이와세는 도쿄완에 한정해 들여오고 있다. 몸이 크고 살이 두꺼운 것이 좋다. '보리멸하면 튀김'를 떠올리는 손님도 많지만, 에도 마에 보리멸은 크기와 감칠맛이 좋아서 니기리즈시로 강한 인상을 주는 데 더할 나위 없이 좋다.

다시마에 절이는 방법은 기본적으로 동일한데, 육질과 크기에 따라 밑손질을 서리아는 방법, 다시마로 감싸는 방법과 시간 등을 조절한다. 보리멸은 껍질도 맛있어서 먹을 수 있는 편이라, 껍질이 붙은 채로 손질해서 데쳐 껍질을 더욱 부드럽게 한다.

데친 후에 소금을 뿌려서 여분의 수분을 제거하고 다시마로 절인다. 보리멸은 작기 때문에 소금은 아주 조금만 뿌리고 시간도 2분 정도밖에 두지 않는다. 너무 오랫동안 소금을 두면 작은 살 전체에 소금기가 돌기 때문에 아주 짧은 시간만 두고 있다.

다시마는 살에만 댄다. 랩으로 감싸서 누름돌 등으로 누르지 않고 둔다. 처음에는 껍질과 살, 양쪽에 다시마를 붙였는데 다시마의 맛과 향이 보리멸보다 강하게 느껴져서 한쪽에만 대기로 했다.

절이는 시간도 2~3시간으로 짧은 편이다. 생선에 따라 살이 단단하게 응축해 입에 착 달라붙은 식감을 생길 때까지 강하게 절이기도 하는데, 보리멸은 '날것'에 가깝게 다시마에 절인다. 생보리멸의 풍미를 가능한 남기려고 고안한 다시마 절임이라 할 수 있다.

몸이 두껍고 맛이 좋기 때문에 도쿄완 바다에서 잡히는 것만 들여온다. 사진 속 보리멸은 길이 20cm 무게 80g으로 대형에 속한다.

❶ 보리멸의 껍질을 데친다

보리멸은 등을 갈라 펼쳐서 껍질에 뜨거운 물을 끼얹어 껍질을 부드럽게 만든다. 곧바로 얼음물에 담가서 열을 식힌다. 이 공정은 살이 지나치게 익지 않도록 한 마리씩 재빠르게 진행하고 소쿠리도 매번 흐르는 물에 대고 식힌다.

❷ 소금을 뿌린다

겉을 키친페이퍼로 닦고 양면에 아주 가볍게 소금을 뿌려서 2분 정도 둔다. 간을 하기보다는 여분의 수분을 제거해 비린내를 줄이기 위해서다.

❸ 다시마로 절인다

다시마를 보리멸 살을 여러 장 늘어놓을 수 있는 크기로 자른다. 식초에 촉촉하게 적신 키친페이퍼로 다시마 양면을 닦아 부드럽게 만들면서 끈기를 낸다(왼쪽). 소금을 조금 뿌린다. 소금을 뿌린 보리멸은 다시 흐르는 물에 씻어서 물기를 닦고 중심의 뱃살 부분을 갈라 반으로 나눈다. 살이 아래로 가도록 다시마 위에 늘어놓고 전체를 뒤집어서 다시 다시마 위에 보리멸을 늘어놓는다(오른쪽 위). 전체를 랩으로 감싸서(오른쪽 아래) 냉장고에서 2~3시간 두고 다시마의 감칠맛이 배도록 한다.

❹ 산초 잎으로 향을 더한다

보리멸과 상성이 좋은 산초 잎을 찢어서 스시밥에 붙이고 다시마에 절인 보리멸을 올려서 쥔다.

새끼 도미 식초 절임

가스고노 스지메(春子の酢締め)

이시카와 다이치(石川 太一) | 스시 다이치(鮨 太一)

> 에도 마에 스시에서는 분홍색 껍질이 아름다운 붉돔 유어를 '가스고'라고 부르며 귀하게 다루었다.
> 보통 다시마에 절이는데, 스시 다이치에서는 소금을 뿌리거나 여러 식초를 사용하는 등 다양하게 연구했다.
> 그리고 가스고의 부드러움과 풍미를 최대한 살릴 수 있는 방법을 찾아냈다.

소금물에 담갔다가 종류가 다른 식초에 세 번 담근다

식초에 절이는 정도는 가스고뿐만 아니라 모든 어종이 만드는 사람마다 제각각이다. 하지만 정어리 식초 절임(84쪽)과 같이 가스고의 특징인 부드러운 살을 살려야 한다고 생각하기 때문에, 지나치게 단단하게 절이지 않는 방법을 다양하게 연구했다.

그러다 생각한 공정 중 하나가 가스고를 해수에 가까운 염분 농도로 소금물을 만들어 담그는 방법이다. 살에 직접 소금을 뿌릴 때보다 염분이 온화하게 스며들어 지나치게 강하게 절여지지 않는다.

실은 이 방법을 선택한 데는 이유가 하나 더 있다. 소금물에 담그기 직전에 껍질을 부드럽게 하려고 데칠 때 보통 남은 열기로 지나치게 익지 않도록 곧바로 얼음물에 담가서 식힌다. 이때 소금물에 얼음을 넣으면 두 가지 공정을 동시에 끝낼 수 있다.

두 번째는 식초에 절이는 공정이다. 예전에는 적초와 쌀식초로 만든 배합초에 10분 정도 담갔는데, 살이 단단해지는 점이 문제였다. 가스고는 정어리 이상으로 식초에 담그면 쉽게 단단해지는데, 식초에 담그는 시간을 최대한 줄여서 부드러움을 유지하면서 식초의 풍미도 남기는 방법을 연구했다.

다양한 방법을 시험해보고 현재는 절이는 공정을 3단계로 나누었다. 처음에 쌀식초에 담갔다가, 이어서 적초와 쌀식초의 배합초에 담그고, 다시 하룻밤 재워두었다가 배합초에 담근다. 또 담그는 시간은 각 1분 안쪽으로 대폭 줄였다. 처음에는 뚜렷한 신맛을 들이려고 쌀식초에 담그고, 다음으로 적초의 색과 향과 진한 맛이 배도록 배합초에 담근다. 시간을 두고 두 종류 식초에 담갔을 때 가장 적합한 단단함과 풍미를 골고루 조절할 수 있었다.

가스고는 스시로 쥘 때도 에도 마에 전통을 살려 새우 오보로*를 조금 올린다.

*おぼろ: 어패류를 소금물에 데친 후 잘게 다져서 설탕, 소금 등으로 간을 해 볶은 것.

가스고는 붉돔 등의 유어다. 분홍색 껍질이 아름다워 껍질을 살려서 스시를 쥐기 때문에 도미의 일종인데도 등푸른 생선으로 분류된다. 봄부터 여름이 제철이다.

❶ 가스고를 펼친다

머리를 똑바로 자르고 등을 갈라 펼쳐서 등뼈, 배뼈, 가시를 제거한다. 가스고는 소형이라 한 마리를 통째로 꼬리지느러미가 붙은 채 쥐는 것이 전통으로, 꼬리지느러미는 남긴다.

❷ 데친다

가스고는 껍질째 쥐기 때문에 껍질에 살짝 뜨거운 물을 끼얹어 껍질을 부드럽게 만든다. 살이 익지 않도록 뜨거운 물을 끼얹은 후 곧바로 소금물에 담근다.

❸ 소금물에 담근다

데친 가스고를 염분 3% 해수 농도 소금물에 10분간 담근다. 소금물에 얼음을 넣어서 데친 열기를 순식간에 식히고 염분이 천천히 배도록 한다.

❹ 두 종류 식초에 담근다

소금물에서 꺼낸 후 소쿠리에 세워 냉장고에서 약 30분~1시간 두어 물기를 제거한 후 식초에 담근다. 처음에는 쌀식초(왼쪽)에, 다음으로 적초와 쌀식초를 2:3으로 섞은 배합초(오른쪽)에 각각 1분이 안 되게 담근다.

❺ 하룻밤 둔다

식초에서 꺼내서 소쿠리에 세워 수분을 빼고 용기에 담아서 하룻밤 둔다. 다음날 아침 적초와 쌀식초를 섞은 배합초에 한 번 더 가볍게 담갔다가 물기를 제거해 완성한다. 사진에서 오른쪽이 1일째, 왼쪽이 2일째가 된 모습이다.

새끼 도미 다시마 절임

가스고노 콘부지메(春子の昆布締め)

가미시로 미키오(神代 三喜男) | 가마쿠라 이즈미(鎌倉 以ず美)

가마쿠라 이즈미는 가스고(새끼 도미)를 두 단계로 나누어서 절이는데 1단계는 식초 절임으로 니키리 술과 식초를 배합한 술식초에 담그고, 2단계는 다시마 절임으로 배합이 다른 술식초에 불린 다시마를 사용한다. 가스고뿐만 아니라 모든 식초 절임과 다시마 절임에 공통으로 사용하는 방법이다.

술과 식초를 4:6으로 배합한 후 물로 희석해 절인다

니키리 술과 식초를 배합한 술식초는 도제 시절 스승에게 배워서 독립한 이후에도 다양한 재료를 준비할 때 사용하고 있다. 새끼 도미 다시마 절임도 그중 하나다.

전통 에도 마에에서 식초 절임이라고 하면 생식초에 담그는 것이 일반적이었고, 현재도 그 전통을 유지하는 곳이 많다고 알고 있다. 생식초는 살균과 부패 방지 효과가 뛰어나서 재료를 신선하게 유지할 수 있다.

그러나 현대에 들어 생선이 신선한 상태로 유통되면서 식초를 사용하는 방식에도 변화가 생겼다. 식초의 산미를 억제하고 생선 고유의 풍미를 더 살리려는 방향으로 가고 있는데, 가마쿠라 이즈미도 그러한 흐름에 따르고 있다. 생식초를 물로 희석해 사용하는 곳도 있지만, 가마쿠라 이즈미는 한 번에 술식초를 많이 만들어 두었다가 식초 절임을 할 때 사용할 만큼 덜어 물에 희석해 사용한다.

쌀식초를 사용하고 술과 식초는 약 4:6으로 배합한다. 술이 들어가면 생선 비린내를 잡아주어 풍미가 더욱 좋아지고, 생선의 감칠맛을 살에 가두어두는 효과도 있다. 또 생식초로 강하게 절이면 어떤 때는 생선의 살이 갈라지거나 너무 퍽퍽해질 때도 있는데 술식초는 그런 걱정도 없다.

그 후 다시마에 절일 때도 술식초를 사용한다. 보통 다시마 절임에 사용하는 다시마는 술, 식초, 물로 촉촉하게 적신 행주로 가볍게 닦는 편인데, 가마쿠라 이즈미는 술식초에 담가서 부드럽게 불린다. 이때 술식초의 배합은 식초 절임용 술식초와 반대로 술과 쌀식초가 6:4다. 술식초에 담그면 물에 담글 때보다 술의 효능으로 다시마의 잡냄새가 빠지고 술의 감칠맛도 더해져서 생선의 풍미를 더욱 살릴 수 있다.

또 술식초로 불린 다시마는 충분히 수분을 품고 있어서 생선을 절일 때 다시마가 지나치게 생선의 수분을 흡수하지 않아 살이 건조해지는 느낌도 없어져서, 이 또한 마음에 든다.

가스고는 관동지역에서 특히 인기가 높다. 가스고는 주로 붉돔(치다이)의 새끼를 말하는데 봄을 알리는 재료로 귀하게 다루어지고 있다.

❶ 다시마를 술식초에 담근다

니키리 술과 쌀식초를 6:4로 섞은 술식초에 라우스 다시마를 담근다. 하룻밤 두어 부드럽게 불리고 동시에 다시마의 냄새를 억눌러서 다시마 절임에 사용한다. 술식초는 오래 보존할 수 있어 반년 정도 사용 가능하다.

❷ 가스고를 소금으로 절인다

가스고는 껍질이 붙은 채 3장으로 포를 뜬다. 양면에 가볍게 소금을 뿌려서 3~4분간 두었다가 여분의 수분이 빠져나오면 흐르는 물에 씻어서 물기를 닦는다. 소형 생선이라서 소금의 양과 시간을 적게 한다.

❸ 술식초에 절인다

가스고도 다시마처럼 술식초에 가볍게 절인다. 가스고를 절이는 술식초는 식초 비율을 올려서 술과 식초가 4:6이다. 볼에 술식초를 담고 물을 섞어서 희석해 가스고를 2~3분 정도 담근다.

❹ 잔가시를 제거한다

술식초에 절인 후 가스고의 물기를 닦고 잔가시를 꼼꼼하게 제거한다. 아무리 유어라고 해도 도미류는 뼈가 단단해서 남기지 않도록 주의한다.

❺ 껍질을 데친다

데쳐서 껍질을 부드럽게 만든다. 가스고 껍질이 아래로 오도록 체나 망 형태 국자에 담아, 소금과 술을 조금씩 섞은 뜨거운 물에 살짝 담갔다가 곧바로 얼음물에 담가 식힌다. 식은 후 물기를 잘 닦는다. 식초로 절인 후 데치는 편이 살이 갈라지지 않는다.

❻ 다시마로 절인다

술식초에 불린 다시마를 물기를 닦아 가스고의 살 쪽에 댄다. 가스고는 살이 얇기도 하고 또 아름다운 분홍색 껍질을 살리려고 살에만 다시마를 댄다. 랩으로 감싸서 냉장고에서 5~6시간 둔다.

새끼 도미와 식초달걀 볶음

가스고노 스오보로(春子の酢おぼろ)

니시 다쓰히로(西 達広) | 다쿠미 다쓰히로(匠 達広)

> 세 번째는 가스고에 '스오보로'를 사용하는 방법이다. 다쿠미 다쓰히로는 달걀노른자와 식초로 만든 노란색 스오보로에 가스고를 담갔다가 쥐기도 하고, 사진처럼 쥔 후에 스오보로를 올릴 때도 있다. 현대에 점점 찾아보기 어려워진 전통 에도 마에 스시 기법 중 하나다.

스오보로는 강하게 절여지지 않는 부드러운 산미가 특징

가스고는 유어라서 붉돔이 산란한 직후 봄 초엽부터 나오기 시작한다. 한자로 '春子'라고 쓰는데 한자 그대로 봄을 알리는 생선이다. 말은 그래도 쓰키지 시장에는 전국 각지에서 가스고가 들어오기 때문에 사실상 봄에서 가을까지 즐길 수 있다.

생선 몸체가 작아서 준비할 때 손이 많이 가는 터라 전통 재료치고는 어느 스시집에나 있을 정도로 보편적이지는 않은데, 도제로 있었던 '스시 타쿠미'와 여기 출신은 가스고를 즐겨서 사용한다. 다쿠미 다쓰히로도 스시 코스 첫 번째는 가스고를 내는 만큼 강한 인상을 주기 위해 힘을 기울이는 재료다.

가스고는 식초 절임이 전통 방법인데, 다쿠미 다쓰히로는 주로 니기리즈시에 스오보로를 사용한다. 가스고를 손질해 소금으로 절인 후 식초에 담그는 부분까지 같은데 식초에 그대로 담그지 않고 스시를 쥔 후 스오보로를 올리거나 가스고 자체를 스오보로에 하룻밤 담갔다가 사용한다.

스오보로는 정확하게 말하면 '달걀노른자 식초 오보로'다. 달걀노른자에 식초를 추가해 30분 가까이 거품기로 휘저으며 익혀서 보들보들하고 섬세한 입자가 되도록 볶아서 만든다. 달걀노른자의 진한 맛에 은은한 산미가 더해지고 혀에 닿는 부드럽고 폭신폭신한 느낌이 가스고의 담백한 맛과 부드러운 육질을 충분히 살린다. 생식초로 절일 때보다 살이 덜 단단해지고 산미도 은은하게 배기 때문에 부드럽게 완성된다.

스오보로에 담글지 스오보로를 스시 위에 올릴지는 가스고 상태를 보고 결정한다. 크기가 작고 살과 껍질이 부드럽다면 스오보로에 담그고, 약간 단단하다 싶을 때는 스시를 쥔 후에 스오보로를 위에 올린다.

고하다(중치급 전어)나 도화새우(구루마에비)를 스오보로로 준비하기도 하는데, 그중 가스고가 가장 궁합이 잘 맞는다고 생각한다.

가스고는 길이가 수cm 정도로 작은 도미를 말한다. 주로 붉돔(치다이)의 유어를 가리키는데 황돔(기다이)처럼 껍질이 붉은 계열인 도미의 유어를 가스고라고 판매하기도 한다.

❶ 가스고를 펼친다

머리를 자르고 꼬리지느러미는 남긴 채 등을 갈라 펼친다. 작을 때는 한 마리로 쥐는데, 클 때는 2등분해 반 마리로 쥔다.

❷ 데친다

껍질을 부드럽게 하기 위해 껍질이 위로 오도록 대나무 바구니에 펼치고 행주를 덮어서 데친다. 등 쪽 껍질이 특히 단단하니 꼬리지느러미에서 양쪽 끝 부분을 따라 뜨거운 물을 끼얹는다(왼쪽). 양쪽 끝이 줄어들어 동그랗게 말리면(오른쪽) 곧바로 얼음물에 담가 식힌다.

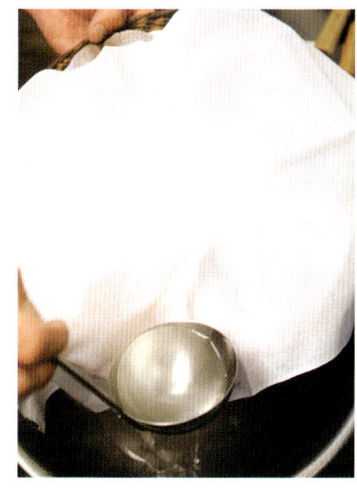

❸ 소금으로 절인다

얼음물에서 건져 물기를 닦고 대나무 소쿠리에 올린다. 양면에 소금을 뿌리고 5분 전후로 절인다. 소금의 양과 시간은 살의 크기와 지방이 오른 정도에 따라 조절한다.

❹ 식초에 살짝 담근다

소금으로 절인 후 물에 씻어서 소금을 제거하고 물을 섞은 쌀식초에 잠깐 담갔다 꺼내 물기를 제거하면 재료 준비는 끝난다.

❺ 스오보로를 만든다

달걀노른자에 쌀식초를 풀어서 달걀물을 만들고 입자가 보들보들하게 될 때까지 30분 가까이 볶아서 스오보로를 만든다. 가스고를 스오보로 안에 넣거나 스시를 쥔 후에 가스고 위에 올린다.

새끼 도미 벚꽃나무 잎 절임

가스고노 사쿠라바즈케(春子の桜葉漬け)

이사야마 유타카(伊佐山 豊) | 스시 마루후쿠(鮨 まるふく)

가스고(새끼 도미)는 옅은 분홍색 껍질이 아름답고 딱 좋은 감칠맛이 있어
다양한 재료와 상성이 잘 맞는다. 스시 마루후쿠는 소금에 절인 벚꽃나무 잎을 사용해
가스고를 봄을 상징하는 니기리즈시로 대접한다.

식초 없이 소금기를 없앤 벚꽃나무 잎으로 몇 시간 감싼다

가스고는 관동지역에서 완벽한 봄 생선으로 여긴다. 그러나 지역에 따라 나오는 철이 달라서 관서지역에서는 여름에서 가을이 제철로 인식되고 있다. 사실상 거의 연간에 걸쳐 즐길 수 있는 생선인데, 에도 마에 스시라면 역시 봄이다. 스시 마루후쿠는 아직 추위가 남아 있는 2월 끝부터 봄을 알리는 재료로 선보이고 있다.

가스고에서 더욱 선명하게 봄을 떠올리게 할 수 없을까 생각하다 소금에 절인 벚꽃나무 잎이 떠올랐다. 벚꽃나무 잎은 독특한 달콤한 향이 특징으로 향만 맡아도 곧바로 봄이 떠오른다. 살이 하얗고 향이 은은한 가스고와 잘 어울릴 거라고 직감했다.

벚꽃나무 잎으로 향을 더하는 재료는 가스고 외에도 뱅어나 송어(사쿠라마스)가 있는데, 이것들도 봄을 알리는 식재료다. 스시 마루후쿠는 가스고를 봄 시기에 한정해서 내고 있어 봄의 간판 메뉴로 좋은 평가를 얻고 있다.

가스고를 펼쳐서 소금을 뿌려 여분의 수분을 빼고, 껍질을 데치는 부분까지 일반 식초 절임을 준비할 때와 똑같다. 식초로 절인 가스고도 맛있는데, 벚꽃나무 잎을 사용할 때는 벚꽃 향과 식초 향이 싸우지 않도록 식초를 사용하지 않는다. 데친 후 곧바로 벚꽃나무 잎으로 감싸서 풍미를 더한다.

벚꽃나무 잎은 소금에 절인 것을 사서 소금기를 빼고 사용하는데, 그래도 상당히 염분이 남아 있어 가스고의 살에도 배어든다. 따라서 저녁 시간에 사용한다면 낮에 준비해서 몇 시간 담가두는 정도가 가장 좋다. 너무 길게 담가두어 향이 진하게 풍기기보다 은은하게 향기로운 정도가 딱 좋다. 시간을 정확하게 판단하는 것이 중요하다.

몸 길이 10cm 정도 되는 가스고다. 에도 마에 스시에서 일반적으로 붉돔(치다이)의 유어를 가리키는데, 참돔과 황돔의 유어도 가스고로 유통된다. 전국을 보면 잡히는 기간이 길지만, 관동지역은 봄에 나온다.

❶ 가스고를 소금으로 절인다

머리와 내장을 제거하고 등을 갈라 펼쳐서 양면에 소금을 뿌리고 7분 정도 둔다. 껍질이 아래로 오도록 소쿠리에 올리고 살이 단단해지는 정도를 보면서 절이는 시간을 결정한다.

❷ 데친다

배어나온 수분과 소금을 흐르는 물에 씻은 후 물기를 닦는다. 껍질 쪽에만 소금을 약간 넣은 뜨거운 물을 살짝 뿌려 데쳐서 껍질을 부드럽게 만든다. 잔가시를 제거한다.

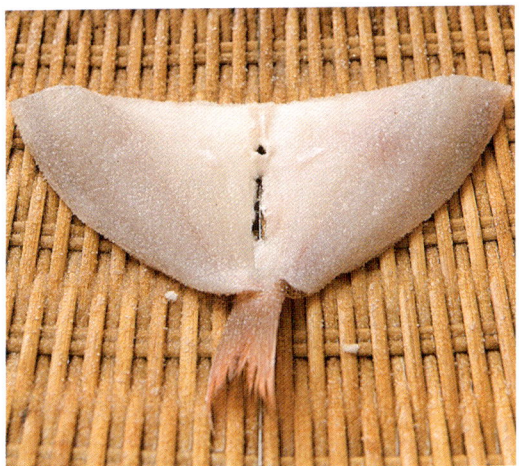

❸ 벚꽃나무 잎으로 절인다

소금에 절인 벚꽃나무 잎을 물에 10분간 담가서(왼쪽) 염분을 적당히 빼고 물기를 닦는다. 가스고는 살이 바깥쪽으로 오도록 반으로 접어서 벚꽃나무 잎을 직접 살에 대고 감싼다(오른쪽). 랩으로 덮어서 냉장고에서 몇 시간 두어 풍미를 배게 한다.

학꽁치 다시마 절임

사요리노 콘부지메(細魚の昆布締め)

노구치 요시유키(野口佳之) | 스시도코로 미야코와케미세(すし処 みやこ分店)

> 학꽁치는 은백색의 아름다운 껍질과 가느다란 모습 덕분에 '물고기계의 미인'이라고 불리는 고급 어종이다. 맛이 좋기로도 유명해서 스시도 생짜로 쥐기도 하고, 식초에 절이기도 하고, 다시마에 절이기도 하는 등 방법이 다양하다. 이번에는 스시도코로 미야코와케미세의 다시마 절임을 소개한다.

'이번다시마'를 대서 가벼운 감칠맛을 더한다

학꽁치는 봄에 산란한다. 산란 직전에 해안가로 모이기 때문에 필연적으로 어획량이 많아져서 봄이 제철이라고 생각하기 쉽다. 그러나 산란하기 직전에는 몸이 마르기 때문에 사실은 그보다 앞선 12월에서 1월까지 추울 때가 가장 영양이 축적되어 있어 맛있는 제철이다. 눈에 띄게 몸이 두꺼워져 학꽁치의 맛을 충분히 즐길 수 있다.

미야코와케미세에서는 스시에 쓰는 학꽁치를 거의 다시마에만 절인다. 예전에는 등푸른 생선을 준비하는 대표적 방법대로 식초 절임을 하고 안쪽에 새우 오보로를 넣는 경우가 많다고 하는데, 최근에는 학꽁치 본래 맛을 그대로 살리려고 생짜로 고추냉이만 넣고 쥐거나 다시마로 가볍게 절이는 쪽이 주류인 듯하다.

학꽁치는 독특한 구석 없이 고급스러운 맛이기는 한데, 광어 같은 흰살 생선과 비교하면 철분이 포함되어 있어 맛이 진하다. 따라서 다시마로 절일 때 다시마의 강한 감칠맛을 확실하게 옮기는 것이 아니라 가볍게 더하는 정도로 해야 학꽁치의 개성을 살릴 수 있다. 입에 넣었을 때 학꽁치의 풍미가 먼저 입안 가득 퍼진 후 다시마의 감칠맛이 슬며시 얼굴을 내미는 정도로 간을 한다. 구체적 말하면 '이번다시마'를 붙여서 6시간 둔다. 이미지로 표현하면 조미료를 살짝 치는 정도다.

여기서 이번다시마란 가다랑어포 육수를 낼 때 '이번육수'라고 부르는 것과 비슷한 의미로 이름을 붙였는데, 한 번 사용했던 다시마를 다시 사용하는 것을 말한다. 광어나 붉은메기처럼 다시마의 풍미를 진하게 옮기고 싶을 때는 새 다시마를 사용하고 학꽁치처럼 가볍게 하고 싶을 때는 이미 한 번 사용한 다시마를 사용한다.

다시마는 라우스 다시마를 사용한다. 맛이 부드러운 다시마나 리시리 다시마와 비교해서 라우스 다시마는 감칠맛이 강해 이번다시마를 사용해도 감칠맛이 충분히 남아 있다.

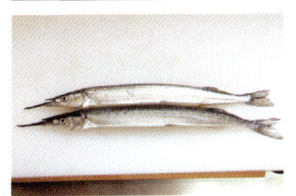
전체 몸길이 40cm인 대형 학꽁치다. 몸길이가 30cm 이상으로 클 때는 빗장이라고 부르고 작을 때는 연필이라고 부르기도 한다.

❶ 학꽁치를 펼친다

몸이 가는 학꽁치를 다시마에 절일 때는 펼쳐서 한다. 머리와 꼬리를 자르고 배를 갈라서 내장, 등뼈, 배뼈를 제거한다. 몸의 안쪽은 검은 막으로 감싸여 있는데 이 부분도 깨끗하게 제거한다.

❷ 소금으로 절인다

바구니에 가볍게 소금을 바르고 학꽁치 껍질이 아래로 오도록 펼친 다음 위에서 소금을 가볍게 뿌린다(왼쪽). 살이 얇아서 소금은 아주 조금만 사용한다. 5분 정도 두었다가 표면에 수분이 올라오면(오른쪽) 물로 씻어서 물기를 제거한다.

❸ 다시마로 절인다

다른 흰살 생선 다시마 절임에 한 번 사용했던 라우스 다시마에 학꽁치의 살이 아래로 오도록 둔다(왼쪽). 전체를 랩으로 딱 맞게 감싸서(오른쪽) 냉장고에서 6시간 둔다. 스시를 쥐기 전에 껍질을 벗기고 적당한 크기로 썬다.

고등어 식초 절임과 백다시마*

시메사바토 시로이타콘부(締め鯖と白板昆布)

오구라 가즈아키(小倉 一秋) | 스시도코로 오구라(すし処 小倉)

고등어는 등푸른 생선 중에서도 고하다(중치급 전어)만큼 인기가 많다.
등푸른 생선은 주로 생짜로 스시를 쥐는 것이 일반적인데 고등어는 식초에 절이는 전통이 계속 이어져왔다.
준비하는 방법은 스시집마다 개성이 있는데 스시도코로 오구라는 백다시마를 조합한다.

설탕의 단맛이 강한 달콤한 식초로 고등어를 절인다

스시도코로 오구라는 고등어 식초 절임을 스시로 쥘 때 단식초에 조린 백다시마를 올리는 스타일이 정착되어 있다. 단식초에 절인 고등어를 나무 상자에 넣고 눌러서 만드는 오사카 명물 '밧테라'와 같은 조합으로, 밧테라의 니기리즈시 버전이라 할 수 있다. 새콤달콤하고 부드럽게 조린 백다시마는 개성이 강한 고등어의 풍미와 두툼한 살의 식감과 무척 잘 어울린다.

고등어를 절일 때도 다시마를 절일 때도 식초를 사용하는데, 조미료를 배합하는 방식은 스시집마다 다소 차이가 있다. 스시도코로 오구라는 고등어를 절이거나 백다시마를 조릴 국물을 쌀식초와 설탕만 섞어서 만드는데 상당히 단맛이 강한 편이다. 보통은 고등어를 생식초에 담그는 곳이 많다. 또 설탕을 더한다고 해도 조금만 넣는 곳이 많다.

백다시마를 조릴 때 식초와 설탕을 섞은 후 물로 희석하거나 소금을 더하거나 하는 곳도 있다고 하니, 스시도코로 오구라의 레시피는 개성 있다고 할 수 있을지도 모른다. 단식초의 배합 비율은 스승에게 배운 대로인데, 담그는 시간은 나름대로 조절하고 있다.

생식초만 넣어 산미가 뚜렷한 식초 절임도 좋은데, 단맛이 있으며 부드럽게 산미를 주면 처음에 바른 소금의 짠맛과 균형이 잡혀서 더욱 맛있다. 그래서 고등어뿐만 아니라 식초에 절이는 재료에는 전부 단맛이 있는 식초를 사용한다.

백다시마는 단식초에 조릴 때도 살짝 담그기만 하는 곳도 있는데, 스시도코로 오구라는 10분 정도 조린다. 다시마가 간단하게 찢어질 정도로 끈끈하게 조린다. 눌러서 만드는 스시와 달리 니기리즈시는 이 정도로 부드러워야 재료나 스시밥과 잘 어울리고 일체감이 살아나 맛있다.

* 白板昆布: 시로이타콘부, 다시마를 손으로 깎고 남은 황백색 부분.

스시도코로 오구라에서는 고등어를 단식초에 절여서 백다시마와 함께 쥔다. 겨울에 제철을 맞아 지방이 오른 고등어를 3장으로 포를 뜬다. 사진은 많이 잡히기로 유명한 미야기현 긴카잔 바다산 고등어로 한 마리에 1kg 정도하는 대형이다.

❶ 고등어를 소금으로 절인다

손질한 고등어의 양면에 굵은소금을 듬뿍 뿌려서 1시간 반 정도 둔다. 여분의 수분이 빠지고 몸이 응축되면 물에 씻은 후 물기를 제거한다.

❷ 단초에 절인다

용기에 고등어를 넣고 쌀식초와 설탕을 섞은 배합초를 붓는다(왼쪽). 배합초는 단맛을 상당히 강하게 만든다. 살의 크기와 지방이 오른 정도에 따라 시간을 조절해 대략 1시간 정도 담가서 절인다. 배합초에서 꺼낸 후 물기를 닦고 잔가시를 빼서 보관한다(오른쪽).

❸ 백다시마를 단식초에 조린다

냄비에 쌀식초와 설탕을 섞은 배합초를 넣고 끓으면 백다시마(왼쪽 위)를 넣고 조린다. 다시 끓기 시작하면 거품이 넘치지 않도록 작은 뚜껑으로 덮어서 10분 정도 조려서 맛을 들인다(왼쪽 아래). 다시마를 윤기가 나고 투명한 느낌이 나도록 조려서(오른쪽) 국물에 담근 상태로 보관한다. 보통 60장을 한 번에 준비한다.

식초 절임 고등어 볏짚 구이

시메사바 와라야키(締め鯖の藁焼き)

오가와라 요시토모(大河原 良友) | 스시 오가와라(鮨 大河原)

이번에는 식초 절임 고등어를 응용하는 방법으로 식초에 절인 후 볏짚에 한 번 구워서 향을 더해
스시로 쥐는 방법을 설명한다. 볏짚 구이는 가다랑어에 친숙한 방법이지만,
스시 오가와라는 처음 개업했을 때부터 식초 절임 고등어도 쭉 볏짚으로 굽고 있다.

식초에 가볍게 절인 후 껍질에 간장을 뿌려서 겉만 굽는다

스시 역사를 살펴보면 스시 재료를 볏짚에 굽는 조리 방법은 비교적 새로운 편이다. 또 굽는 생선도 가다랑어부터 시작해서 껍질이 단단한 흰살 생선까지 스시집마다 다양하다.

스시 오가와라는 개업한 이후로 줄곧 식초에 절인 고등어를 볏짚에 구워서 내놓았다. 볏짚에 구우면 무엇보다 구수한 향이 배고 껍질이 부드러워진다. 또 가볍게 익으면서 지방의 감칠맛이 증가해 식초에만 절인 고등어와 다른 매력을 느낄 수 있다. 특히 오가와라 장인은 굽기 전에 껍질에 간장을 한 번 바르는데, 간장을 바르면 향도 좋아지고 윤기도 생겨 보기만 해도 식욕을 자극한다.

이번에 소개하는 고등어는 망치고등어다. 늦가을에서 겨울에는 참고등어를 사용하는데 봄부터 초여름은 망치고등어가 맛있다. 두 품종 모두 맛과 지방이 오른 정도가 크게 다르지 않아서 어느 고등어를 사용할 때도 조리법은 바뀌지 않는다.

먼저 고등어를 3장으로 포를 떠서 소금에 절였다가 물로 씻어서 식초에 담그는 기본 방법을 따르고 있다. 똑같이 식초에 절인다고 해도 고하다에 비교하면 고등어는 몸집이 커서 소금 양도 많아지고 식초에 담가두는 시간도 당연히 길어진다.

다만 소금과 식초의 맛을 어디까지 들일지는 스시집마다 다르다. 진하고 뚜렷하게 맛을 들이는 곳이 있는가 하면 가볍게 하는 곳도 있다. 스시 오가와라는 후자에 가깝다. 소금에 절이는 시간은 1시간 반 정도로 평균적인데, 식초에 담가두는 시간은 15분에서 20분으로 짧다. 식초에서 꺼낸 후 볏짚에 굽기 때문에 산미가 너무 강하게 남지 않도록 하고 있다.

볏짚에 구울 때는 가능한 갓 구워서 내고 싶지만, 식사 공간에 연기가 퍼지는 것이 좋지 않아서 포기했다. 대신 가능한 영업 시간 직전에 구워서 상온에 두고 갓 구웠을 때 맛을 가능한 유지하면서 당일에 전부 판매하고 있다.

사진은 도쿄완 기사라즈 주변에서 외줄낚시로 잡은 망치고등어(고마사바)다. 봄에서 초여름에는 망치고등어, 늦가을에서 겨울까지는 참고등어(마사바) 등 계절마다 다르게 사용한다. 3장으로 포를 뜨고 잔가시를 제거한다.

❶ 고등어를 소금을 절인다

넓적한 쟁반에 소금을 충분히 채우고 고등어를 살이 위로 오게 늘어놓은 후 완전히 덮을 정도로 소금을 덮는다. 절이는 시간은 1시간 반 정도다. 고등어의 크기와 지방이 오른 정도에 차이가 있으므로 그때마다 조금씩 시간을 조절한다.

❷ 식초에 절인다

소금을 물로 씻고 물기를 닦은 후 쌀식초에 담근다(왼쪽). 식초는 살이 완전히 잠기게 해서 15~20분 정도 담근다. 오른쪽이 식초 절임이 끝난 고등어다. 얇은 껍질을 벗기고 배뼈를 발라내고 잔가시가 남아 있으면 깨끗하게 제거한다.

❸ 껍질 쪽에 간장을 흘린다

고등어 살에 꼬치를 부채꼴로 꽂아서 볏짚에 굽기 직전에 껍질 쪽에만 살짝 간장을 뿌린다. 간장이 불을 만나면 윤기가 생기고 향도 더욱 구수해진다.

❹ 볏짚에 굽는다

볏짚 구이에 쓰는 철통에 볏짚을 넣고 불을 피워서 불꽃이 올라오면 껍질 쪽을 살짝 굽는다(왼쪽). 연기가 나오면 종종 뒤집어서 살 쪽은 불에 직접 대지 않고 연기로 훈제한다. 불의 열기를 관찰하며 높이를 조절해 고소한 향이 나올 정도로 살짝 굽는다(오른쪽).

정어리 식초 절임

이와시노 스지메(鰯の酢締め)

이시카와 다이치(石川 太一) | 스시 다이치(鮨 太一)

정어리에 생강과 파를 곁들여 생짜로 스시를 쥐는 것이 현대의 주류지만,
스시 다이치는 독특한 방법으로 식초에 절여서 쥔다. 그 맛이 본인의 취향이라고 이시카와 장인은 설명하는데,
실은 소수파가 된 식초 절임 정어리 맛을 많은 손님에게 알리고 싶다는 생각도 있으리라.

담가두는 시간은 짧게, 3일에 걸쳐 식초에 절인다

식초 절임 기법을 좋아하고 그 맛을 즐겨 스시 다이치에서는 다양한 생선을 식초에 절인다. 1장 또는 3장으로 펼친 생선에 소금을 뿌리고 여분의 소금을 제거한 후 식초에 담그는 것이 기본 공정이다. 당연한 이야기인데, 생선의 종류, 크기, 지방이 오른 정도에 따라 소금과 식초의 양과 절이는 시간을 조절한다.

그러나 여러 차례 절이는 과정에서 소금과 식초의 분량 또는 시간을 조절하는 방법으로는 원하는 대로 결과가 나오지 않는다는 것을 깨달았다. 그래서 각각 생선의 육질을 생각하면서 분량과 시간을 조절하는 것 외에 다른 점도 바꾸어보았다.

예를 들면, 정어리를 3일에 걸쳐 식초에 절이는 방법을 고안했다. 식초 절임은 보통 한 번만 절여서 완성하는데, 정어리는 껍질이 아주 얇기 때문에 식초에 오랫동안 담가두면 껍질이 흐물흐물해져서 벗겨지기 쉽고 살은 지나치게 단단해지는 점이 마음에 들지 않았다. 그래서 식초에 담그는 시간을 줄이고 대신에 다음 날, 그다음 날도 반복해서 식초에 담그는 방식으로 공정을 분산해 천천히 진행해보았다.

식초에 담그는 시간은 첫날에는 5분에서 10분, 둘째 날과 셋째 날은 살짝 담갔다 꺼내는 정도다. 짧은 시간씩 며칠에 걸쳐 진행함으로써 서서히 식초가 스며들어 껍질이 잘 벗겨지지 않게 되고 무엇보다 씹었을 때 육질에 폭신한 식감이 남게 되었다. 생선을 식초로 절이면 살이 단단해지는 것은 당연한데, 가능한 정어리가 원래 가진 부드러운 질감을 남기면서 식초에 절였을 때 느낄 수 있는 풍미도 살리는 방법을 모색하다 찾은 방법이다.

이 방법을 쓰면 검붉은살이 약간 검어지지만, 풍미나 식감이 좋아지는 점을 고려하면 큰 문제가 아니라고 생각한다. 살과 잔가시도 부드럽고 정어리다운 맛이 넘치는 방법이라고 자부하고 있다.

정어리는 스시 재료로는 중형을, 술안주로는 주로 대형을 사용한다. 배를 갈라 펼쳐서 내장, 등뼈, 배뼈를 제거하고 주변을 잘라서 정리해 준비한다.

❶ 소금으로 절인다

살과 껍질 양쪽에 소금을 뿌린 다음 20~30분 정도 두어 여분의 수분을 빼서 살을 단단하게 한다. 흐르는 물에 소금기를 씻고 무명천으로 물기를 닦는다.

❷ 식초에 절인다

식초에 절이는 공정은 3일 연속해서 진행한다. 첫날에는 쌀식초에 5~10분간 담근다(위쪽). 지방이 적게 올랐다면 짧게, 많으면 길게 조절한다. 끝나면 소쿠리에 세워서 물기를 뺀 후(아래쪽) 밀폐 용기에 담아 냉장고에서 보관한다.

❸ 둘째 날, 셋째 날은 식초로 씻는다

둘째 날, 셋째 날은 식초에 씻는 느낌으로 쌀식초에 담갔다가 곧바로 꺼낸다. 식초에서 꺼낸 후에는 첫날과 동일하게 소쿠리에 세워서 물기를 빼고 밀폐용기에 담아 냉장고에서 보관한다.

식초 절임 공정의 변화다. 왼쪽부터 첫날, 둘째 날, 셋째 날이다. 과정이 진행되면서 살이 흰색으로 단단해지는 것을 알 수 있다. 셋째 날에는 식초에 담갔다가 꺼내서 물기를 빼고 그날부터 껍질을 벗겨 손님에게 내놓는다.

전갱이 보즈시

아지노 보즈시(鯵の棒寿司)

곤도 다케시(近藤 剛史) | 스시 기즈나(鮓 きずな)

오사카와 교토에서는 스시밥에 식초에 절인 생선을 올리고 대나무 김발로 말거나 목형에 넣고 눌러서 큼직하게 만드는 보즈시(棒寿司, 봉초밥)가 명물이다. 스시 기즈나는 계절에 따라 전갱이(히라아지*, 마아지)와 참고등어(마사바)를 사용한 오시즈시(누름초밥)를 코스 요리 제일 처음에 낸다.

식초는 계속 더해서 쓰고 가볍게 절여서 만든다

보즈시는 오사카 스시 문화를 말할 때 빼놓을 수 없다. 오사카다운 느낌을 주려고 전체 식사의 처음에 반드시 내고 있다.

보즈시라고 하면 고등어가 대표적이지만, 참고등어는 제철인 가을에서 겨울에만 한정해서 만들고, 5월부터 여름에 걸쳐서는 지방이 맛있게 오르고 살이 두툼한 대형 전갱이로 만들고 있다.

보통 전갱이는 소금과 식초로 절여서 준비하는데 식초는 지난번에 사용했던 식초에 생식초를 더하는 방식이다. 지난번에 사용했던 식초를 절반 정도 덜고 같은 양으로 새로운 식초를 더해서 시즌별로 돌려가며 사용한다.

이렇게 식초를 사용하는 방법은 전통적인 방법으로 식초의 신미가 부드러워, 절인 후에 부드러운 산미가 돌고 생선의 풍미도 식초에 조금씩 더해져간다. 절이는 시간은 5분으로 약간 짧다. 1일 동안 숙성시켜 산미가 골고루 배면 보즈시를 만든다.

스시 기즈나는 만들어서 곧바로 술안주처럼 먹을 수 있도록 하는 편이라 조금씩 변화를 주고 있다. 예를 들면, 스시밥에 초생강과 차조기 등을 섞어서 풍미를 더하거나, 틀에 넣어 누를 때도 입에 넣었을 때의 식감을 고려해서 가볍게 눌러서 공기를 남긴다. 또 백다시마를 조릴 때도 단식초에 간장을 조금 넣어서 감칠맛을 올리고 영업을 시작하기 직전에 만들어서 짧게 길들인다. 한 마디로 요리처럼 갓 조리한 맛을 느낄 수 있는 보즈시다.

한편 전갱이가 제철일 때는 니기리즈시로 낸다. 단지 보즈시와 맛에 차이를 주려고 크기나 준비하는 방법을 다르게 한다. 보즈시에는 대형 전갱이를 식초에 절여 사용한다면, 니기리즈시용은 작은 전갱이를 소금으로 가볍게 절여서 수분을 약간만 뺀다. 생짜로 쥐지 않는 이유는 등푸른 생선 특유의 냄새를 죽이고 스시밥과 잘 어울리도록 부드럽게 만들기 위해서다. 제철을 맞은 작은 전갱이는 작아도 지방이 올라 있고 크기도 니기리즈시에 딱 맞아서 보기에도 좋다.

* ヒラアジ: 관서지역에서 마아지를 부르는 이름.

봄에서 여름에 걸쳐 보즈시에 사용하는 대형 전갱이다. 니기리즈시에는 몸길이 15cm 정도의 작은 전갱이(사진 앞쪽)를 사용한다. 대부분 보통 전갱이의 유어인데 드물게 기아지(キアジ)도 있다.

❶ 전갱이를 3장으로 포를 떠서 소금으로 절인다

보즈시용 전갱이는 3장으로 포를 뜬다. 껍질이 붙은 채 양면에 약간 강하게 소금을 뿌리고 30분간 둔다. 빠져나온 수분과 소금을 물에 씻고 물기를 잘 턴다.

❷ 식초에 절인다

6~7분간 식초에 절인다. 식초는 지난번에 준비할 때 사용했던 쌀식초를 절반 덜어서 같은 양의 새로운 쌀식초를 더해서 만드는데, 항상 같은 방식으로 더해서 사용한다.

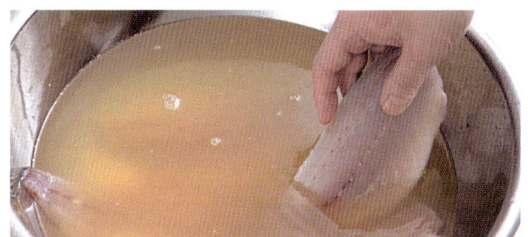

❸ 몸을 펼친다

정어리를 소쿠리에 세워서 반나절 정도 식초를 빼고 랩으로 감싸서 냉장고에서 1일 동안 둔다. 틀에 넣고 누르기 전에 세로로 2등분해 잔가시를 제거한다. 껍질을 벗기고 한쪽에 비스듬히 칼을 넣고 펼쳐서 두께를 일정하게 만든다. 길이도 반으로 자른다.

❹ 틀로 누른다

오시즈시용 틀에 껍질이 아래로 가도록 전갱이를 넣는다(위쪽). 빈 곳이 있으면 작은 조각을 채워서 일정한 두께를 만든다. 초생강, 차조기, 흰 깨를 섞은 스시밥을 채우고 뚜껑으로 눌렀다가 뒤집어 틀에서 뺀다(아래쪽). 산초 잎과 단 간장식초에 조린 백다시마를 올리고 랩으로 감싼다.

❺ 니기리즈시용 작은 전갱이

니기리즈시라도 생짜로 쥐지 않는다. 3장으로 포를 떠서 껍질이 붙은 상태에 소금을 뿌린 후 5분간 둔다. 여분의 수분이 빠져서 감칠맛이 응축되고 식감이 부드러워진다. 소금을 흐르는 물에 씻어내고 얼음물에 담갔다가 스시를 쥐기 직전에 껍질을 벗긴다.

청어 식초 절임

니신노 스지메(鰊の酢締め)

아쓰미 신(渥美 槙) | 스시 아쓰미(鮨 渥美)

청어(니신)는 북쪽 바다에 서식해 전통 에도 마에 스시에는 사용하지 않았다.
그러나 각지에서 다양한 생선이 손쉽게 들어오게 되면서 지금은 청어를 사용하는 곳도 드물지 않다.
스시 아쓰미는 두 가지 방법으로 청어를 준비해 손님에게 선보인다.

식초에 절인 후 잔가시를 끊어내듯이 썬다

일단 시장에 나오는 생선은 전통 재료가 아니더라도 스시로 만들면 어떨까하고 한 번씩 다루어본다. 청어도 처음에는 흥미로 다루어보게 되었는데 니기리즈시에 잘 맞는다고 느껴서 계속 사용하고 있다.

사실 청어는 도쿄를 비롯한 관동지역에서는 친숙하지 않은 생선으로, 먹는다고 해도 대체로 다시마로 말거나 달콤하게 조리거나 소금 구이하는 정도다. 회나 스시로 즐겨 찾는 손님은 별로 없기 때문에 "이런 생선도 스시로 쥐어보았습니다" 하고 내놓으면 보기 드문 터라 다들 기뻐하고 대화도 활발해진다.

청어는 몸이 부드럽고 특이한 구석이 없는 담백한 맛이다. 지방도 딱 좋게 올라 있어 스시로 먹기에 좋다. 식초에 절일 때도 다른 등푸른 생선보다 부드러운 맛을 살릴 수 있도록 소금에 절이는 시간과 식초에 담그는 시간을 10분 정도로 짧게 한다.

주의할 점은 잔가시 처리다. 청어는 잔가시가 상당히 많아서 다른 재료처럼 두껍게 썰면 가시가 거슬린다. 그렇다고 해서 잔가시를 하나씩 전부 뽑으려고 들면 살이 부드러워서 오히려 망가지기 쉽기 때문에 좋은 방법은 아니다. 그래서 비스듬하게 얇게 써는 방법을 생각했고 스시 한 개에 3장을 겹쳐서 사용한다.

또 다른 방법으로 다타키풍으로 저며서 쥔다. 전갱이 다타키를 할 때처럼 잘게 저미지 않고 살에 수직으로 얇게 썰어서 잔가시를 자른 후 살을 가지런히 모으지 않고 다타키풍으로 둥글게 모아서 스시를 쥔다. 이때 소금에 절인 벚꽃나무 잎을 이용한다. 코스 진행상 다른 스시와 차별화를 꾀하는 의미도 있고 벚꽃나무 잎으로 감싸서 쥐면 달콤한 향이 생긴다. 또 청어와 벚꽃나무 잎은 둘 다 봄을 연상시키는 재료로 상성이 아주 좋다. 벚꽃나무 잎 대신에 차조기를 사용해도 맛이 괜찮다.

최근 어획량이 줄고 있으나 여전히 홋카이도에서는 청어가 많이 잡힌다. 사진 속 청어는 약 30cm다. 제철이 봄에서 초여름이라서 봄을 고하는 생선이라는 뜻으로 '春告魚'라고 부르기도 한다.

❶ 청어를 소금으로 절인다

다른 생선과 마찬가지로 우선 머리와 내장을 제거하고 3장으로 포를 뜬다. 배뼈를 제거하고 물로 씻어서 물기를 닦은 후에 양면에 강하게 소금을 뿌려서 절인다. 약 10분간 둔다.

❷ 식초로 절인다

소금과 배어나온 수분을 흐르는 물에 씻고 물기를 닦는다. 넓은 쟁반에 식초를 채우고 껍질이 아래로 가도록 5분 정도 두었다가 뒤집어서 다시 5분간 둔다.

❸ 3장으로 썬다

물기를 닦으면 준비가 끝난다. 청어는 잔가시가 많아서 다른 재료와 같은 크기로 썰면 잔가시가 혀에 거슬리기 때문에 비스듬하게 얇게 썰어서 뼈를 잘라준다. 스시 한 개를 만들 때 3장을 사용한다.

❹ 저며서 벚꽃나무 잎으로 모은다

청어 스시의 다른 버전은 다타키풍으로 만드는 것이다. 뼈가 없는 부위 바로 위쪽에서 칼을 넣어 얇게 썬다(위쪽). 소금기를 뺀 벚꽃나무 잎에 적당히 올린다(아래쪽). 그 위에 스시밥을 올리고 스시로 쥐어 손님에게 나가기 전에 벚꽃나무 잎을 제거한다. 청어에 벚꽃나무 잎의 달콤한 향이 남는다.

은어 식초 절임

아유노 스지메(鮎の酢締め)

요시다 노리히코(吉田 紀彦) | 스시 요시다(鮨 よし田)

에도 마에 스시는 도쿄 앞바다에서 나오는 어패류를 중심으로 발전한터라 하천어는 거의 사용하지 않았다. 하지만 거슬러 올라가면 나레즈시*에는 붕어와 은어를 사용해 사실 담수어와의 관계는 역사가 길다. 교토의 스시 요시다는 은어를 사용하는 빈도가 높아 은어 스시는 간판 메뉴가 되었다.

소금도 식초도 1분 전후로, 회 느낌으로 쥔다

은어 요리는 스시 요시다의 간판 메뉴 중 하나로 소금 구이를 비롯해 손님 취향에 맞추어 다양하게 준비하고 있다. 자연산 활 은어를 전문업자에게 공급 받는데, 휴일에 교토 근처나 가까운 도시까지 나가 직접 낚아서 조리하기 전까지 수조에서 살려두기도 한다. 살아 있는 상태로 조리해야 은어의 맛, 향, 식감을 모두 최고로 끌어올릴 수 있기 때문이다.

다만 스시 재료는 소금 구이처럼 살아 있는 상태로 조리할 수 없어서 얼음에 담근다. 얼음에 담그면 곧바로 움직임이 정지해 신선한 상태로 조리할 수 있다.

은어는 소형을 사용하는데 고하다나 보리멸과 마찬가지로 머리와 등뼈를 제거하고 펼쳐서 준비한다. 전통 요리인 은어의 스가타즈시라면 이때 소금을 확실하게 뿌려서 수분을 제거하고 식초에 오랫동안 담가두어서 식초 맛을 강하게 살리는 것이 일반적이다. 그러나 스시 요시다는 스시에 은어의 본래 풍미를 살리고자 소금도 식초도 가볍게 사용해 날것에 가깝게 마무리한다. 은어를 생짜로 먹는 방법으로 뼈째 자르는 세코시(뼈째회)가 있는데, 비슷한 이미지다. 소금은 가볍게 소금의 짠맛을 주는 정도로 소량을 사용해서 30초에서 1분 정도 두었다가 물에 씻는다. 식초에 담글 때도 1분 정도만 담근다. 절인다기보다 담갔다 꺼내는 정도에 가깝다.

나머지는 시간이 있으면 숙성하고 시간이 없을 때는 곧바로 쥔다. 가볍게 절였고 은어 살의 성질을 고려해도 숙성시킬 필요는 없다.

고명은 고추냉이만 해도 좋은데 은어 요리에는 꼭 따라다니는 여뀌 잎을 사용해도 좋다. 고추냉이와 함께 사이에 넣거나 식초용으로 간 여뀌 잎만 넣기도 한다. 또 떼어둔 은어의 내장으로 '우루카'라는 일본식 젓갈을 손수 만들고 있다. 간혹 스시 위에 올려서 조금씩 변화를 준다.

* 熟れ鮨: 생선 등을 소금에 절여 발효시킨 음식.

교토, 후쿠이, 와카야마 등 인근에서 잡히는 천연 은어를 사용한다. 사진 속 은어는 후쿠이현 구즈류가와에서 들여왔다. 해마다 양과 질이 다르기 때문에 상황을 보고 산지를 정한다. 은어는 살아 있는 상태로 들여와서 얼음으로 이케지메한다.

❶ 은어를 펼친다

얼음에 담가 움직임이 멈추면 손질을 시작한다. 머리와 내장을 제거하고 배를 갈라 펼쳐서 등뼈를 제거한다. 배뼈와 지느러미도 깨끗하게 제거한다.

❷ 소금으로 절인다

소금으로 아주 가볍게 절인다. 넓은 쟁반에 소금을 뿌리고 은어를 늘어놓고 위에서 소금을 뿌리는데 아주 소량만 뿌린다. 30초~1분 정도 둔다. 물에 씻은 후에 키친페이퍼로 물기를 제거한다.

❸ 식초에 담근다

식초는 적초와 쌀식초를 배합해 리시리 다시마를 넣어서 만드는데 고하다 등을 담글 때와 같다. 은어를 넣고 1분 정도 두었다가 건진다.

❹ 반나절 숙성시킨다

물기를 닦은 후에 새 키친페이퍼로 바꾸어서 랩을 덮어 냉장고에 보관한다. 보통 영업을 시작할 때까지 숙성시키는데 곧바로 쥐기도 한다. 세로로 반으로 잘라서 반쪽씩 사용한다.

❺ 껍질을 벗긴다

은어가 몸집이 작을 때는 껍질이 부드러워서 그대로 사용해도 괜찮다. 하지만 크기가 커지면 껍질이 단단하게 느껴질 때도 있어 머리 쪽부터 손으로 벗긴다.

새우, 갯가재 준비

보리새우 데치기

구루마에비오 유데루(車海老をゆでる)

나카무라 마사노리(中村 将宜) | 스시 나카무라(鮨 なかむら)

보리새우는 스시 재료 중에서도 단맛과 향이 뛰어나다.
뚜렷한 홍백 줄무늬가 주는 연출 효과도 빼놓을 수 없다. 나카무라 장인은 살아 있는 보리새우를
사용하기 직전에 63℃ 저온에서 데쳐 부드러움, 색, 풍미를 최대한 끌어올린다.

25g 전후 사이즈를 63℃에서 7분간 데친다

보리새우는 독특한 단맛과 향이 매력이다. 스시 재료로 준비하는 공정은 소금물에 데치는 것이 전부지만, 짧은 과정 안에도 새우의 풍미를 살리기 위한 몇 가지 포인트가 있다.

우선 재료 선택이다. 스시 나카무라에서 다루는 재료 중 보리새우가 유일하게 양식이다. 주로 구마모토나 가고시마섬, 오키나와에서 양식하는데 기술이 뛰어나서 자연산과 비교해 품질이 전혀 떨어지지 않으며, 품질이 꾸준히 보장되는 것이 장점이다.

크기는 25g 전후의 중사이즈를 사용한다. 대형에서 특대형 사이즈가 가장 좋다고 생각하기 쉬우나 스시에 사용할 때는 지나치게 커도 식감이 약간 단단하기에 스시밥과 균형을 잡기 어렵다. 또 풍미도 중요하기 때문에, 20~30g 정도 사이즈가 가장 단맛이 강하고 부드러운 정도도 스시밥과 잘 어울린다.

스시 나카무라는 보리새우를 통칭 '풍선'이라고 부르는 비닐봉지에 산소를 주입한 해수와 함께 담아서 배송 받고 있다. 톱밥을 채워서 운송하는 예전 방법은 나무 찌꺼기 냄새가 배기 쉬운데 산소를 주입한 해수에 넣어 운반하면 똑같이 살아 있더라도 훨씬 좋은 상태로 들어온다.

보리새우를 색감 좋게 풍미를 살리려면 살아 있는 상태로 소금물에 데쳐서 곧바로 스시로 쥐는 것이 가장 좋다. 스시 나카무라는 보리새우를 미리 데쳐서 준비하지 않고 사용하기 직전까지 해수 봉지에 담아서 살려둔다.

데치는 방법도 다양해서 뜨거운 물에 넣는 곳도 많은데, 다양한 연구 끝에 단백질이 응고하기 시작하는 63℃에서 7분간 데치는 것으로 정착했다. 중심 부분이 '날것'에서 익기 시작하는, 상태가 변하는 타이밍에 건져올려 곧바로 껍질을 벗기고 스시를 쥔다. 열탕조리가 아니라서 냉수에 담가 식힐 필요도 없다.

이러한 지온 소리 방법은 새우의 온도, 부드러움, 풍미가 퍼지는 정도, 그 어떤 면에서도 보더라도 최고의 상태를 만들 수 있다.

보리새우는 일본에서 크기에 따라 사이마키, 중마키, 마키, 오오구루마로 이름이 바뀐다. 규슈, 오키나와를 중심으로 양식한 새우가 일 년 내내 출하된다.

❶ 보리새우를 해수에 담가둔다

톱밥을 채워서 운송하면 내장에 냄새가 배기 쉬워서 보리새우를 산소를 주입한 해수에 넣어서 배송받는다. 봉지를 밀폐한 채 요리하기 직전까지 살려둔다.

❷ 꼬치를 찔러서 데친다

살이 구부러지지 않도록 배 껍질 바로 안쪽에 대나무꼬치를 꽂아서 소금물에 데친다. 내장까지 익도록 등을 아래쪽으로 해서 늘어놓는다. 63℃ 소금물에서 7분간 가열한다. 온도계와 타이머로 정확하게 잰다.

❸ 껍질을 벗긴다

보리새우가 선명한 주홍색으로 데쳐졌다(왼쪽). 따뜻한 상태일 때 쥐려고 냉수에는 담그지 않고 곧바로 껍질을 벗긴다. 가열 온도가 낮아서 내장이 아슬아슬하게 익으려는 상태여서 흘러내리기 쉽다. 가능한 몸에 남도록 주의하면서 벗긴다(오른쪽).

❹ 칼집을 넣는다

배 쪽에 세로로 한 번 칼집을 넣고 펼쳐서 통째로 먹을 수 있도록 꼬리를 잘라낸다. 등 쪽에도 세로로 대여섯 번 칼집을 넣고 바로 쥔다.

보리새우와 식초달걀 볶음

구루마에비노 스오보로(車海老の酢おぼろ)

이와세 겐지(岩瀬 健治) | 신주쿠 스시이와세(新宿 すし岩瀬)

보리새우는 보통 소금물에 데치자마자 그대로 스시를 쥐는데,
식초를 넣은 달걀물을 섬세하게 볶은 '스오보로'를 발라서 내놓을 때도 있다.
스오보로의 은은한 산미가 스시밥과 잘 어울리고 노란색도 아름답다.

보들보들하고 촉촉하게 만든 스오보로를 바른다

신주쿠 스시이와세는 보리새우와 가스고 두 종류에 스오보로를 사용한다. 이 두 종류가 스오보로와 전통적인 조합이기도 하고 재료의 풍미나 균형도 좋다고 생각한다.

둘 다 같은 스오보로를 사용하고 있는데 바르는 방법은 약간 차이가 있다. 가스고는 식초로 절인 후 스오보로에 2시간 정도 담그고, 보리새우는 데친 후 스오보로를 겉에 바르는 정도만 한다. 새우는 오랫동안 담가두면 새우의 수분이 스오보로에 흡수되어 새우 살이 건조해지기 때문이다. 살에 수분이 적은 가스고는 미리 소금과 식초에 적이면 스오보로에 수분을 덜 뺏기고 또 스오보로의 맛이 잘 배어든다.

스오보로를 만드는 재료는 전란과 쌀식초다. 달걀의 단맛과 식초의 산미가 어렴풋이 느껴지도록 만드는데, 맛술을 조금 넣어서 단맛을 더 추가하는 곳도 있다.

스오보로는 달걀 볶음보다 더 수분을 날려서 모래처럼 입자를 작게 만드는데, 포인트는 불 조절에 있다. 약한 불에서 시간을 들이면 수분이 지나치게 날라가 입자가 건조해져 퍽퍽해지기 쉽고, 반대로 불을 강하게 하면 갈색으로 변하거나 달걀이 너무 빨리 익어서 섬세하고 작은 입자로 풀어지지 않는다. 한쪽으로 치우치지 않고 중용을 지키며 불 조절을 하는 것이 중요하다.

또 가스레인지가 벽 쪽에 있으면 벽으로 열기가 쌓이기 쉽기 때문에, 냄비의 방향을 바꾸면서 스오보로 전체에 균등하게 열기가 닿도록 한다. 새우로 오보로를 만들 때와 마찬가지로 표면은 보들보들 폭신폭신하고 씹으면 촉촉하게 만든다. 이러한 미묘한 식감이 바로 스오보로의 맛일 터다.

한편 보리새우는 속이 약간 익는 정도로 소금물에 살짝 데쳐서 껍질이 붙은 상태로 냉장고에 보관한다. 스시를 쥐기 직전에 찜기에서 적당하게 데워서 껍질을 벗기고 스오보로를 발라서 스시로 쥔다.

스시 재료용 보리새우는 스시로 먹기 좋은 크기로 내장이 풍부한 것을 지정해 들여온다. 길이 14cm에 20g 정도가 적당하다.

❶ 보리새우를 소금물에 데친다

보리새우가 익으면서 구부러지지 않도록 껍질 바로 안쪽에 꼬치를 똑바로 꽂아서 속이 약간 익을 만큼 끓는 소금물에 3분 정도 데친다(왼쪽). 남은 열로 더 익지 않도록 곧바로 얼음물에 담가서 열기를 식힌 후 꼬치를 빼서 냉장고에서 보관한다(오른쪽).

❷ 스오보로를 만든다

재료는 전란과 식초뿐이다. 달걀을 전부 풀어서 식초를 섞고 덩어리가 생기지 않도록 체로 거른다(왼쪽). 식용유를 발라 데운 냄비에 달걀물을 넣고, 볶을 때처럼 거품기로 휘저으며 익힌다(오른쪽 위). 입자가 곱고 보들보들해지도록 약 15분간 수분을 날리면서 계속해서 볶는다(오른쪽 아래).

❸ 스오보로를 바른다

스시를 쥐기 직전에 보리새우를 찜기에서 살짝 데우고 껍질을 벗긴 후 스오보로를 양면에 바른다. 적초로 만든 스시밥으로 스시를 쥔다.

쌀새우 다시마 절임

시로에비노 콘부지메(白海老の昆布締め)

오오타 다쓰히토(太田 龍人) | 스시도코로 기라쿠(鮨処 喜楽)

에도 마에 스시에서 새우라고 하면 보리새우가 가장 먼저 떠오르는데,
요즘에는 도화새우(보탄에비), 단새우(홋코쿠아카에비), 쌀새우(시로에비) 등 그 지역 특산품 새우를 쥐는 경우도 많다.
여기서 오보로 다시마*로 절인 쌀새우를 소개한다.

쌀새우의 산지 도야마의 보편적인 조합

스시도코로 기라쿠는 보리새우와 함께 쌀새우도 항상 준비한다. 일본인은 새우를 좋아하고 특히 생새우를 좋아한다. 보리새우는 일반적으로 데쳐서 스시로 쥐기 때문에 생짜로 낼 수 있는 새우를 찾다가 쌀새우를 선택했다. 풍미가 좋은 데다 일본 토종 새우로 도야마 앞 바다에서만 잡히기 때문에 희소한 점도 매력적이다.

쌀새우는 껍질을 벗긴 상태로 들여온다. 벚꽃새우(사쿠라에비)보다 약간 큰 정도로 아주 작아서 껍질을 벗기는 데도 상당히 손이 가고 어렵기 때문에 소규모의 식당에서는 도저히 소화할 수 없다.

또 산지에서 껍질을 벗겨 주로 유통되기도 한다. 갸가쟤도 미잔시라고 들었는데, 처음에 잡자마자 그대로 냉동하면 살을 망가뜨리지 않고 깨끗하게 껍질을 벗길 수 있다고 한다. 산지에서 잡자마자 냉동 보관하다가 출하 전에 껍질을 벗긴다. 일 년 내내 유통되는 점도 장점이다. 품질을 판단하는 포인트는 물기가 적고 살의 형태가 깨끗하며 탄력도 남아 있어야 한다.

한편 쌀새우 오보로 다시마 절임은 주요 산지인 도야마에서는 일반적으로 즐겨 먹는 방법이다. 오보로 다시마로 쌀새우를 덩어리째 꼭 밀착하도록 감싸서 하룻밤 두면, 부드러운 오보로 다시마가 새우와 새우 사이에 배어든다. 다시마의 감칠맛과 소금기와 더불어 오보로 다시마의 특유의 산미가 전달되어 쌀새우의 고급스러운 단맛을 끌어올린다. 간은 오보로 다시마 하나로 충분하다. 쌀새우 같은 작은 새우는 단단한 보통 다시마로 감싸면 맛이 잘 배어들지 않기 때문에 오보로 다시마와 쌀새우는 실로 궁합이 좋다.

또 쌀새우는 아무런 조리 없이 스시를 쥘 수도 있어 스시도코로 기라쿠도 생짜로 사용할 때가 있다. 이때는 잘게 썬 소금 다시마를 올리거나 심플하게 니키리 간장만 바르기도 한다.

* おぼろ昆布: 다시마를 손으로 얇게 깎은 고급품.

쌀새우는 후지완에서만 잡힌다. 봄에서 가을까지가 주로 잡히는 시기지만, 최근에는 일 년 내내 유통된다. 이름 그대로 살이 희고 껍질을 벗기면 살이 약 2cm 정도 된다. 산지에서 껍질을 벗긴 상태로 들여온다.

❶ 쌀새우를 오보로 다시마 사이에 끼운다

나중에 제거하기 쉽도록 쟁반에 랩을 깐다. 오보로 다시마를 평평하게 1장분 두께로 잘 깔고 그 위에 쌀새우를 빈틈이 없이 펼친다(위쪽). 다시 오보로 다시마를 1장분 두께로 펼친다(아래쪽). 마지막으로 랩으로 덮는다. 쌀새우는 지나치게 두껍지도 얇지도 않은 정도로 스시를 만들기에 적당한 두께로 펼친다.

❷ 몇 시간 냉장고에 둔다

오보로 다시마와 쌀새우가 꽉 밀착하도록 눌러서 냉장고에서 4~5시간, 가능하면 하룻밤 두어서 다시마의 풍미를 쌀새우에 충분히 전달한다. 기라쿠는 채반이 딸린 사각형 쟁반을 활용해 모서리를 고무줄 등으로 고정시킨다(왼쪽). 강하게 누르면 쌀새우 살이 망가지니 주의한다. 오른쪽이 쟁반에 담은 모습이다.

❸ 나누어서 쥔다

쟁반을 뒤집어서 도마 위에 꺼내어 칼로 썬다. 처음에 4등분하고(왼쪽) 다음으로 각각 5등분해 스시 한 개 크기로 썬다(오른쪽). 보통 4등분한 상태로 랩으로 감싸서 냉장고에서 보관하다가 주문이 들어올 때마다 한 개 크기로 썰어서 쥔다.

여기서 사용한 오보로 다시마다. 다시마 표면의 검은 부분과 중심의 흰색 부분이 적절히 섞인 중간 부분을 깎은 제품이다. 하얀 부분이 고급으로 취급되는데, 다시마 절임에는 지나치게 부드러워서 적합하지 않다.

갯가재 준비

샤코노 시코미(蝦蛄の仕込み)

이치야나기 가즈야(一柳 和弥) | 스시야 이치야나기(すし家 一柳)

갯가재는 봄에서 초여름에 빼놓을 수 없는 스시 재료다.
가을에도 나오지만 알을 품은 암컷을 높이 평가하기 때문에 산란기인 봄을 제철이라고 한다.
암수는 동등하게 유통되는데, 스시집에 따라 취향이 갈린다.

현지에서 데친 수컷을 간장 풍미로 쥔다

스시야 이치야나기는 손님이 먼저 요구하지 않는 한 수컷 갯가재는 스시로, 암컷은 안주로 나누어서 사용하고 있다. 수컷이 살에서 진한 감칠맛이 나고, 알집이 없는 만큼 스시로 쥐었을 때 부드러운 살과 스시밥이 잘 어울려 맛을 느끼기 좋다. 암컷은 맛, 식감, 알 모두 존재감이 크고 스시로 쥐어 입안에 넣었을 때 알만 따로 굴러다니는 느낌이 들어서, 스시밥과 균형을 잡기 어렵다. 안주로 만들어 단독으로 먹는 쪽이 훨씬 맛을 끌어올릴 수 있다.

갯가재는 기본적으로 잡은 직후에 산지에서 데쳐서 들여온다. 이를 '하마유데(浜ゆで)'라고 부르는데, 해변 또는 항구를 뜻하는 하마(浜)와 데치다, 삶다는 뜻의 유데루(ゆでる)가 합쳐진 말이다. 살아 있는 갯가재도 유통되는데 확실하게 관리하지 않으면 갯가게에서 분비되는 효소 때문에 살이 녹아 먹을 때 껍질을 벗기면 빌라 있는 경우가 있다. 리스크가 높은 것보다 갓 잡아서 상태가 좋을 때 데친 것이 안심하고 사용할 수 있다. 다만 같은 하마유데라도 품질의 차이가 있다. 원래 품질도 다르지만, 데치는 타이밍이나 데치는 방법도 영향을 미치므로 품질을 판가름하는 눈도 필요하다.

품질이 좋은 갯가재는 몸에 탄력이 있고 두께가 있다. 길이가 길고 몸이 얇은 것보다 길이는 짧은듯해도 충분히 살찐 쪽이 먹었을 때 씹는 즐거움이 있고 풍미가 좋다. 정말 품질이 좋을 때는 데치기만 해도 충분히 맛있어서, 그럴 때는 껍질만 벗겨서 스시를 쥐기도 한다. 대부분은 간장 베이스 절임장에 반나절 정도 담가서 맛에 깊이를 더한다.

또 스시를 쥔 후에도 갯가재의 형태와 손님의 취향을 고려해 니키리 간장, 니쓰메 간장[*], 소금을 나누어서 사용한다. 온도도 상온이 되도록 하거나 겉만 살짝 구워 따뜻하게 하는 등 임기응변으로 변화를 준다. 갯가재는 새우보다 감칠맛이 진하고 맛이 뚜렷한 스시 재료라고 생각한다.

[*] 煮ツメ: 붕장어, 백합, 갯가재, 문어, 조린 전복, 조린 오징어 등 조려서 준비하는 재료에 바르는 간장. 181쪽 참조.

갯가재는 초여름이 철이다. 잡은 직후에 산지에서 곧바로 데친 것을 암수를 갖추어서 들여온다. 수컷은 다리가 큰 것이 특징이다. 암컷은 알을 품고 있기 때문에 몸이 두껍고 배 쪽 꼬리에 가까운 부분에 알의 일부가 보인다.

❶ 갯가재의 머리와 다리를 제거한다

갯가재는 암수 모두 머리를 자르고 꼬리의 옆쪽 다리가 붙어 있는 뿌리부터 가윗날을 넣는다. 몸의 경사를 따라 가위로 비스듬하게 계속 잘라서 다리를 전부 자른다. 꼬리의 끝을 자르고 배쪽의 얇은 껍질만 벗겨서 보관한다.

❷ 수컷은 절임장에 담가서 스시로

스시에 사용하는 수컷은 등껍질을 벗기고 하얀 지방을 대충 제거해(왼쪽) 절임장에 반나절 담갔다가(오른쪽) 스시로 쥔다. 절임장은 간장, 술, 맛술, 설탕, 물을 끓여서 식혀 만든다.

❸ 암컷은 겉만 살짝 구워 술안주로

암컷은 등껍질이 아래로 오도록해서 가볍게 구워(왼쪽) 껍질을 벗기고 니쓰메 간장을 발라서 술안주로 내놓는다(오른쪽). 앞다리에 있는 살도 술안주에 쓴다.

암컷 대게 데치기

고바코가니노 시오유데(香箱蟹の塩ゆで)

야마구치 다카요시(山口 尚亨) | 스시도코로 메구미(すし処 めぐみ)

암컷 대게는 곤이와 알 두 종류를 모두 귀하게 다루는 고급 게다.
보통 스시집에서는 껍데기에 채워서 내는 곳이 많은데, 니기리즈시나 지라시즈시*에도 사용한다.
이시카와현에서 스시집을 경영하는 야마구치 장인이 준비하는 방법과 데치는 방법을 설명해준다.

내장, 곤이, 살에 포인트를 맞추어 익힌다

암컷 대게(고바코가니)**를 준비할 때 가장 중요한 것은 비린내가 나지 않도록 하는 것과 알, 곤이, 내장을 적절하게 가열하는 것 두 가지다.

먼저 비린내가 나지 않도록 하려면 잡은 직후에 신선할 때 익혀야 한다. 게는 항구 근처에서 하마유데하는 것도 신선함을 유지하기 위해서인 터라, 거리가 떨어진 곳에서는 하마유데 기술에 기댈 수밖에 없다. 스시도코로 메구미는 다행히 산지에서 가까워 살아 있는 게를 아침에 들여와 식당에서 바로 준비할 수 있다.

게를 익히는 방법은 데치기와 찌기가 있는데, 데치는 쪽이 게의 맛을 더 살릴 수 있다. 찌면 수용성 향 성분이 수증기에 녹아서 빠져나가기만 하는데, 데치면 데친 국물에 녹았다가 살로 돌아간다. 내장의 진한 맛과 지방의 단맛도 마찬가지로 데칠 때 녹았다가 살로 돌아간다. 이렇게 풍미가 게살과 알에도 녹아들어 풍부한 맛을 온전히 느낄 수 있다.

여기서 핵심은 데치는 물이다. 수돗물에 있는 미네랄 성분은 어패류와 반응해 비린내가 나기 때문에 정화 기계로 미네랄 성분을 거의 제거한 순수한 물(증류수)을 사용한다.

데치는 방법 또한 주요 포인트인데, 온도와 시간 조절이 열쇠다. 암컷 대게는 수컷 대게와 다르게 게살보다 내장과 곤이를 익히는 정도가 중요하다. 여기에 얼마나 촉촉하고 부드럽게 되는지가 달려 있다. 여기서 바로 감칠맛이 살아난다.

현재는 먼저 등 껍데기가 아래로 가도록 끓는 물에 넣어서 2분 조금 넘게 데쳐서 내장을 단단하게 만드는 방법을 쓴다. 그 후 물 온도를 85~80℃로 내려서 6분에서 8분 정도 곤이와 살을 천천히 익힌다. 이렇게 하면 내장과 곤이가 균형이 딱 맞게 익는다. 마지막으로 뒤집어서 알을 살짝 익히면 끝난다.

* ちらしずし: 식초와 소금으로 간을 맞춘 밥을 그릇에 담아 생선·조개·달걀부침 등을 얹은 초밥.
** 대게(즈와이가니)를 니가타현, 이시카와현 등 북쪽 지방에서는 고바코가니, 돗토리현 일대에서는 세코가니라고 부른다.

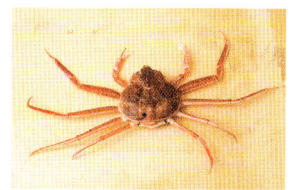

스시도코로 메구미는 현재 후쿠이현 코시마에초산 대게를 들여온다. 신선한 것은 껍질이 오렌지색을 띤 갈색으로 투명한 느낌이 있다. 또 형태가 둥글고 다리가 긴 것이 품질이 좋다.

❶ 암컷 대게를 물에 씻는다

비린내가 나지 않도록 들여오자마자 곧바로 씻는다. 흐르는 물에 양쪽 껍질, 다리, 입 주변을 수세미로 강하게 비벼서 진흙 같은 오염물이나 미끈거림을 제거한다. 안쪽 껍질을 가볍게 열어서 검은 배출물이 있다면 제거한다.

❷ 1차로 데친다

물로 다 씻어내기 어려운 오염물과 점액질을 제거하려고 일단 한 번 데친다. 염분 농도를 1%로 맞춘 증류수를 끓여서 5초간 담근다.

❸ 물로 씻는다

지나치게 익지 않도록 곧바로 찬물에 담가서 식힌다. 다시 흐르는 물에 수세미로 비벼서 오염물을 제거한다. 모든 오염물을 깨끗이 제거할 수 있도록 철저하게 닦는다.

❹ 2차로 데친다

게가 충분히 잠길 정도의 증류수를 끓여서 소금을 더해(염분농도는 1.7%) 게의 등이 아래로 가도록 넣는다(왼쪽). 알루미늄포일을 덮고 2분~2분 30초 정도 데친 후에 불을 줄여 온도를 85~80℃까지 떨어뜨리면서 6~8분 정도 데친다(오른쪽 위). 마지막으로 알이 익도록 뒤집어서 1분간 데친다(오른쪽 아래). 만약 다음날 사용한다면 소금이 살에 배는 정도를 계산해 염분 농도는 1.6%로 한다.

❺ 소쿠리에 올린다

등 껍데기가 아래로 가도록 소쿠리에 올리고 영업을 시작할 때까지 상온에서 보관한다. 손질해서 껍데기에 채워서 술안주로 내거나, 스시밥과 섞어서 지라시즈시 등을 만든다.

새우 보푸라기

에비노 오보로(海老のおぼろ)

스기야마 마모루(杉山 衛) | 긴자 스시코혼텐(銀座 寿司幸本店)

> 오보로는 새우와 흰살 생선을 간 다음 달착지근하게 볶아서 작은 가루 상태로 만든 것이다.
> 특히 중하(시바에비)로 만든 아름다운 담홍색의 오보로가 최상급으로 여겨진다.
> 김말이나 지라시즈시에 사용하거나 단독으로 혹은 다른 생선과 조합해 스시를 쥘 수도 있다.

보들보들하면서 촉촉한 오보로가 이상형

긴자 스시코혼텐에서는 오보로를 선대에게 물려받은 방법 그대로 만들고 있다. 배합도 만드는 방법도 전통 에도 마에라고 할 수 있는데, 젊은 세대에 전통이 끊이지 않도록 이어주는 것도 우리 같은 노점포의 사명이라고 생각한다.

절구에 재료를 넣고 손으로 으깨고 갈아서 냄비에 넣고 1시간 가까이 계속 볶는 일은 보통 일이 아니다. 물론 절구로 갈지 않고 푸드 프로세서 같은 기계로 갈면 간단하겠으나, 칼날로 잘게 자르는 것과 절굿공이로 으깨면서 가는 것은 살이 부서지는 정도가 달라서, 마지막에 완성된 입자의 섬세한 정도와 부드러움에서 차이가 난다. 수고스럽더라도 원래 오보로의 맛과 식감을 살리고, 또 이 방법이 끊이지 않고 젊은 세대로 이어졌으면 하는 바람도 있어 옛날 방법을 관철하고 있다.

또 오보로는 중하만 사용해서 만든다. 단맛, 감칠맛, 향, 부드러움, 색 모든 면에서 최상급이라서 가격이 뛰어오르고 있지만, 질을 생각하면 양보할 수 없는 부분이다.

오보로는 완성했을 때 모래처럼 가는 입자가, 눈으로 보았을 때 보들보들하면서 한 알 한 알 뚜렷하고 포근한 느낌을 주는 것이 이상적이다. 맛술과 설탕을 넣어 달달한 데친 물에 간 새우를 섞는다. 그다음 고무 주걱으로 가르고 눌러서 퍼트리기를 반복해 수분을 날리면서 가루가 되도록 볶는다. 조금이라도 작업을 중단하면 단단하게 굳고 타기 쉬워서 잠시도 손을 쉴 수 없다. 또 수분은 날리면서도 작은 입자가 될 만큼 정도만 수분을 남기는 가감은 경험이 필요하다.

오보로를 사용하는 스시는 다시마에 절인 흰살 생선이나 식초에 절인 고하다, 가스고 등이다. 소금기가 있는 재료에 조금 달착지근한 오보로를 더해서 단맛과 짠맛의 균형을 맞출 수 있다. 긴자 스시코혼텐은 오보로를 군함말이에도 쓰는데, 오보로만 놓고 스시를 쥐는 것도 에도 마에 전통 스시 중 하나다. 가볍게 쥐어서 촉촉한 식감을 살리면 오보로의 맛을 최대한 끌어올릴 수 있다.

사진은 구마모토현산 중하다. 흰살 생선이나 다른 새우를 섞기도 하는데, 긴자 스시 코혼텐은 풍미와 색을 최상으로 하고자 중하만 사용해 만든다.

❶ 중하를 맛술에 데친다

머리, 껍질, 내장을 제거하고 살만 맛술과 함께 끓인다. 보글보글 끓어 새우가 분홍색으로 변하면 소쿠리로 건진다. 살은 절반만 익힌다. 데칠 때 사용한 물은 두었다가 볶을 때 사용한다.

❷ 절구로 으깨어 간다

새우는 따뜻할 때 절구로 으깨어 간다. 처음에 눌러서 으깨고(왼쪽) 대충 부서지면 꼼꼼하게 갈고(오른쪽 위) 마지막에 조금씩 강하게 펼치듯이 눌러서 (오른쪽 아래) 부드러운 반죽 상태로 만든다. 이 과정을 거쳐야 입자가 곱고 보들보들한 오보로를 만들 수 있다. 대략 2~3kg을 한 번에 만든다.

❸ 데친 물, 설탕, 달걀노른자를 섞는다

새우를 데칠 때 사용한 물을 일부 걸러서 냄비에 넣고 설탕을 더하고 데워서 끓기 직전에 불을 끊다. 간 새우를 넣고 잘 섞어준다. 불을 끈 상태에서 색과 진한 맛이 나도록 달걀노른자를 섞는다.

❹ 볶아서 가루와 같은 상태로 만든다

불을 켜고 고무 주걱으로 섞으면서 가르고 눌러서 부서뜨려 풀어주기를 반복해서 수분을 날리면서 고운 입자로 만든다. 큰 입자가 생기면 조금씩 눌러 펼쳐서 모든 입자를 작게 만든다.

후반부에는 불에서 내려 냄비를 흔들거나 약한 불에서 섞거나 풀어주기를 반복한다. 보들보들 고운 입자가 되면 넓은 쟁반에 펼쳐서 식힌다. 냉장고에서 약 4일, 냉동실에서 약 1주일 동안 보관할 수 있다.

오징어, 문어 준비

흰꼴뚜기 준비

아오리이카노 시코미(あおり烏賊の仕込み)

나카무라 마사노리(中村 将宜) | 스시 나카무라(鮨 なかむら)

전통 에도 마에 스시에서 오징어라고 하면 간장으로 조린 것을 가리켰는데, 현재는 생오징어가 주류다.
종류는 흰꼴뚜기(아오리이카), 갑오징어(스미이카, 고이카), 화살꼴뚜기(야리이카), 살오징어(스루메이카)가 대표적이다.
여기서 스시 재료용 흰꼴뚜기를 준비하는 과정을 설명한다.

숙성 후에 양면에 깊고 가는 칼집을 넣는다

흰꼴뚜기는 오징어의 맛을 즐기기 가장 좋은 종이라고 생각한다. 두꺼운 살을 천천히 씹으면 배어나오는 입에 착 달라붙는 끈끈한 식감, 단새우를 닮은 깊은 단맛과 감칠맛이 뛰어나다. 갑오징어와 비교해서 단단한 살이 단점이라는 사람도 있는데, 준비하는 공정에서 몇 가지 추가하면 충분히 부드러움과 풍미를 높일 수 있다.

하나는 숙성 공정이다. 펼쳐서 껍질을 벗긴 후 키친페이퍼, 탈수시트, 랩으로 순서대로 감싸서 2~3일간 냉장고에서 숙성시킨다. 손질하고 곧바로 사용하면 신선도가 좋은 대신 단단하기만 한데, 시간을 두어 숙성시키면 단단함이 풀어지고 단맛이 증가한다.

숙성이 끝나면 세로로 3,4등분해 스시용 덩어리로 정리한다. 보통 이때 스시 한 개 크기로 엇베어 썰어서 두세 곳에 칼집을 넣거나 실처럼 가늘게 썰어서 부드러운 느낌으로 스시를 쥐는데 스시 나카무라는 완전히 다른 방법을 사용한다.

먼저 덩어리 단계에서 단단한 표면을 1mm 정도 칼로 잘라낸다. 그리고 남은 살의 겉과 안쪽 양면에 폭 2mm 정도로 잘게 칼집을 넣는다. 칼집은 살 두께의 반 정도 깊이까지 넣는다. 오징어의 강한 조직이 완벽하게 잘려서 부드러워진다. 다시 스시 한 개 크기로 엇베어 썰고 한쪽 면에 다시 한번 잘게 칼집을 넣어 마무리한다.

마치 순무로 만든 국화꽃처럼 완성되어 부드러울 뿐만 아니라, 입안에서 곧바로 스시밥과 섞여서 일체감도 훨씬 올라간다. 또 칼집을 많이 넣은 만큼 감칠맛과 단맛도 많이 나와서 오징어의 풍미를 즐길 수 있다. 많은 스시 재료에 섬세하게 칼집을 넣는 것도 사실 같은 이유다. 직접 먹어보고 비교했을 때 맛의 차이를 실감할 수 있었기 때문에 이 스타일을 고수하고 있다.

 흰꼴뚜기는 오징어 중에서도 특히 풍미가 좋고 살이 두껍고 입에 착착 붙는 식감이 있다. 오징어 세계의 왕자라고 부를 정도로 회는 물론 스시로도 인기가 많다.

❶ 흰꼴뚜기의 껍질을 벗긴다

처음에 몸통을 갈라 펼치고 다리와 내장을 뗀다. 가른 부분은 껍질이 벗겨지기 시작했으므로 그곳부터 한 번에 껍질을 벗긴다. 위에서 아래까지 잡아당기면 두꺼운 껍질, 얇은 껍질, 양쪽 귀까지 한 번에 벗겨진다(왼쪽). 안쪽 껍질은 얇아서 꼭 짠 행주 등으로 비벼서 벗긴다(오른쪽).

❷ 숙성시킨다

끝에 두꺼운 부분을 잘라내고 위쪽 살을 정리한다. 키친페이퍼, 탈수시트, 랩으로 감싸서 2~3일간 냉장고에서 숙성시킨다. 숙성시키면 단맛이 최대한 올라가고 부드러워진다.

❸ 스시용 덩어리로 자른다

숙성한 살을 세로로 나누어서 덩어리로 자른다. 흰꼴뚜기는 크기에 따라 3~4장 정도로 자른다.

 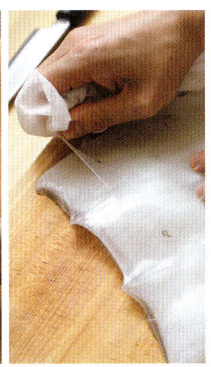  

❹ 두꺼운 살을 잘라낸다

겉쪽 살은 단단하기 때문에 칼로 두께 약 1mm 정도를 잘라내고, 아래쪽 부드러운 부분만 스시 재료로 쓴다. 흰꼴뚜기가 작아서 부드러울 때는 자르지 않기도 한다.

❺ 칼집을 넣는다

다음으로 덩어리 전체 양면에 비스듬하게 칼집을 넣는다(왼쪽). 폭은 약 2mm 정도, 깊이는 오징어 두께의 절반 넘게 깊이 넣는다. 그 후에 끝부터 얇게 엇베어 썰어서 스시 한 개 크기로 자른다. 다시 한 면에 잘게 칼집을 넣는다(오른쪽).

오징어 조리기

니이카(煮烏賊)

유이 류이치(油井 隆一) | 기즈시(㐂寿司)

최근에는 간장에 조린 오징어보다 생오징어가 인기가 많은데,
간장에 조려서 익힌 오징어는 생오징어와 또 다른 맛이 있어서 스시 재료에서 뺄 수 없다.
오징어를 조린 후 스시밥을 채운 오징어 인롱도 함께 살펴보며 에도 마에의 전통 기법을 설명한다.

부드러운 오징어를 강한 불에 살짝 버무리듯 조린다

조린 오징어는 스시로도 술안주로도 맛있어서 기즈시는 1년 내내 준비해 놓는다. 조림에는 비교적 작고 부드러운 오징어가 적당하기 때문에, 계절마다 가장 적합한 오징어를 선별한다.

구체적으로 말하면 가을에서 초겨울은 창오징어, 연초에서 초봄까지 화살꼴뚜기, 늦봄에서 여름에는 살오징어*다. 이번에 소개하는 창오징어는 다른 두 종류와 비교하면 몸이 약간 두꺼운데, 씹는 맛이 있고 감칠맛과 단맛이 뚜렷하다.

오징어를 조릴 때는 껍질을 벗기고 몸통만 간장 베이스 조림장에 살짝 조려서 만든다. 보통 오징어 껍질은 세 겹이라고 하는데, 조림에 사용하는 오징어는 원래 껍질이 부드러운데다 조리면 더욱 부드러워서 겉껍질 한 겹만 벗기면 충분하다. 만약 두 번째 껍질을 벗긴다면 스시 한 개 크기로 썰었을 때 끝에 칼집을 넣고 벗기면 간단하게 벗길 수 있다.

가장 중요한 점은 지나치게 조려서 단단해지지 않도록 하는 것이다. 오징어의 풍미를 최대한 살리고 스시밥과 식감의 균형도 생각해 꼴깃하면서 부드러운 단력을 남기는 것이 중요하다. 조리는 시간은 오징어가 몸으로 알려준다. 몸 전체에 열기가 닿으면 볼록하게 몸이 둥글어지는데 그 순간을 놓치지 않고 건지면 된다. '조린다'라기보다 강한 불에서 조림장을 바싹 줄인 후 버무리는 느낌이다.

조린 오징어는 보기 좋게 썰어서 스시에 사용하는 외에도, 통째로 안에 스시밥을 채워넣은 인롱으로도 만든다. 이때 스시밥에는 박고지, 초생강, 김, 유자만 잘게 썰어서 섞는다. 건더기를 너무 많이 넣지 않는 점이 핵심인데, 심플하면서 먹었을 때 오징어의 감칠맛을 끌어낼 수 있어야 한다. 이점이 바로 오징어 인롱의 왕도라 할 수 있다.

* 원서에는 '무기이카ムギイカ'라고 되어 있는데 이는 관동지역에서 살오징어를 부르는 명칭이다.

기즈시에서는 계절에 따라 조리는 오징어의 종류를 바꾼다. 가을에서 초겨울에는 창오징어(시로이카 또는 껜사키이카)를 쓴다. 창오징어는 산지에 따라 아카이카라고 부르기도 한다. 몸길이 15cm 정도로 약간 작은 것으로 준비한다.

❶ 창오징어를 손질한다

다리, 내장, 연골을 제거하고 물에 깨끗하게 씻으면서 손가락 끝으로 표피 1장을 벗긴다(왼쪽). 몸 끝에 남아 있는 껍질은 물에 적신 행주로 비벼서 제거해 하얗고 깨끗하게 만든다(오른쪽).

❷ 조린다

간장, 술, 설탕, 가다랑어포 육수, 물을 섞어서 졸여 조림장을 만들고 오징어를 늘어 놓는다(왼쪽). 나무 뚜껑을 덮고 서너 번 뒤집으면서 재빠르게 조린다(오른쪽). 시간은 약 1~2분 정도다.

❸ 소쿠리에 올려 식힌다

국물을 털고 소쿠리에 올려 열을 식힌다. 식히는 동안에도 살 안에 남은 열로 익기 때문에 처음에 조릴 때 너무 익히지 않게 해야 한다. 또 오징어의 살이 하얗게 남도록 확인하면서 조리는 시간을 조절한다. 냉장고에서 보관하고 영업을 시작하기 전에 꺼내서 온도가 상온이 되도록 한다.

❹ 스시 크기로 썬다

세로로 2등분하고 비스듬히 2등분하면 스시용 재료로 균형 잡힌 형태와 크기가 된다. 몸이 클 때는 귀 부분(지느러미 부분)을 잘라서 3,4등분하면 좋다. 뒷면에 칼집을 넣고 유자 껍질을 갈아서 숨기고 스시를 쥔다.

오징어 인롱 ①

이카노 인로(烏賊の印籠)

아오키 도시카쓰(青木 利勝) | 긴자 스시아오키(銀座 鮨青木)

인로(印籠)는 무로마치 시대에는 도장과 인주를 넣었고 에도 시대에는 약을 넣어 휴대했던 작은 함을 말한다.
그 생김새가 닮아서 재료의 속을 빼고 다른 재료를 채운 요리를 인롱이라고 부른다.
유부초밥이 하나의 예인데, 스시로는 조린 오징어 몸통에 스시밥을 채우는 인롱이 대표적이다.

겨울에는 알을 품은 화살꼴뚜기로 인롱을 만든다

오징어 인롱은 니기리즈시가 확립된 에도 시대부터 이어진 전통 스시다. 하지만 요즘에는 오래된 스시집이 아니면 먹을 수 없다. 조린 오징어 몸통에 재료를 섞은 스시밥을 채운 인롱은, 여러 재료를 넣고 두툼하게 만 후토마키(太卷き)와 맛이 비슷하게 느껴져 보통 니기리즈시와는 또 다른 즐거움이 있다.

오징어는 보통 화살꼴뚜기나 살오징어를 사용하는데, 한 마리 단위로 조리하므로 몸이 가늘고 형태나 크기가 다루기 편한 것이 알맞다. 여기에서는 알이 없는 화살꼴뚜기를 사용했지만, 보통은 알을 품은 화살꼴뚜기를 사용하는 것이 관례다. 막 산란하기 시작하는 12월에서 이듬해 2월까지 기간에 한정해서 만들고 있다. 몸통에 알을 남긴 채 조리므로 끈끈하게 녹아내리는 식감과 감칠맛이 더해진다.

오징어 다리는 술안주나 지라시즈시에 사용해도 좋은데, 소개하는 것처럼 조려서 작게 잘라서 인롱에 넣는 스시밥에 섞는 것도 좋다고 생각한다. 처음에 다리를 조려 조림장에 오징어의 풍미를 낸 후 다리를 건지고 몸통을 넣어 조리므로 오징어 풍미도 올라간다.

오징어는 단단해지지 않도록 조리는 것이 포인트로 처음에 조림장을 10분 정도 바싹 졸여서 맛을 농축하고 다리를 넣고 익을 때까지 조린 후 건진다. 몸통을 넣어서 다시 끓어오르면 곧바로 건져내는데 이것으로 충분하다. 몸통은 특히 살이 얇아서 냄비를 흔들면서 조림장에 비비는 느낌으로 조리면 딱 좋다. 알을 품은 오징어일 경우 알은 반 정도 날것인 상태라서 오래 보관할 수 없지만, 1일 동안 숙성시키면 맛이 길든다.

스시밥에는 오징어 다리, 달콤하게 조린 표고버섯, 초 연근, 김, 흰 깨, 박고지, 초생강 등을 적당량 조합해 섞는다. 채우자마자 썰어서 내면 오징어와 스시밥이 끈끈하게 들러붙지 않아 폭신한 맛을 즐길 수 있다.

오징어 인롱에는 살이 얇으며 가늘고 긴 화살꼴뚜기나 살오징어가 적합하다. 몸통 길이 약 15cm 정도가 만들기 쉽다. 긴자 스시아오키는 겨울에 나오는 알을 밴 화살꼴뚜기를 사용한다.

❶ 화살꼴뚜기를 손질한다

화살꼴뚜기 몸통에서 다리, 내장, 연골을 제거하고, 몸통에 귀와 껍질은 남겨둔다(왼쪽). 다리는 내장과 먹물주머니를 떼고 눈과 입을 제거하고 다리 끝의 아주 가는 부분은 잘라낸다. 빨판도 깨끗하게 제거한다(오른쪽).

❷ 다리와 몸통을 조린다

조림장은 니키리 술에 싸라기설탕과 간장을 넣고 10분간 끓여서 약간 끈끈할 정도로 졸인다. 싸라기설탕은 매끄러운 느낌과 단맛을 내려고 사용했다. 우선 다리를 조리는데 익은가 싶으면 바로 꺼낸다(왼쪽). 다음으로 몸통을 넣고 다시 끓어오르면 곧바로 건진다(오른쪽).

❸ 스시밥을 만든다

오징어에 채우는 속은 보통 스시밥에 여러 재료를 섞어 만든다. 이번에 사용하는 재료는 조린 오징어 다리, 달콤하게 조린 표고버섯, 초 연근, 흰 깨, 잘게 자른 김(왼쪽)이다. 큰 재료는 거칠게 썰어서 스시밥과 한 번에 섞는다(오른쪽).

❹ 오징어 속을 채운다

스시밥을 몸통에 채운다. 약간 강하게 쥐고 몸이 볼록하게 부풀 정도로 채운다. 오징어의 뾰족한 끝을 조금 잘라서 공기를 빼고 형태를 정리한다. 먹기 쉬운 크기로 원형으로 썰고 유자 껍질 등을 갈아서 뿌려 향을 돋운다.

오징어 인롱 ②

이카노 인로(烏賊の印籠)

야스다 도요쓰구(安田 豊次) | 스시도요(すし豊)

여기서는 112쪽과 다른 타입의 오징어 인롱을 소개한다.
산란 직전에 곤이가 커진 화살꼴뚜기를 데쳐서 곤이와 스시밥을 교대로 채운다.
야스다 장인이 도제 시절에 배운 방식으로 40년간 계속 똑같이 만들고 있다.

데친 화살꼴뚜기 속을 채워서 겉을 살짝 굽는다

인롱이라고 하면 다섯 가지 재료를 섞은 고모쿠즈시 풍으로 박고지, 초생강, 김 등을 섞은 스시밥을 간장 맛으로 조린 오징어 몸통에 채우는 방법이 일반적이다. 그런데 도쿄의 전통 있는 점포에서 도제 수업을 하면서 배운 방법은 다른 재료를 넣지 않고 데친 오징어의 알을 스시밥과 교대로 채우는 방식이다.

오징어의 알은 자세히 보면 노란색으로 길고 가는 곤이 덩어리와 언뜻 보면 이리처럼 보이는 하얀 포란선 덩어리가 연결되어 있는데, 오징어를 데치고 통째로 끄집어내서 3등분한 후 스시밥과 교대로 채워 넣는다.

노란색 곤이는 쭈꾸미(이이다코) 알처럼 입자감이 있고, 포란선은 이리처럼 끈끈하고 부드럽다. 먹는 부위에 따라 식감과 맛이 다르다. 단조로운 한 가지 맛이 아니라 변화가 풍부하다는 점에서도 다양한 약을 넣은 인롱에 비유했던 듯하다.

주로 인롱에 화살꼴뚜기를 사용하는데, 도제 시절에 도쿄에서는 5월에서 6월 사이에 어획하는 살오징어를 사용했다. 살오징어를 관동지역에서 무기이카라고 부르는데, 살오징어가 밀이 열매를 맺을 때 잡혀 밀을 뜻하는 '무기'가 이름에 붙었다고 들었다. 인롱은 무기이카라고 배웠던 터라 화살꼴뚜기로 만들어도 '무기이카 인롱'이라고 부르고 있다.

보통 세토에서 나는 화살꼴뚜기를 사용하는데, 근처 오사카 시장에는 이세나 와카사에서 들어오기도 한다. 산지에 따라 어획시기도 각각 다르다. 5월에서 6월을 중심으로 반 년 정도 알이 충분히 크게 성장해 산란하기 직전의 화살꼴뚜기를 사용한다.

또 스시도요는 오징어를 조리지 않고 알을 품고 있는 몸통 부분을 껍질째 소금물에 데친다. 속을 다시 채운 후에 겉면을 살짝 굽고 니쓰메 간장을 발라서 간을 해서 마무리한다. 알과 스시밥만 채우기 때문에 섬세한 풍미와 균형을 생각하면 오징어에 따로 간을 할 필요가 없다고 생각해 이런 방법을 택하고 있다.

화살꼴뚜기는 일반적으로 가을에서 겨울이 제철이다. 다만 야스다 장인은 봄에서 초여름에 나오는 알이 커진 화살꼴뚜기를 인롱에 사용한다. 전체에 투명감이 있고 눈이 맑고 검은색인 것을 고른다.

❶ 화살꼴뚜기를 데친다

알을 품고 있는 암컷 화살꼴뚜기를 사용한다. 몸통이 약 15cm 크기로 작은 것을 쓴다. 다리, 머리, 내장, 먹물주머니, 연골을 제거하고 3~4분간 소금물에 데쳐서(왼쪽) 소쿠리에 올려서 식힌다(오른쪽). 그 상태로 재료 보관함에 넣는다.

❷ 곤이를 꺼낸다

주문이 들어오면 곤이를 꺼낸다. 익어서 살이 줄어든 만큼 몸 안에 곤이가 꽉 차 있으므로 뾰족하고 긴 쇠 젓가락을 꽂아서(왼쪽) 통째로 끄집어낸다. 오른쪽 사진 앞쪽이 곤이다. 곤이의 오른쪽 끝 하얀 부분이 곤이를 지탱하는 포란선(抱卵腺)이라는 부분이다.

❸ 곤이를 3등분한다

스시밥과 교대로 채울 수 있도록 곤이를 3등분한다. 왼쪽 부분은 곤이만, 가운데는 곤이와 포란선의 경계 부분, 오른쪽 끝은 포란선 부분만 오도록 잘라서 각각 다른 식감과 맛을 느낄 수 있도록 한다.

  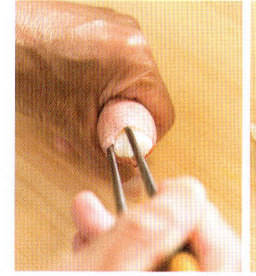  

❹ 곤이를 스시밥과 교대로 채운다

처음에 제일 끝 곤이를 화살꼴뚜기의 몸통에 넣는다(왼쪽). 간 고추냉이와 스시밥을 채운다(가운데). 다음으로 포란선을 넣고 다시 고추냉이와 시스밥을 채운다. 마지막으로 가운데 있던 곤이와 포란선이 섞인 부분을 채운다(오른쪽).

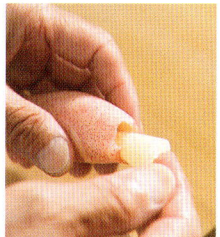  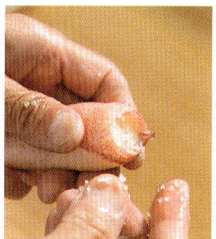

❺ 겉을 살짝 굽는다

몸통 표면에 칼집을 여러 군데 넣는다. 가볍게 데우는 정도로 양면을 살짝 구워서 오징어 살과 알과 밥을 폭신하게 만든다. 3등분한 후 니쓰메 긴징을 발라서 낸다.

문어 삶기

유데다코(ゆで蛸)

스가야 쇼고(周嘉谷 正吾) | 쓰구 스시마사(継ぐ 鮨政)

문어는 활용할 수 있는 폭이 넓어 어느 정도 삶는지 어떻게 조리는지에 스시집의 연구가 응축되어 있다.
먼저 삶는 방법을 스가야 장인이 설명한다.
쓰구 스시마사는 간 무를 사용하고 냄비뚜껑 대신 볼로 밀폐해서 부드럽게 삶는다.

소금을 사용하지 않고 주물러서 간 무와 함께 삶는다

삶은 문어라고 하면 문어를 삶은 후 한입 크기로 썰어 간을 한 술안주 '다코부쓰(タコぶつ)'가 대표적인데, 쫄깃쫄깃하고 씹을수록 배어나오는 감칠맛이 매력적이다. 그러나 니기리즈시에도 그런 식감이 좋은지를 생각하면 그렇지 않다. 스시는 가볍게 씹을 수 있어야 하고 무엇보다 스시밥과 순식간에 하나가 될 수 있도록 부드럽게 만드는 것이 이상적이다. 따라서 문어를 주무르는 방법, 삶는 시간, 두드리는 효과, 소금 사용 등등 생각할 수 있는 모든 방법을 시험해보고 도달한 결론이 이번에 소개하는 방법이다.

확실한 점은 주무르거나 삶는 데 시간을 들인다고 문어가 부드러워지지는 않는다는 것이다. 또 너무 많이 두드리면 섬유가 망가지기 쉽다. 경험으로 얻은 효과적인 방법은 문어를 문지를 때 소금 사용하지 않기, 무를 갈아서 담가두고 삶을 때도 넣기, 압력솥처럼 밀폐된 냄비에서 익히기 세 가지였다. 즉, 하나의 결정타가 없고 여러 공정이 종합적으로 작동해 좋은 결과를 낳았다.

소금을 사용하면 점액질과 오염물을 제거하기 쉬워지는데, 문어에 소금을 사용하지 않고 40분간 주무르니 충분히 깨끗해졌다. 또한 살이 단단해지지 않고 부드러워졌다.

보통 무에 포함되어 있는 단백질 분해 효소가 문어를 부드럽게 한다고 알려져 있어, 문어를 간 무에 담가 하룻밤 재워두는 공정을 추가하니 효과가 확실히 있었다. 삶을 때도 간 무를 넣으면 수면을 덮어 물이 잘 증발하지 않고, 뚜껑 대신에 볼을 덮으면 상승효과로 밀폐도가 올라가서 부드럽게 삶을 수 있었다.

이러한 방법을 총동원한 결과 껍질과 빨판을 벗기지 않아 보기에도 예쁘고, 만족스러운 결과를 만들었다고 자부하고 있다.

살아 있는 참문어(마다코)다. 한 마리 2~2.5kg짜리다. 조리하기 쉽게 몸통을 잘라내고 다리를 두 개씩 자른다. 나누면 주무르기 쉽고 오염물도 씻기 쉽다.

❶ 문어 다리를 주무른다

소금을 뿌리지 않고 그대로 주물러서 점액질과 오염물을 제거한다. 약 40분간 계속 주무르는데 그 사이에 자주 물로 씻는다. 빨판 안도 꼼꼼하게 씻는다.

❷ 간 무에 담근다

문어 한 마리당 무 한 개를 갈아서 깨끗하게 씻은 문어를 담가서 하룻밤 냉장고에 둔다. 무의 효소로 문어가 부드러워진다.

❸ 한 번 데친다

문어를 간 무에서 꺼내서 표면을 약간 단단하게 하는 정도로 약 3분간 데친다. 이때도 소금은 넣지 않는다. 소쿠리에 건져 상온에서 식힌다.

❹ 간 무와 함께 삶는다

은은한 맛을 더하기 위해 연한 가다랑어포 육수를 사용해 삶는다. 소금을 넣고 문어를 담가두었던 간 무도 넣어서 끓기 시작하면 문어를 넣는다(왼쪽). 냄비에 딱 맞는 볼을 덮고 무게를 올려(오른쪽) 약한 불에서 30~40분간 삶는다.

❺ 소쿠리에 담는다

손쉽게 찢어질 정도로 부드럽게 삶아졌다. 문어를 건져 소쿠리에 올리고 식힌다. 함께 넣었던 무는 거의 붙어 있지 않는다.

문어 벚꽃색 조림

다코노 사쿠라니(蛸の桜煮)

후쿠모토 토시오(福元 敏雄) | 스시 후쿠모토(鮨 福元)

> 조린 문어 중에 가장 인기가 많고, 많은 스시집에서 사용하는 방법이 벚꽃색 조림이다.
> 간장, 설탕, 술을 베이스로 만든 달콤하고 짭조름한 조림장에 조려서 은은한 붉은색을 띠는데,
> 벚꽃색과 닮았다고 해서 이 이름이 붙었다. 스시 재료뿐만 아니라 술안주로도 사랑 받는다.

조림장으로 1시간 조려서 4시간 담가둔다

문어 벚꽃색 조림은 단단해지기 쉬운 문어 살을 얼마나 부드럽게 조리는지가 중요하다. 다만 무조건 부드럽게가 아닌 씹는 맛이 남아 있게 조리는 것이 이상적이라고 생각한다. 그러려면 조리는 방법은 물론이고 문어를 선택하고 준비하는 작업까지 모든 공정 하나 하나에서 주의를 기울여야 한다.

주로 카나가와현 미우라반도 사지마산 참문어를 들여온다. 서쪽의 아카시 문어에 필적하는 동쪽의 명물로 풍미가 좋은 것은 말할 것도 없고 부드러운 정도도 훌륭하다. 관동지역에서는 사지마산 문어를 사용하는 스시집이 무척 많은데, 많은 사람이 품질을 인정하는 증거라고 생각한다.

먼저 소금으로 주물러서 점액질을 제거하는데, 이때 점액질을 완벽하게 제거할 때까지 힘들어도 참고 주물러야 비린내가 빠지고 아름다운 벚꽃색으로 물들면서 부드러워진다.

경험을 통해 깨달은 요령이 하나 있다. 문어가 살아 있을 때 주무르면 문어가 요동을 치는 탓인지 오히려 조직이 단단하게 굳는다. 아침 일찍 잡았다면, 몇 시간 둔 뒤 점심이 지나고 나서 시작하면 딱 좋다.

문어를 부드럽게 조리는 방법은 옛날부터 다양한 조리법을 시도하면서 현대까지 전해졌다. 예를 들어, 팥을 넣고 조리기, 탄산수 섞기, 무로 두드리기 등이 있다. 마찬가지로 여러 방법을 시험해보고 지금은 술, 간장, 설탕, 물 등을 섞은 조림장에 심플하게 조리는 방법으로 정착했다.

1시간 동안 조린 후 그대로 조림장에 약 4시간 정도 담가둔다. 이 공정으로 충분히 부드러워지고 또 조림장에 빠져나왔던 문어의 향과 붉은색이 다시 문어로 돌아와서 풍미가 좋고 아름다운 벚꽃색으로 조려진다.

참문어는 일 년 내내 출하된다. 서일본은 세토 내해에서 잡히는 효고현 아카시산 문어, 동일본은 가나가와현 사지마산 문어가 평판이 좋다.

❶ 문어를 소금으로 주물러서 점액질을 제거한다

다리를 한 개씩 잘라서 소금을 충분히 뿌리고 주무른다. 점액질이 완전히 없어질 때까지 확실하게 주물러 비린내를 제거하면 잘 상하지 않고 부드러워진다. 물로 소금을 씻어낸 후에 다시 주무른다.

❷ 조림장에 조린다

조림장은 니키리 술 800cc, 물 1.3ℓ, 간장 50cc, 흰설탕 35g을 섞어서 만들었다. 차가울 때 문어를 넣고 불을 켜고 서서히 데운다. 펄펄 끓으면 약한 불로 바꾸고 넘치지 않도록 조림용 작은 뚜껑을 덮어 1시간 동안 조린다.

❸ 조림장에 담가둔다

참문어를 1시간 조린 후 조림장에 담근 채 상온에서 4시간 둔다. 이 사이에 살이 더욱 부드러워지고 조림장으로 빠져나갔던 참문어의 맛과 향이 살로 돌아간다.

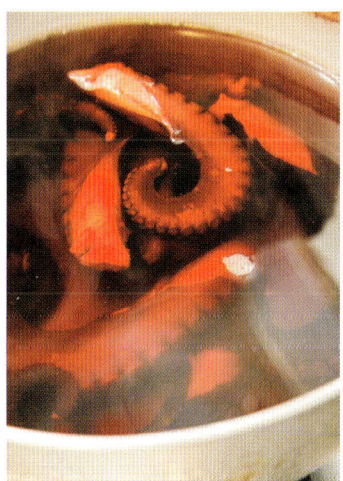

참문어가 아름다운 '벚꽃색'으로 조려졌다. 조림장을 털고 밀폐 용기에 담아 보관한다. 향을 유지하기 위해 당일은 상온에 두고, 날을 넘길 때는 냉장 보관한다.

문어 간장 조림 ①

다코노 쇼유니(蛸の醬油煮)

하시모토 다카시(橋本 孝志) | 스시 잇신(鮨 一新)

문어를 조리는 방법에는 벚꽃색 조림(사쿠라니)처럼 달콤하고 짭조름하게 조리는 방법 말고,
간장 맛을 베이스로 단맛 없이 조리는 방법도 있다.
스시 잇신은 이때 간장과 술에 호지차와 팥을 추가하는데, 이 또한 전통적인 방법 중 하나다.

씹으면 바로 끊어지는 부드러움과 탄력을 동시에 추구

도제 시절에 일본요리점에서 배운 벚꽃색 조림을 어떻게 하면 니기리즈시에 맞추어 개량할 수 있는지 수없이 시험해보았다.

일본요리점에서 배운 문어의 벚꽃색 조림 자체는 상당히 부드럽고 맛있어서 좋은데, 껍질이 벗겨지기 쉽고 젤라틴 부분이 흘러내리기 때문에 스시에 올리기에는 아름답지 않았다. 또 스시로 쥐었을 때 지나치게 부드러워서 스시밥과 일체감도 부족했다. 문어를 씹었을 때 느낌이 스시밥과 동일해 함께 목구멍을 통과하는 '씹어서 끊어지는 부드러움을 남기는 탄력'을 추구하게 되었다.

문어를 부드럽게 만드는 방법은 결정적인 무언가가 하나 있는 것이 아니라, 다양한 요소를 균형 있게 조합하는 것이라고 생각한다. 스시 잇신은 조리는 시간을 30분에서 40분으로 짧게 두는 한편으로, 사전에 밀대로 두드려서 섬유를 조금 으깨고, 조림장에도 재료를 부드럽게 만드는 호지차를 넣어서 원하는 만큼 부드럽게 만들었다. 참고로 보통, 문어를 1시간 정도 조리는 곳이 많다고 한다.

또 조림장에 간장, 술, 물을 베이스로 호지차 외에 팥도 넣는다. 국물에 팥의 붉은색이 배어나와 문어의 껍질을 아름다운 붉은 갈색으로 만드는 효과가 있고 풍미와 상성도 훨씬 올라간다.

호지차와 팥은 옛날부터 전통적으로 사용했던 재료인데, 최근에는 일부만 사용하거나 전혀 사용하지 않는 쪽이 주류인 듯하다. 또 조림장은 몇 번 사용할 때마다 간을 새로 하면서 반복해서 사용해 조금씩 맛에 깊이를 더하고 있다.

준비가 다된 문어를 스시로 쥔 후에는 니키리 간장과 스다치 과즙을 곁들이고, 술안주로 낼 때는 소금과 스다치 과즙으로 산뜻하게 마무리하고 있다.

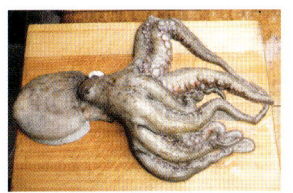
살아 있는 문어를 한 마리 단위로 들여와서 통째로 밑처리한 후에 다리를 두 개씩 나누어서 1일에 두 개씩 조린다. 사진은 품질이 좋아서 관동지역에서 인기가 많은 카나가와현 사지마산 참문어다.

❶ 문어를 소금으로 문지른다

문어를 밑처리하는 다양한 방법을 시험해보고 소금을 발라서 주무르는 방법으로 정착했다. 내장, 눈, 입을 제거하고 소금을 뿌려 점액질이 제거될 때까지 끊임없이 비빈다.

❷ 물에 씻는다

흐르는 물에 소금, 점액질, 오염물을 깨끗하게 씻어낸다. 이때도 잘 문질러서 특히 오염물이 남기 쉬운 빨판을 정성껏 씻는다.

❸ 밀대로 두드린다

다리를 두 개씩 잘라서 밀대로 두드려 섬유를 약간 으깬다. 껍질이 두꺼운 쪽이 위로 오도록 두고 한쪽에만 10회 정도 두드린다.

❹ 조림장에 조린다

끓는 조림장에 다리를 넣고 30~40분간 약한 불에서 조용히 조린다. 조림장은 물, 술, 간장에 호지차와 팥(오른쪽 아래)을 키친페이퍼로 감싸서 함께 우려낸 것이다. 개업한 이후 계속 사용하고 있는데, 몇 번씩 사용할 때마다 팥, 호지차를 더하고 간을 해 맛을 정리한다.

다 조린 후 문어를 그대로 조림장에 담가 두었다가 식으면 꺼낸다. 식기 전에 꺼내면 표면의 수분이 증발해 쉽게 건조해진다.

문어 간장 조림 ②

다코노 쇼유니(蛸の醬油煮)

오구라 가즈아키(小倉 一秋) | 스시도코로 오구라(すし処 小倉)

간장과 설탕으로 조리는 벚꽃색 조림과 설탕을 더하지 않는 간장 조림 두 가지를 항상 준비한다.
간장 조림은 가다랑어포 육수가 메인으로 간장과 소금으로 간을 한다.
문어의 풍미를 최대한 끌어올린 산뜻한 맛이 특징이다.

옅은 맛으로 1시간 조려 맛을 끌어올린다

스시도코로 오구라에서 만드는 벚꽃색 조림과 간장 조림은 문어 손질이나 조리는 방법은 거의 비슷하고 간에만 차이가 있다. 벚꽃색 조림이 '간장, 술, 물, 설탕'으로 조린다면, 간장 조림은 '가다랑어포 육수, 간장, 소금'으로 조린다. 간장 조림은 설탕의 단맛이나 진한 맛이 들어가지 않아서 담백하다. 그래서 벚꽃색 조림(사쿠라니)보다 문어 본연의 풍미를 직접 맛볼 수 있다.

　문어의 감칠맛에 가다랑어포 육수와 간장의 맛이 어렴풋하게 더해져서 스시를 쥐었을 때 다른 맛을 추가하지 않아도 씹을수록 문어의 독특한 맛이 전달되어 온다. 물론 손님이 요청하면 적당히 니쓰메 간장이나 니키리 간장, 소금 등을 조금씩 더하기도 한다.

　문어를 조릴 때 어렵다고 자주 거론되는 점이 얼마나 부드럽게 조릴지다. 최근에 깨달았는데, 문어가 살아 있을 때보다 약간 시간을 두고 근육이 느슨해진 다음에 손질을 하면 적당하게 부드럽게 만들 수 있다. 예전에는 아침에 시장에서 들여온 활 문어를 곧바로 손질하기 시작했는데 지금은 점심 무렵부터 시작한다.

　또 부드럽게 하는 방법 중 하나로 옛날부터 무의 효과를 이야기했다. 다만 효과가 있다고 말하는 사람과 없다고 말하는 사람이 있어 의견이 갈린다. 실제로 사용하지 않아도 괜찮지 않을까 하는 생각이 들지만, 오랜 습관으로 무 껍질을 넣어서 조리고 있다.

　지나치게 조리면 바람이 든 듯이 구멍이 생기므로 꺼낼 타이밍을 상당히 신중하게 판단해야 한다. 또 부드럽게 조린 후에 조림장에 담가두지 않고, 곧바로 꺼내서 똑바로 걸어 열을 식힌다. 담가두지 않아도 약 1시간 조리는 동안에 간이 충분히 배고 문어의 감칠맛도 끌어올려진다고 생각한다.

 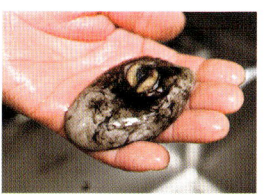

참문어를 한 마리 통째로 준비해서 반 마리 단위로 조리한다. 사진은 관동지역에서 문어로 유명한 가나가와현 사지마산 문어다. 오른쪽은 내장의 가운에 있는 간인데 간장으로 조려서 술안주를 만든다(205쪽 참고).

❶ 문어를 소금으로 문지른다

시간을 들여서 문어를 소금으로 문지르고 점액질을 제거한다. 처음에는 거친 소금을 한주먹 쥐어서 몸과 다리에 전체적으로 빠짐없이 발라서 움켜쥐듯이 주무른다. 소금을 씻어낸 후에도 주무르고 씻는 공정을 수차례 반복한다. 몸통과 다리를 따로 자르고 다리는 뿌리 부분까지 자른다.

❷ 물에 담근다

점액질을 제거한 후 물에 2시간 가까이 물에 담가두어서 소금기를 뺀다. 도중 두 번 정도 물을 바꾸어준다. 이때 확실하게 소금기를 빼지 않으면 조렸을 때 약간 짠맛이 나므로 주의한다.

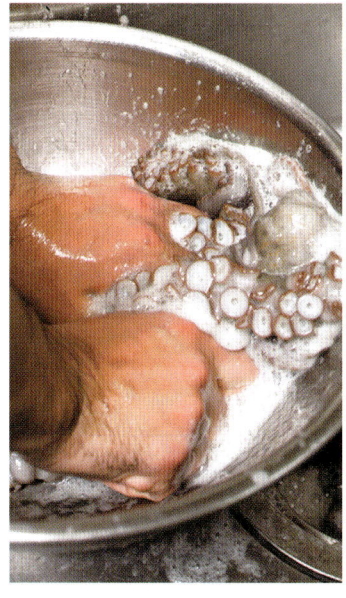

❸ 조림장으로 조린다

가다랑어포 육수, 간장, 소금을 섞은 조림장에 무 껍질을 넣고 펄펄 끓으면 문어를 넣는다. 조림용 작은 뚜껑을 덮고 강한 불에서 1시간 안쪽으로 조린다(위쪽 사진). 아래는 다 조려진 문어다. 반드시 손가락으로 눌러서 부드러워졌는지 확인하고 불을 뺀다. 조림장에 담가두지 않고 곧바로 꺼낸다

❹ 금구에 걸어둔다

U자 형태의 금속도구에 다리와 몸통을 걸어서 조리장 한 구석에 걸어둔다. 식을 때까지 걸어두면 다리가 일자로 뻗어 스시 재료로 쓸 때 예쁘게 썰 수 있다.

문어 에도풍 조림

다코노 에도니(蛸の江戶煮)

노구치 요시유키(野口佳之) | 스시도코로 미야코와케미세(すし処 みや古分店)

노구치 장인은 일본요리를 한 경력이 길어 에도요리의 흐름을 따르는 조리법에도 힘을 기울인다.
문어는 계절에 따라 세 종류를 준비하는데, 이번에는 요즘에 드물어진 에도요리 전통에 따라
'에도풍'으로 조리는 방법을 설명한다.

호지차 조림장에 조려서 1일 동안 재운다

스시도코로 미야코와케미세는 에도풍 조림, 벚꽃색 조림, 부드러운 조림, 이렇게 세 가지로 문어를 조린다. 에도풍 조림은 호지차 찻잎을 술과 물로 우려내서 조림장을 만든다. 간장도 설탕도 사용하지 않는다.

벚꽃색 조림은 현재 보편적으로 사용하는 단맛을 더한 간장 조림이 아니라 얇게 원형으로 썬 문어 다리를 간장 베이스 뜨거운 조림장에 살짝 담갔다가 꺼낸다. 문어 다리가 수축된 모습이 벚꽃이 떠오른다고 해 '사쿠라니'라는 이름을 붙였다고 하는 유서 깊은 에도요리다.

그리고 최근에 말하는 벚꽃색 조림에 해당하는 것이 부드러운 조림이다. 벚꽃색 조림은 봄에 벚꽃이 필 때 내고, 부드러운 조림은 연말에서 연초에 걸쳐 술안주로 내고 있는데, 에도풍 조림은 일 년 내내 준비해서 스시와 술안주로 모두 내놓고 있다.

에도풍 조림의 재료는 호지차인데 문어를 부드럽게 만드는 효능이 있다고 알려져, 보통 말하는 벚꽃색 조림에 사용하는 곳도 있다고 한다. 효능에 더해 호지차 색으로 문어의 붉은색이 진해져서 색이 아름다워지는 것도 장점이라고 느낀다.

호지차를 술과 물로 우려낸 후 다시마를 더하고 약 2시간 충분히 시간을 들여 문어가 부드러워질 때까지 조린 후, 조림장에 담근 채 하룻밤 재워서 맛을 들인다. 간장과 설탕을 사용하지 않는데다 호지차의 부드러운 풍미가 향기로워서 맛은 산뜻하고 문어의 감칠맛이 직접적으로 전달되는 것이 가장 특징이다.

에도요리에서 에도풍 조림을 식초간장으로 먹는데, 우리는 술안주로 낼 때는 식혀서 젤리처럼 굳은 조림장을 곁들이고, 스시로 낼 때는 단맛이 진한 니쓰메 간장을 발라서 맛에 악센트를 준다. 물론 니기리즈시에 조림장 젤리를 올리는 방법도 재미있겠다. 스시 전체가 부드러운 맛으로 문어의 향이 살아나리라 생각한다.

주로 가나가와현 미우라반도의 사미자에서 잡은 살아 있는 참문어를 사용한다. 향이 좋고 부드럽고 감칠맛도 강해서 많은 고급 스시집에서 지지를 받고 있다. 벚꽃 모양으로 만드는 독특한 '벚꽃색 조림'를 만들 때는 대형 문어를 사용하는 편이 보기에도 좋고 아름다운 벚꽃색이 나와서 홋카이도산 물문어(ミズダコ)를 사용한다.

❶ 문어를 해체해서 소금으로 주무른다

들여온 날 살아 있는 채로 해체한다. 다리와 몸을 갈라서 입과 눈을 제거하고 내장을 끄집어낸다. 다리와 몸통을 물로 씻는다(왼쪽). 몸통과 다리는 함께 조려서 술안주를 만든다. 소금 한주먹을 발라서 15분간 주물러서(오른쪽) 점액질을 제거하고 한 번 물에 씻는다. 주무르기 편하게 다리를 하나씩 잘라서 점액질이 없어질 때까지 주무르고 씻는 과정을 두 차례 정도 반복한다.

❷ 조림장을 만든다

냄비에 물과 술을 1:1 비율로 섞어서 강한 불로 끓인다(왼쪽). 장시간 조리므로 문어 한 마리가 충분히 잠기는 양을 준비한다. 호지차 찻잎을 계량컵 한 개(가운데) 분량 준비한다. 새지 않도록 키친페이퍼로 감싸서 냄비에 넣는다(오른쪽). 펄펄 끓여서 수분간 우려내서 호지차의 색과 향을 조림장에 담는다. 이 이상 우리지 않고 꾸러미째 찻잎을 꺼내고 다시마를 넣는다.

❸ 약 2시간 조린다

문어 다리와 몸통을 끓는 조림장에 넣는다(왼쪽). 강한 불로 끓이다 다시 끓어오르면 중간 불로 낮추고 물 표면에 가볍게 기포가 생기는 정도로 온도를 유지하면서 조린다. 거품이 생기면 그때마다 성실하게 제거한다. 조리는 표준 시간은 약 2시간이다. 중요한 점은 부드러우면서도 씹는 맛을 즐길 수 있을 때까지다. 조림장이 반 가까이 졸고 문어가 아름다운 붉은색으로 물들기 시작한다. 마지막 약 30분은 강한 불로 조림장을 바싹 졸여서 마무리한다(오른쪽).

❹ 1일 동안 재운다

불에서 내려서 식힌 후 조림장째 밀폐용기에 담아 냉장고에서 1일 동안 재운 후에 사용한다. 에도풍 조림은 다음 날 이후가 맛이 잘 배어 맛있어진다. 식어서 젤리처럼 굳은 조림장을 함께 스시로 쥘 때도 있다.

조개 준비

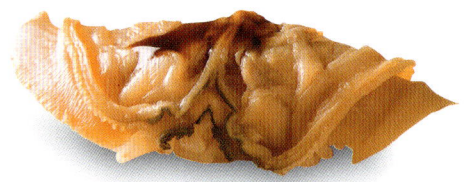

백합 간장 조림

니하마구리(煮蛤)

하마다 쓰요시(浜田 剛) | 스시 하마다(鮨 はま田)

보통 조개는 생짜로 많이 쥐는데 백합은 데쳐서 절임장에 담그는 공정이 들어간다.
이때 만드는 사람의 생각이 크게 반영되는데, 그래서 백합은 스시집의 개성을 맛볼 수 있는 재료다.
스시 하마다는 일본산 백합을 시간을 들여서 부드럽게 완성한다.

백합의 향을 살려서 단단함을 시간으로 커버

백합 조림은 어떤 백합을 사용하는지에 따라 준비하는 내용이 바뀐다고 생각한다. 스시 하마다는 치바현 구쥬쿠리 가모가와 강에서 잡히는 백합을 쓴다. 일본에서 오래된 품종으로 향이 좋고 감칠맛이 진해서 조림에 적합하다. 다만 살이 단단한 편이라 부드러운 외국품종을 사용하는 곳도 많다고 들었다. 마찬가지로 다양한 백합을 사용해 보았는데 일본산 백합의 풍미에 상당히 끌려 단단한 살은 조리법으로 보완하기로 했다.

백합을 한 번 데친 후 담금장에 담그는 순서는 일반적인 방식과 동일한데 세부 사항에서 두 가지 궁리를 더했다.

첫 번째는 데친 물을 담금장에 이용하지 않는다. 처음에 데친 국물에 감칠맛이 진하게 우러나와 보통 간장 등으로 간을 해서 담금장을 만든다. 그러나 조미료를 더해서 조린 후 백합을 장시간 담그면 백합의 향이 지나치게 강해서 약간 비린내가 느껴진다. 그래서 담금장은 매번 물과 조미료를 섞어서 만들어 맛이 깨끗하게끔 한다.

그렇다고 데친 물을 그냥 버리지 않는다. 물과 술을 더해서 다음에 데칠 때 재활용하고 맑은 국으로 만들어 손님들에게 낸다(259쪽 참고). 이 국물은 졸이거나 백합을 담가두지도 않아서 비린내 없이 백합의 진수를 맛있게 즐길 수 있다.

두 번째는 단단함에 대한 대책이다. 부드러운 백합이라면 몇 시간 담근 후에 곧바로 스시를 쥘 수 있는데, 일본산 백합은 단단하고 맛이 배는 속도도 느려서 당일에 사용할 수 없다. 대신 1일 동안 시간을 두면 충분히 부드러워지고 담금장 맛도 잘 배어서 맛있다. 시간 조절이 열쇠다. 또 쥘 때는 다시 가열하면 맛이 떨어지고 단단해지므로 자연스럽게 상온으로 올리는 것이 중요하다.

치바현 구쥬쿠리산 백합을 조갯살로 들여온다. 크기는 다양한데 니기리즈시 크기에 맞추어 120g 전후로 정하고 있다.

❶ 백합을 씻는다

물에 씻을 때는 전통적인 방법을 따른다. 조갯살 다섯 개의 수관에 대나무 꼬치를 꽂아서(위쪽) 물을 흐르게 틀어놓고 담긴 물 안에 꼬치를 휘저으며 흔들어 씻는다(아래쪽). 오염물이 깨끗하게 떨어지고 또 비비지 않기 때문에 각 부위를 잇는 얇은 껍질이 파괴되지 않아 모양이 망가지지 않는다.

❷ 한 번 데친다

꼬치를 빼고 소쿠리에 밭쳐 물기를 뺀 후 끓는 물에 넣고 강한 불로 데친다. 다시 끓기 시작하는 시점에 곧바로 꺼내 소쿠리에 밭친다. 40분간 두고 남은 열기로 익히면서 식힌다.

❸ 담금장을 졸인다

담금장은 니키리 간장, 간장, 설탕, 물을 합쳐서 반으로 줄 때까지 졸인다. 매번 준비할 때마다 새로 만들고 백합을 담갔을 때 불필한 열로 더 익지 않도록 미리 식혀둔다. 조갯살을 데친 물은 사용하지 않는다.

❹ 담금장에 담근다

조갯살에서 내장을 끄집어낸다. 일본산 백합은 관자가 단단하므로 제거한다. 펼쳐서 담금장에 담가 냉장고에서 1일 동안 재운다. 스시를 쥘 때는 붕장어의 니쓰메 간장을 바른다.

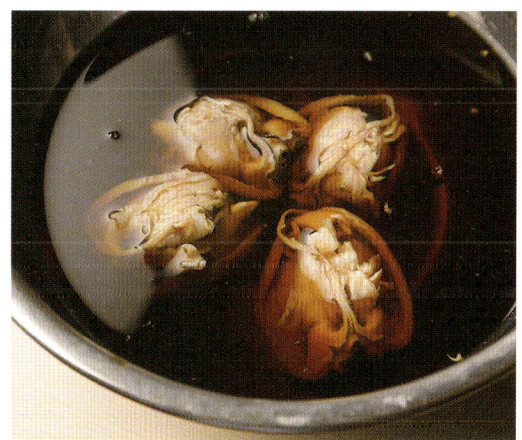

전복 찌기 ①

무시아와비(蒸し鮑)

이치야나기 가즈야(一柳 和弥) | 스시야 이치야나기(すし家 一柳)

스시로 만드는 전복은 다양하다. 품종의 차이도 있지만, 생짜로 쥐기도 하고 조리기도 하고 찌기도 하는 등 조리방법도 저마다 다르다. 스시야 이치야나기는 봄부터 여름까지 흑전복(구로아와비), 가을부터 겨울까지는 참전복(에조아와비)을 독특하게 쪄서 스시를 쥔다.

동일 산지의 전복을 진공에 가까운 상태에서 찐다

전복을 찌는 방법은 몇 차례 시행착오를 거쳐 현재 조리법으로 정착했다. 제일 처음에는 물에 술과 소금을 더해서 함께 압력솥으로 찌거나, 간장과 술에 천천히 조리기도 했다.

그러나 압력솥으로 단시간에 찌면 부드럽기만 할뿐 전복의 풍미가 빈약하고, 조리면 조미료의 맛에 물들기 쉬웠다. 가장 전복다운 맛은 역시 바다 내음에 있다고 생각해 풍미를 진하게 살릴 방법을 찾아 연구를 거듭했다.

다음으로 전복을 술, 소금, 물로 만든 조림장에 담그거나, 이 조림장을 전복에 가볍게 뿌려서 찌는 방법을 시험해보았다. 술에 조릴 때와 재료는 같은데 찌면서 익히는 방법으로, 최근에 '찐 전복'이라고 부르는 것이다. 풍미도 부드러움도 상당히 만족스러웠다.

여기에 만약 조미료를 사용하지 않고 전복만 찐다면 풍미가 한층 응축되지 않을까 하고 아무것도 더하지 않고 찌는 방법을 연구했다.

바로 볼 가득 전복을 채우고 공기를 최대한 뺀 후 랩으로 감싸서 진공에 가까운 상태를 만들어 찌는 방법이다. 이렇게 하면 부드럽게 찔 수 있는데다 전복에서 수증기로 빠져나온 풍미가 다시 살로 침투된다. 전복 외에 다른 것이 섞이지 않기 때문에 전복의 향과 맛이 아주 진해지고 보기에도 예쁘다. 게다가 보관기간도 길다.

다만 동일한 품종, 동일한 산지의 전복을 많은 양으로 찔 때 의미가 있다. 전복은 먹이가 달라지면 풍미도 달라지기 때문에 생육환경이 같아야 개성이 뚜렷하게 드러난다. 또 한두 개 단위로 찌면 수증기의 양이 적어서 큰 의미가 없으므로 일정량 이상 필요하다.

좋은 재료를 따로 손을 대지 않고 그대로 가공해 소재의 맛을 끌어내는 데 적합한 조리법이라고 생각하고 있다.

봄에서 가을까지 흑진복을 사용한다. 사진은 미나미보소 시라하마산 전복으로 0.8~1kg짜리 대형이다. 가을·겨울은 소형 참전복이 제철로 산리쿠와 홋카이도에서 들여온다.

❶ 공기를 빼서 전복을 찐다

전복 손질은 껍데기를 벗기고 내장을 빼고 흐르는 물에 손으로 오염물을 제거하는 것뿐이다. 흑전복 여덟 개를 볼에 가득 담는다(위쪽). 종이를 얹고 랩으로 몇 차례 덮어서 고무줄로 고정한 후 눌러 안에 들어 있는 공기를 조금 뺀다(아래쪽). 알루미늄포일로 덮어서 찜기에 넣는다.

6시간 찐 상태다. 전복에서 빠져나온 수분에 담겨 있다. 치바현 미나미보소산 흑전복은 바다 내음이 진하다. 한편 참전복은 다시마를 먹이로 하기 때문에 달콤한 풍미가 특징이다.

❷ 냉장고에서 2일 이상 둔다

상온에서 식힌 전복을 국물째 용기에 담아서 냉장고에서 2일 이상 두고 맛을 들인다. 찔 때 생긴 국물은 젤리처럼 굳는다. 스시를 쥐기 전에 상온이 되게 하고 물결무늬를 만들어 썰어 니키리 간장을 바른다.

전복 찌기 ②

무시아와비(蒸し鮑)

와타나베 마사야스(渡邉 匡康) | 스시 와타나베(鮨 わたなべ)

두 번째는 술을 뿌려서 찌는 방법을 소개한다. '무시아와비'라고 부르는 대표적인 조리법이다.
와타나베 장인은 전복을 찔 때 전복에서 나온 국물을 1주간 모아 여기에 전복을 담가두거나,
전복의 간으로 소스를 만들어서 바다 내음을 살리는 데 주력한다.

껍데기에 살과 간을 올려 쪄서 바다 내음을 살린다

스시 와타나베는 전복을 찔 때 손질한 껍데기에 전복을 넣고 술을 많이 뿌리고 껍데기째 찜기에 넣어 찐다. 전복이 소형일 때는 3시간, 흑전복처럼 대형일 때는 6~7시간으로 상당히 시간을 들여서 부드럽게 만든다.

전복을 익히는 방법으로 술로 조리는 술 조림이나 간장을 더해 조리는 간장 조림이 있다. 또 같은 찌기라도 소금 증기로 찌거나 조미료를 사용하지 않고 찌는 등 다양한 방법이 있는데, 이번에 소개하는 방법이 현재 가장 마음에 드는 방법이다. 무엇보다 전복이 부드럽고 향이 살아 있다고 느껴진다. 특히 스시에 쓰는 전복은 향이 중요한 열쇠라고 생각한다.

여기에서 소개하듯이 전복 껍데기를 용기로 사용해서 간과 함께 찌면 껍데기와 간에서 피어오르는 바다 내음을 살릴 수 있다. 또 다 찐 후에 전복에서 빠져나와 껍데기에 모인 국물을 따로 모아 두었다가 갓 찐 전복을 잠시 담가서 더욱 향을 진하게 만든다.

그 후 식으면 국물을 따로 분리해서 살만 랩으로 확실하게 감싸서 보관한다. 그리고 스시로 쥐기 전에 다시 한번 국물에 데쳐서 데워 향을 추가한다. 하나하나 모든 공정에서 향을 살리는 데 주력하며 가능한 놓치지 않도록 의식하고 있다.

또 스시를 만들 때도 얇게 썬 전복의 중간에 칼집을 넣어 봉투로 형태로 만들고 그 사이에 스시밥을 채워넣어 말안장걸이처럼 모양을 만든다. 그리고 보통 니쓰메 간장이나 니키리 간장을 바르는데, 여기서는 전복의 간으로 만든 소스를 바른다. 살과 함께 찐 간을 믹서에 넣고 찔 때 전복에서 나온 국물을 약간 추가해 갈아서 부드러운 퓌레 상태로 만든 후 다시 체로 거른다. 한 번만 발라도 향과 감칠맛을 훨씬 뚜렷하게 만들 수 있다.

여름은 흑전복(구로아와비), 시볼트전복(메가이아와비), 말전복(마다카아와비)이 제철인데, 늦가을에서 겨울은 참전복(에조아와비)이 제철이다. 이번에는 미야기현 긴카잔산 한 개 300g 정도 되는 참전복을 준비했다. 소형이지만 맛은 흑전복과 닮아 풍미가 진하다.

❶ 전복 껍데기를 벗기고 손질한다

흐르는 물에서 껍데기를 수세미로 문질러서 씻는다. 찔 때 껍데기를 그릇으로 사용하므로 오염물을 깨끗하게 제거한다. 껍데기를 벗길 때는 철제 강판의 두꺼운 손잡이를 이용한다. 내장이 망가지지 않도록 껍데기를 따라 살 아래에 손잡이를 찔러 넣어 살을 분리한다(왼쪽). 입을 제거하고 껍데기에 남은 간을 뺀다(오른쪽).

❷ 뜨거운 소금물로 씻는다

찌기 전에 뜨거운 소금물에 담가서 오염물을 씻는다(왼쪽). 10초간 담가서 오염물을 불리고 곧바로 얼음물에 식혀서 불필요하게 익지 않도록 한다. 다음으로 살균효과가 높은 전해수를 뿌리면서 수세미로 강하게 문질러 닦고 가장자리와 밑면의 오염물과 거무스름한 부분을 제거한다(오른쪽). 참전복은 가장자리에 주름이 있어 오염물이 쌓이기 때문에 이곳도 잘 문질러서 닦는다.

❸ 술을 뿌려서 찐다

껍데기에 전복의 살과 간을 담고 술을 충분히 뿌린다(왼쪽). 껍데기째 찜기에 넣은 다음 뚜껑을 덮고 참전복은 3시간, 큰 흑전복은 6~7시간 찐다(오른쪽). 살이 볼록해지면서 완전히 부드러워지고 노란색이 진해지면 다 된 것이다. 껍데기에 모인 국물은 모아서 거른 후 지난번까지 모아두었던 국물과 합치고, 여기에 전복을 담근다. 랩으로 덮어서 식히고 다 식으면 살과 국물은 따로 랩으로 밀폐해 보관한다.

❹ 스시를 쥐기 직전에 데운다

스시를 쥐기 바로 전에 전복을 찔 때 나온 국물을 약간 넣고 가볍게 데쳐 데운다(왼쪽). 세로로 2등분하고 다시 물결무늬를 내면서 가로로 썰어서 스시 한 개 크기로 썬다. 옆면에서 칼집을 넣어 봉투처럼 만들고(오른쪽) 사이에 스시밥을 채운다.

❺ 간으로 소스를 만든다

찐 간은 얇은 막을 벗기고 전복을 찔 때 나온 국물을 약간 추가해 믹서에 돌려서 퓌레 상태로 만든 다음 체로 거른다. 간혹 간에 알이 들어가 있거나 쓴맛이 강한 부분도 있으니 사용하지 않도록 주의하고, 소스를 만든 후에 반드시 맛을 확인한다.

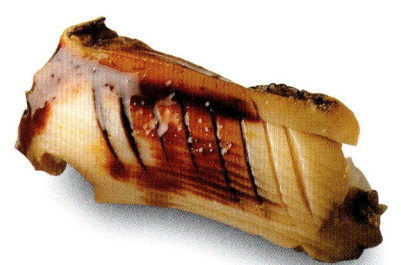

전복 조리기

니아와비(煮鮑)

아오키 도시카쓰(青木 利勝) | 긴자 스시아오키(銀座 鮨青木)

긴자 스시아오키에서 손님에게 내고 있는 전복은 모두 '무시아와비'라고 부르는데,
실은 찌기와 조리기, 두 가지 조리법으로 조리하고 있다.
이번에는 술에 조린 후 담백한 맛 간장과 맛술로 조리는 '니아와비'를 소개한다.

술, 간장, 맛술로 달콤 짭조름하게 조리는 전통 기법

긴자 스시아오키는 전복에 술과 소금을 뿌려서 찜기에서 찌는 '무시아와비'를 준비해놓을 때가 늘고 있으나, 선대부터 이어온 간장을 사용해 조리는 전통 방법으로도 가끔씩 만들고 있다.

전복은 찌면 약간 담백한 전복 본연의 풍미가 배어나온다. 조리면 술, 간장, 맛술을 바싹 조려서 만든 조림장의 풍미가 전복에 배어들어 깊이 있는 맛이 매력적이다.

한편 전복을 조리하기 전에 신경 써야 할 부분은 다른 해산물과 마찬가지로 신선한 전복을 들여오는 것이다. 또 수세미로 잘 문질러서 오염물과 염분을 깨끗하게 씻어내야 한다.

세련된 맛을 내기 위해서는 조리 과정에 넣는 소금과 간장 외에 다른 염분이 추가되지 않도록 해야 하고, 그러려면 해수의 염분을 깨끗하게 씻어내야 한다. 따라서 물로 씻을 때 껍데기를 벗기고 드러난 살의 양면과 주름 부위를 공을 들여 씻는다. 긴자 스시아오키는 전복 내장으로 시오카라(203쪽)를 만들고 있으므로 이 단계에서는 내장을 떼어놓고 살만 씻는다.

그 후는 오로지 냄비에서 조리는 것뿐이다. 술은 알코올을 날리고 소금과 물을 더한 후 전복을 넣고 3시간 정도 계속 조린다. 이렇게 술로 천천히 조림으로써 술의 감칠맛이 전복에 스며들어 비린내를 억누르고, 한층 부드러우면서도 씹을수록 맛을 끌어낸다.

중간에 물을 보충하면서 계속 조려서 끝날 때는 조림장이 거의 졸아서 아주 조금 남는 정도로 맞추는 것이 이상적이다. 그 후 최종단계에서 담백한 맛 간장과 맛술을 더해서 단시간에 버무리며 조려서 조미료의 향, 감칠맛, 짠맛, 단맛을 띠게 한다. 윤기가 감돌고 농도가 진한 아름다운 황갈색이 되면 맛있는 니아와비가 완성된 것이다.

사진은 치바현 초시산 대형 흑전복이다. 봄에서 가을까지는 제철을 맞은 흑전복을 사용하고 겨울에는 산리쿠 북쪽에서 나는 참전복으로 바꾼다.

❶ 전복을 손질한다

껍데기의 뾰족한 쪽에서 강판 손잡이를 살 아래쪽으로 찔러 넣고 껍데기에서 살을 분리한다. 안쪽에서 앞쪽으로 살을 잡아당기면 내장을 껍데기에 남긴 채 살만 분리할 수 있다(위쪽). 살을 흐르는 물에서 수세미로 양면을 문질러 씻는다. 주름 부분에 오염물과 소금기를 신경 써서 깨끗하게 씻는다(아래쪽).

❷ 술에 조린다

냄비에 듬뿍 술을 넣고 끓여서 알코올을 날려 니키리 술을 만든다. 물과 소금을 더하고 전복을 넣고 일단 끓기 시작하면 불을 약하게 하고 약 3시간 정도 조린다(위쪽). 조림장이 졸면 그때그때 적당히 물을 추가한다(아래쪽).

❸ 간장과 맛술로 조려서 완성한다

전복이 부드럽게 조려지고 조림장이 졸아 거의 없어질 때쯤, 담백한 맛 간장을 넣어서 간을 한다(왼쪽). 맛술을 더하고 가볍게 조려서 전복을 버무리면서 윤기를 내서 완성한다(오른쪽). 조림장에 담근 채 식힌다.

가리비 절이기

니호타테(煮帆立)

스즈키 신타로(鈴木 真太郎) | 니시아자부 스시 신(西麻布 鮨 真)

가비리의 관자는 키조개(다이라가이)나 개량조개(바카가이)의 관자처럼 생짜로 스시를 쥘 때가 많은데,
조린 대합처럼 간장 베이스로 만든 절임장에 담가서 맛을 들이는 방법도 있다.
니시아자부 스시 신은 가리비를 절여서 점심 메뉴로 내고 있다.

따뜻한 절임장에 담가서 부드럽게 맛을 들인다

가리비는 감칠맛이 풍부한 재료다. 생짜로 먹으면 단맛이 강하게 느껴지는데 절이면 단맛뿐만 아니라 감칠맛도 진하게 느낄 수 있다. 스시로 쥘 때도 생짜일 때보다 절인 쪽이 깊은 맛이 나고 스시집다운 고급스러움이 생긴다고 생각한다.

가리비를 절일 때 첫 번째 포인트는 우선 스시 사이즈에 맞는 관자를 고르는 것이다. 육질이 두꺼운 관자를 수평으로 2등분해 사용하면 형태가 좋고 두께도 스시밥과 잘 어울린다. 너무 작거나 반대로 너무 커도 스시밥과 균형이 나빠지니 각자 스시에 맞는 크기를 선택하도록 한다.

두 번째 포인트는 익히는 정도인데 크기보다 훨씬 중요하다. 너무 익으면 살이 단단하게 수축되고 건조한 느낌이 들므로 맛이 충분히 배도록 하면서 부드럽게 조리하는 방법을 연구해야 한다. 그래서 직접 조리지 않고 따뜻한 절임장에 담가서 천천히 맛을 들이는 방법을 사용한다.

절임장은 간장, 설탕, 맛술, 물로 만든다. 펄펄 끓은 식후에는 너무 뜨거워서 관자가 곧바로 수축되므로 펄펄 끓었을 때 불을 끄고 80℃ 전후까지 식혀서 관자를 넣은 다음 상온이 될 때까지 몇 시간 동안 잔열로 익힌다. 담그기만 하고 따로 가열하지 않기 때문에 맛이 잘 배도록 절임장을 약간 진하게 만들어야 한다.

상온까지 식고 나면 맛이 잘 배지 않으므로 그대로 절임장에 담근 채 냉장고에서 재워서 더욱 맛을 들인다. 하룻밤 두면 딱 좋은 맛이 된다.

스시를 쥐기 전에 관자를 수평으로 잘라서 손가락으로 빠짐없이 눌러서 섬유를 풀어주는 것도 맛있게 만드는 비결이다. 전체가 보들보들 부드러워지고 입에 넣었을 때 스시밥알과 곧바로 어우러져 한층 맛있어진다.

가리비는 조개껍데기를 벗기고 관자만 사용한다. 사진은 직경 4~5cm다. 너무 크거나 너무 작지 않고 스시 크기에 맞는 조개를 고른다. 가로로 2등분해서 스시 한 개를 쥔다.

❶ 가리비 관자를 절임장에 담근다

간장, 설탕, 맛술, 물을 섞어서 끓인 후 불을 끄고 약 80℃까지 식힌다. 관자를 넣고 상온으로 식을 때까지 두어서 맛을 들인다.

❷ 하룻밤 재운다

상온까지 식은 관자를 절임장째 밀폐용기에 담아서 냉장고에서 하룻밤 재워서 중심까지 맛을 들인다. 사진은 하룻밤 담가둔 관자다. 스시를 쥐기 직전까지 절임장에 담가둔다.

❸ 섬유를 푼다

스시를 쥐기 전에 가로로 2등분해 하나씩 손가락으로 가볍게 눌러서 섬유를 푼다. 이렇게 하면 스시밥과 잘 어울린다. 고추냉이를 갈아서 넣거나 유자 껍질을 갈아서 안에 넣고 쥔 후에 니쓰메 간장을 바른다.

바지락 조리기

니아사리(煮あさり)

오가와라 요시토모(大河原 良友) | 스시 오가와라(鮨 大河原)

스시 재료 중 조개를 조린다고 하면 백합이나 전복이 대표적인데 바지락(아사리)도 조리는 전통 재료다. 크기가 작아서 여러 개를 모아서 쥐거나 김으로 말아서 위에 올리는 군함말이를 많이 하는데, 스시 오가와라는 스시밥과 함께 작은 그릇에 담아 덮밥처럼 만들어 손님에게 내놓는다.

조갯살을 담가서 담백하고 촉촉하게

스시 재료로 바지락을 사용하는 곳이 적은 편인데, 사실 바지락은 맛있게 조릴 수 있는 조개 중 하나다. 스시 오가와라는 바지락이 가장 맛있는 봄 중반에서 여름 중반을 중심으로 특대형 바지락을 사용해 스시를 만든다.

보통 바지락을 스시에 쓸 때는 스시밥에 작은 조갯살이 안정적으로 올라가 있도록 수분을 남기지 않고 약간 단단하게 조리는 곳이 많다고 한다.

그러나 담백하게 국물이 남는 정도로 폭신하게 조리면, 바지락이 지닌 고유 향과 감칠맛을 살릴 수 있다. 풍미를 살리면서 스시 재료로 먹기 쉽게 만드는 방법을 궁리하다가, 작은 덮밥풍으로 쌓아올리는 방법을 생각해냈다. 이렇게 만들면 수분이 포함된 바지락의 폭신폭신한 살을 즐길 수 있다.

또 조릴 때도 조갯살을 씻은 후 조갯살에서 나오는 수분을 모았다가 그 수분에 간장과 술을 더해서 조림장으로 사용한다. 씻는 데 사용하는 물에는 모래나 껍실 조각이 들어가기 때문에 소쿠리에 맡겨 머리는데, 그 후에 소쿠리에 남은 조갯살에서 감칠맛이 포함된 수분이 떨어지므로 15초 동안 볼에 모은다.

물로 씻어 물기를 터는 과정을 서너 번 반복하면 오염이 제거되고 조갯살에서 빠져나오는 수분도 충분히 모인다. 너무 많이 씻으면 조갯살에서 감칠맛이 너무 많이 빠져나오므로 최소한으로 줄이는 것이 포인트다.

다음으로 가열시간도 중요하다. 조림장이 펄펄 끓으면 조갯살을 넣고 다시 끓기 시작하면 불을 끈다. 그 후 재료를 조릴 때 보통 오래 담가두는데, 그렇게 하지 않고 먼저 조갯살과 조림장을 나누어서 상온에서 식힌 후에 다시 합쳐서 맛을 들인다. 지나치게 조리면 수축해서 단단해져 폭신폭신한 바지락의 장점이 사라지기 때문이다. 이렇게 만든 부드러운 식감과 풍미를 유지하려면 사용할 때까지 상온에서 보관하는 것이 중요하다.

사진은 품질이 좋기로 유명한 아이치현 미우라산 바지락이다. 매일 아침 쓰키지 시장에서 가장 알이 굵은 바지락을 조갯살만 들여온다.

❶ 조갯살을 씻으며 나온 수분을 모은다

식당에 들여올 때 같이 담겨져 있던 수분은 버리고 새로운 물을 부어서 가볍게 씻는다(위쪽). 소쿠리에 밭쳐 물기를 털고 곧바로 소쿠리 아래 볼을 받쳐 떨어지는 바지락 수분을 모은다(아래쪽). 서너 번 반복하며 소금과 껍질 조각을 제거하고 수분만 모아둔다.

❷ 모은 수분에 간을 해서 조갯살을 조린다

모아둔 수분에 간장과 다량의 일본술, 생강즙을 넣어서 조림장을 만든다. 강한 불에서 끓이다 조갯살을 넣는다. 다시 끓어오르면 불을 끈다. 거품을 제거한다.

❸ 조림장에 담근다

조갯살은 다 조린 후 소쿠리에 밭쳐 조림장과 살을 나누어서(왼쪽) 따로따로 식힌 후 상온에서 다시 합쳐서 맛을 들인다(오른쪽).

폭신폭신하게 조려진 바지락이다. 수분이 남아 있으므로 니기리즈시로 만들지 않고 작은 그릇에 스시밥을 담고 그 위에 올린다. 다른 니기리즈시와 비슷하게 한입 크기로 만든다.

피조개 준비

아카가이노 시코미(赤貝の仕込み)

와타나베 마사야스(渡邉 匡康) | 스시 와타나베(鮨 わたなべ)

생짜로 쥐는 조개 중에서 가장 인기가 많은 것이 피조개(아카가이)다.
우선 에도 마에 전통 재료인데다 아름다운 주홍색 색감, 두꺼운 육질, 진한 바다 내음이 있어 인기가 있다.
와타나베 장인도 그 향에 끌린 사람 중 한 명이다.

스시를 쥐기 직전에 껍데기를 벗겨서 향을 살린다

조리거나 찌는 것이 왕도인 전복과 백합을 제외하면 조개는 대체로 생짜 또는 반만 익을 정도로 데쳐서 스시를 쥐는 것이 기본이다.

그러나 실제로는 생짜로 먹는 편이 더 맛있는 조개는 피조개가 유일하다고 단언해도 좋을 정도로 피조개는 날것일 때 무척 맛있다. 우럭조개, 새조개, 함박조개, 키조개는 생짜로 먹어도 맛이 좋지만 데치거나 구워서 약간 익히는 쪽이 감칠맛이 훨씬 증가해 개성을 끌어올릴 수 있다.

피조개는 바다 내음이 진하다고 말하는데, 그것도 '생짜'로 쥐었을 때야 말로 느낄 수 있다. 사실은 이 향에는 내 나름대로 기준이 있는데 오이 향이 나는 피조개가 품질이 좋다고 생각한다. 도제 시절에 들은 말인데, 날마다 피조개를 다루면서 실감하고 있다. 그래서 피조개의 외투막과 오이를 넣고 만든 김말이는 그야말로 이치에 닿는 조합이라 할 수 있다.

피조개를 준비할 때 핵심은 쥐기 직전에 껍데기를 벗겨서 손질하는 데 있다. 향을 살리는 데 있어서 무엇보다 중요한 부분이다. 살을 열고 깨끗하게 정리한 상태로 재료상자에 오랫동안 넣어두면 확연히 향이 빠져나간다. 만약 어느 정도 미리 준비를 해두고 싶을 때는 껍데기를 벗기고 껍데기에 포함되어 있던 수분과 함께 용기에 넣어 스시를 쥐기 직전까지 담가두는 편이 좋다. 이 정도만 해도 제법 향을 유지할 수 있다.

또 피조개를 쥘 때는 조갯살을 살짝 식초에 담갔다 꺼내는 방식이 에도 마에 스시의 전통이라 할 수 있다. 단, 식초는 향이 강해서 피조개가 지닌 바다 내음이 사라진다. 신선한 피조개를 손쉽게 맛볼 수 있는 시대가 된 만큼 식초를 사용하지 않고 그대로 쥐고 있다.

피조개는 가을에서 초봄이 제철인데 연초까지 기다려야 간신히 살이 오르는 해도 있다. 사진은 품질이 좋기로 유명한 미야기현 유리아게산 피조개다. 육질이 두툼하고 향도 진하다.

❶ 피조개 껍데기를 벗긴다

가능한 사용하기 직전까지 껍데기째 보관한다. 빨리 껍데기를 벗길 경우에는 껍데기에 담겨 있던 붉은색 수분을 볼에 담아서 살을 담가둔다.

❷ 수염을 제거한다

볼록한 부분의 살 중심에 수염이 튀어 나와 있으므로 칼로 누르면서 제거한다. 몸을 썰어서 펼친 후에 안쪽에서 뺄 수도 있다.

❸ 살과 외투막으로 나눈다

외투막을 칼로 누르고 살을 벗겨서 나눈다. 미리 준비해둘 때는 여기까지 진행한 후에 붉은색 수분에 살을 담가두고 외투막을 손질해두어도 좋다.

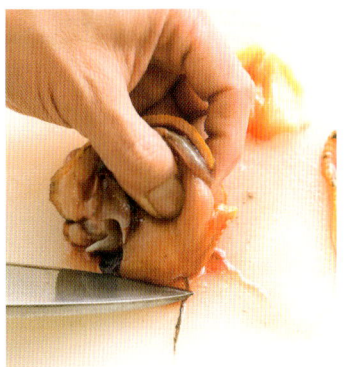
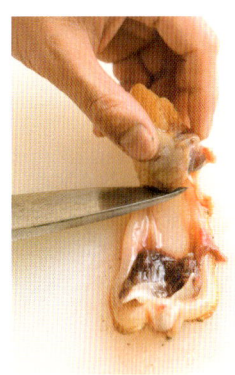

❹ 살을 펼친다

살은 내장이 나온 쪽에 칼을 눕혀 넣고 잘라서 펼친다. 양쪽에 남아 있는 내장을 발라낸다.

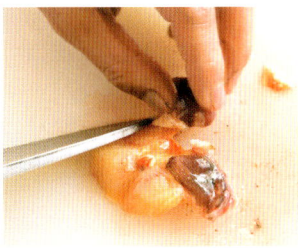

❺ 외투막을 손질한다

외투막은 내장을 제거한 후 주름 안쪽과 테두리를 따라 칼로 정성스럽게 오염물을 제거한다. 또 가운데에 있는 관자도 깨끗하게 오염물을 제거한다.

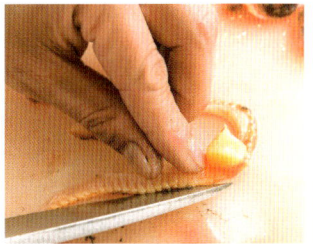

❻ 소금물로 씻는다

손질을 끝낸 후 살, 외투막, 내장을 각각 소금물로 깨끗하게 씻는다. 내장은 상태가 좋으면 조리시 쓸인주로, 외투막은 회나 김말이에 사용한다.

❼ 장식 칼집을 넣는다

스시용 조갯살은 양쪽에 각각 3줄씩 칼집을 넣는다. 니기리 간장이 잘 배고 보기에도 좋고 씹기에도 좋다.

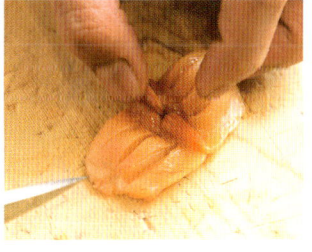

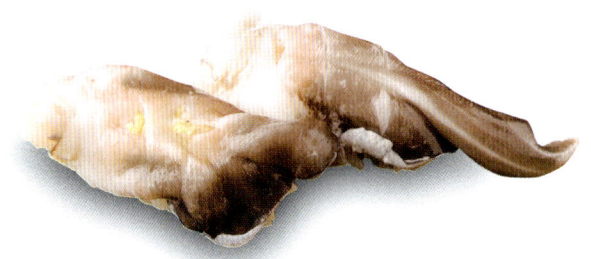

새조개 데치기

토리가이오 유데루(鳥貝をゆでる)

아쓰미 신(渥美 槙) | 스시 아쓰미(鮨 渥美)

새조개는 표면의 검은색을 띤 부분에도 맛 성분이 있는데 떨어지기 쉽다.
검은색을 얼마나 아름답게 유지하는지가 재료를 준비할 때 포인트다.
또 최근에는 익히는 정도에도 차이가 있는데 스시 아쓰미는 두 가지 방법을 사용하고 있다.

씹는 맛과 풍미가 가장 좋은 반만 익힌 상태로 완성

새조개는 양식과 냉동품의 보급으로 일 년 내내 유통되고 있지만, 제철은 봄이다. 철을 맞으면 살이 두툼해지고 식감이 좋아지며 단맛과 향도 한층 강해지고 맛있어진다.

새조개를 준비할 때 자연스러운 아름다운 검은색 부위를 남기는 것이 우선 중요하다. 검은색 부위는 손가락이나 도마 등에 가볍게 비비기만 해도 간단하게 벗겨지기 때문에 손질하고 데쳐서 얼음물에 씻는 일련의 작업에서 검은색 부위를 되도록 건드리지 않도록 한다.

또 펼치고 내장을 뺄 때도 나무 도마 위에는 직접 내려놓지 않는다. 도마의 표면에는 미세한 상처가 있어서 스치면 검은색 부위가 벗겨지기 쉽다. 옛날부터 전해져온 방법으로 유리처럼 재질이 매끈매끈한 도마 위에서 손질하면 된다. 도마에 알루미늄포일을 깔고 작업해도 알루미늄포일의 표면이 매끈하고 부드러워 원리는 같다.

보통 새조개는 데치는데, 신선할 때는 생짜로 내놓을 수도 있다. 다만 완전히 생짜는 표면이 미끄럽고 물기가 많으며 향이나 맛도 익힐 때만 못하다. 스시 아쓰미는 전부 데쳐서 사용하는데 최근에는 익히는 정도를 다르게 두 종류로 준비해서 맛을 비교하며 먹을 수 있도록 하고 있다.

하나는 찬물에 넣고 가열해서 물이 미지근해지면 불을 끄고 익히는 것이다(제목 사진 왼쪽). 살이 두툼하고 둥글어져 쫄깃한 식감을 즐길 수 있다. 다른 하나는 뜨거운 물에 단시간에 완전히 익히는 방법으로, 평평한 모양이 되고 매끈한 감촉을 느낄 수 있다(제목 사진 오른쪽). 풍미는 반 정도만 익힐 때 더 강하다. 이 두 가지 맛을 그날 코스의 흐름에 따라 스시로 쥐기도 하고 안주로 내기도 하면서 그때그때 임기응변으로 대응한다.

새조개를 껍데기째 들여온다. 제철은 초봄에서 초여름으로 육질이 두툼해지고 향과 단맛도 늘어난다. 사진은 효고현 아와지산 새조개다.

❶ 새조개를 손질한다

껍데기를 열고 껍데기 안에 수분은 버리고 조갯살을 꺼낸 후 관자를 뺀다(왼쪽). 살이 망가지지 않도록 꺼내고 외투막은 따로 떼서 술안주에 사용한다. 검은색 부위는 벗겨지기 쉬우니 마찰이 일어나지 않도록 표면이 매끈매끈한 알루미늄포일 위에 두고 칼로 펼쳐서 내장을 제거한다(오른쪽).

❷ 식초를 넣은 미지근한 물에 데친다

색이 변하지 않도록 물에 식초를 넣고 새조개를 넣는다. 살의 감촉을 확인하면서 50℃ 근처까지 데워서 반 정도만 익힌다. 30~40초 정도 데친다. 둥그스름하게 부풀면 꺼낸다.

❸ 얼음물에 식힌다

얼음물에 넣어서 급냉하면서 남아 있는 내장 등 오염물을 손가락으로 부드럽게 문질러서 제거한다. 미지근한 물에 반 정도만 익히면 두툼한 두께를 유지하면서 동글게 말아져서 검은색 부위가 잘 벗겨지지 않는다.

물기를 닦으면 준비가 끝난다. 왼쪽이 절반만 익힌 새조개다. 오른쪽은 뜨거운 물에 속까지 확실히 익힌 것이다(회색 상자 참조).

뜨거운 물에 익히는 방법
새조개는 보통 뜨거운 물에 완전히 익히는 경우가 많다. 식초를 넣은 85℃ 물에 10초 정도 끓인 후 건져서 냉수로 식힌다. 뜨거운 물에 익히면 살이 둥글어지지 않고 평평해진다.

굴 데치기

유데가키(ゆで牡蠣)

오오타 다쓰히토(太田 龍人) | 스시도코로 기라쿠(鮨処 喜楽)

굴은 스시 역사로 보았을 때 새로 추가된 재료인데, 최근 스시로 쥐는 일도 드물지 않다.
술 조림, 간장 조림, 단초 절임 등 준비하는 방법도 장인마다 특징이 있다.
스시도코로 기라쿠는 소금물에 데쳐서 김으로 싸는 독특한 스타일로 손님들에게 선보이고 있다.

맛을 내는 포인트는 끓는 물에서 30초 이내로 살짝 데치기

에도 마에 스시집에서 굴을 다루게 된 시기는 7,80년대가 아닐까 생각한다. 시대가 변하면서 술안주도 풍부해졌고 다양한 재료를 사용하기 시작하면서 굴도 다루기 시작했으리라.

스시도코로 기라쿠도 오오타 장인이 대를 이은 후에 굴을 다루기 시작했다. 굴은 일본인이 좋아하고, 게다가 맛있게 먹는 다양한 방법이 존재하는 재료이지 않은가. 술안주로 낼 때는 니키리 간장을 발라서 겉면을 살짝 굽는다. 스시로 낼 때는 소금물에 살짝 데친다. 생굴도 맛있으나 스시로 쥐기에 수분이 너무 많고 미끄덩한 감촉이 스시밥을 끈적하게 만들어서 적합하지 않다. 맛의 면에서도 익혀서 살을 응축시켜야 스시밥과 균형이 잡힌다고 생각한다.

주로 참굴을 사용한다. 여름이 제철인 바위굴(岩牡蠣)도 맛으로 정평이 나 있으나 상당히 크기가 커서 스시에는 어울리지 않는다. 풍부한 어획량으로 정평이 난 산리쿠 중에서도 평가가 높은 이와테현 히로타완산 3년생 특대 사이즈를 주로 들여온다. 껍네기 길이가 18cm 전후로 껍네기를 멋기면 볼록하니 두께가 있는 점이 특징이다. 2년생도 충분히 성장해 풍미가 좋은데, 스시로 만들어서 내놓았을 때 한 눈에 강한 인상을 주려고 3년생을 고르고 있다.

소금물을 펄펄 끓여서 30초 조금 모자라게 데친다. 굴을 넣고 다시 끓어오를 때까지 두면 중심까지 익어서 단단해진다. 완전히 익히기보다 중심은 약간 덜 익히는 편이 감칠맛과 녹아내리는 식감을 만끽할 수 있다.

통째로 만들기에는 약간 큰 편이라 둘로 나누어서 스시로 쥔 후에 큰 김으로 전체를 감싼 독특한 스타일로 만든다. 굴과 김은 요오드 향이 공통적으로 나고 맛이나 식감 면에서도 상성이 좋아서, 김과 함께 있을 때 굴이 더 살아난다. 스다치 과즙을 뿌려서 김이 확실하게 부드러워졌을 때 먹으면 맛있다.

이와테현과 미야기현의 경계에 위치한 히로타완산 참굴이다. 오오타 장인은 이 지역 참굴이 품질이 좋기도 하지만, 동일본 대지진 피해지역이라서 부흥을 지원하려는 마음도 있어 여기서 들여온다고 한다. 현지에서 알게 된 생산자에게 직접 납품받는다. 3년생 최대 사이즈 굴을 껍데기째 들여온다.

❶ 굴을 소금물에 데친다

굴은 껍데기를 벗기고 물로 씻어서 오염물을 제거한 후 소금물에 데친다. 소금물은 해수와 똑같은 농도로 맞추고 끓이다가 굴을 넣고 30초 이내로 데친다. 표면이 가볍게 수축되고 중심이 따뜻해지는 정도까지 익힌다(왼쪽). 잔열로 더 익지 않도록 냉수에 담그고(가운데), 열이 빠지면 소쿠리에 올려서 물기를 뺀다(오른쪽). 히로타완산 굴은 이 단계에서도 볼록하고 폭신한 감촉을 유지한다. 그대로 냉장고에 보관한다.

❷ 나누어 썬다

주문이 들어오면 준비해둔 굴을 꺼내 2등분해 스시를 쥔다. 특대형이라 수평으로 2등분해 반으로 스시 하나를 쥔다.

❸ 쥔 후에 김으로 만다

고추냉이를 넣고 스시로 쥔 후에 커다란 김으로 전체를 덮어 한 번 감는다. 김 위에 스다치 과즙을 짜고 소금을 올려서 먹기 쉽게 두 개로 나누어 낸다.

굴 조리기

다키가키(炊き牡蠣)

오카지마 산시치(岡島 三七) | 조로쿠즈시 미나미(蔵六鮨 三七味)

이번에는 간장과 설탕으로 간을 한 조림장에 굴을 조리는 방법을 소개한다.
굴을 스시 재료로 도입한 것은 현대에 들어서지만,
품질이 좋은 굴을 양식하게 된 것이 스시 재료로 정착하게 된 이유 중 하나라고 할 수 있다.

백간장과 맛술로 색이 아름답게, 부드럽게 조린다

조로쿠즈시 미나미에서는 스시용 굴은 가다랑어포 육수에 살짝 익혀 담담한 맛이 들게 해 준비한다. 간장의 감칠맛과 더불어 설탕과 맛술의 단맛을 은은하게 배게 해 굴의 폭신폭신한 식감을 살린다. 화과자를 먹을 때 고급스러운 단맛에 금방 기분이 좋아지듯 굴에 은은한 단맛이 감돌아 굴이 더욱 맛있어진다.

다만 조린다고 해도 익히는 시간은 아주 짧다. 껍데기째 혹은 굴만 꺼내서 한 번 데치는 정도이기 때문에 조림장에 조리는 시간은 길어도 1분가량이다. 그 후 식히면서 조림장 맛이 배도록 하룻밤 담가둔다. 두께가 있으면서 부드러운 식감을 살리려면 지나치게 조려서 단단해지지 않도록 세심한 주의를 기울여야 한다.

독특한 유백색도 굴의 아름다움을 표현하는 중요한 포인트다. 갈색으로 물들지 않도록 담백한 노란색이 특징인 백간장을 사용한다. 아이치현 특산품으로 생산량이 상당히 적은 특수 간장인데, 굴 외에도 이리 등 재료 본연의 흰색을 살리고 싶을 때 활용하고 있다.

다음으로 굴 껍데기를 벗기는 방법인데 냄비에 물과 술을 섞어 껍데기째 데치다가 껍데기가 달칵하고 열리는 순간에 곧바로 건져 굴을 꺼낸다.

굴 껍데기는 산지에 따라 잘 열리지 않기도 해서 도구로 분리하다 보면 도구나 껍데기 파편 때문에 굴에 상처가 날 수도 있다. 상처 없이 아름다운 형태 그대로 껍데기를 벗기려고 껍데기째 데치는 방법을 쓰고 있는 것이다. 동시에 가볍게 열을 가해 한 번 데치는 공정도 겸하고 있다. 백합도 같은 방법으로 껍데기를 연다.

참굴은 다양한 산지에서 껍데기째 들여온다. 사진은 효고현 아코시산인데 자주 사용하는 것은 나가사키현 이사하야산이다. 특대는 아니지만 굴이 두툼하고 하얗고 바다 내음이 적은 점이 좋다고 한다.

❶ 데쳐서 굴 껍데기를 연다

껍데기째 데쳐서 여는 방법을 기본으로 하고 있다. 물과 술을 9:1 비율로 맞추어 냄비에 담는다. 찬물일 때 굴을 껍데기째 넣어서 불을 켜고 끓인다. 어느 정도 시간이 지난 후 껍데기가 열리면 곧바로 건진다.

❷ 굴을 냉수로 식힌다

껍데기에서 굴을 꺼내고 곧바로 냉수에 헹구어 더 익지 않도록 한다. 생짜로 껍데기를 열어 굴을 꺼냈을 때도 물에 술을 넣고 끓여 굴을 5분 정도 데치고 냉수에 식힌다.

❸ 백간장으로 조림장을 만든다

가다랑어포 육수에 백간장, 싸라기설탕, 맛술을 넣고 끓여서 조림장을 만든다. 냉수에서 차갑게 식힌 굴은 물기를 잘 털어서 조림장에 넣고 종이 뚜껑을 덮은 다음 약한 불에서 약 1분간 끓이고 불을 끈다.

❹ 조림장으로 맛을 들인다

그대로 식힌다. 이 상태로 사용할 수도 있는데 보통 1~2일 밤 냉장고에서 재워서 맛을 충분히 들이고 수평으로 둘로 나누어 스시를 쥔다.

기타 준비

붕장어 조리기 ①

니아나고(煮穴子)

후쿠모토 토시오(福元 敏雄) | 스시 후쿠모토(鮨 福元)

붕장어는 간장, 설탕을 섞은 조림장에 조려서 니쓰메 간장을 바르는 것이 가장 보편적인 방법이다. 예전에는 진한 맛이 당연했는데 최근에는 조림장도 점점 담백해지고 니쓰메 간장 대신 소금을 살짝 곁들이는 방법도 널리 퍼지고 있다. 후쿠모토 장인도 붕장어를 니쓰메 간장과 소금 두 종류로 선보이고 있다.

준비할 때마다 조림장을 새로 만들어 붕장어의 향을 살린다

에도 마에 스시에서 붕장어는 간장으로 조리는 것이 기본이다. 볼록하게 조린 살이 혀 위에서 스르륵 녹아드는 부드러움이 좋고 독특한 맛과 향도 매력적이다.

예전에는 조림장에 간장과 설탕을 듬뿍 사용해 달콤 짭조름하고 색도 진한 편이었는데, 최근에는 특히 붕장어의 본래 향을 살리기 위해 조미료의 양을 줄이는 스시집이 많아졌다. 스시 후쿠모토도 한 번 사용한 조미료에 간을 조절하면서 계속 사용하지 않고 준비할 때마다 매번 새로 만들어서 붕장어의 섬세한 향과 맛을 즐길 수 있도록 하고 있다.

붕장어를 담백하게 즐기는 방법으로는 조린 후 소금에 먹는 방법도 있다. 전통적으로 붕장어는 조린 후 달콤한 니쓰메 간장을 바르는데, 스시 후쿠모토는 몇 년 전부터 니쓰메 간장을 바른 것과 조린 후에 소금만 뿌린 것, 둘 다를 손님에게 내고 있다. 재료의 풍미를 직접 느낄 수 있도록 소금을 이용하는 것도 최근 스시집의 경향 중 하나일 것이다. 니쓰메 간장도 충분히 맛있지만 소금으로 먹으면 산뜻한 느낌이 있고 붕장어의 풍미도 담뿍 즐길 수 있어 특별하다.

조린 붕장어를 소금으로 맛있게 먹을 수 있도록 조림장뿐만 아니라 준비할 때도 신경을 쓰고 있다. 다름 아니라 껍질의 점액질을 확실하게 제거하려고 노력하는 것이다. 니쓰메 간장을 바르면 간장의 향이 냄새를 커버해주는데 소금만 뿌릴 때는 점액질이 아주 조금만 남아 있어도 비린내가 나기 쉽다. 니쓰메 간장을 바를 때 다섯 번 훑는다면, 소금을 뿌릴 때는 여덟 번 훑는다.

점액질을 없애는 방법도 다양하게 시험해보았는데, 현재는 손질하기 전에 소금을 발라서 머리부터 꼬리까지 손으로 훑으며 쓸어내리는 방법으로 자리를 잡았다. 살에 상처를 남기지 않으면서 점액질은 확실히 제거할 수 있다. 또 가능한 이케지메한 직후 아직 사후 경직이 진행되지 않아 살에 부드러운 탄력이 있을 때 조린다. 이 또한 부드럽게 조리는 포인트다.

제철은 여름이지만, 활어나 이케지메한 붕장어가 일 년 내내 출하된다. 도쿄 중심 관동지역에서는 등을 갈라 펼치고, 오사카와 교토를 중심으로 한 관서지역에서는 배를 갈라 펼치는 일이 많다.

❶ 붕장어를 소금으로 주물러서 점액질을 제거한다

이케지메한 붕장어에 소금을 뿌리고 머리에서 꼬리로 훑으며 쓸어내려 점액질을 제거한다. 네 번 정도 훑어 내린 후 소금을 뿌리고 다시 네 번 훑어 내리고 물로 씻는다.

❷ 펼친다

송곳으로 고정하고 등을 갈라 펼쳐서, 내장, 등뼈, 지느러미, 머리를 잘라내, 살만 정리한다. 나가사키현 마쓰우라산 붕장어는 육질이 두껍고 맛이 좋아서 최근에는 여기에서 붕장어를 들여온다.

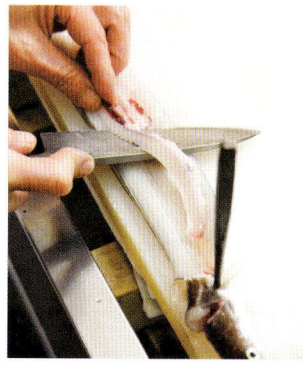

❸ 물로 씻는다

펼친 붕장어를 살에 상처가 안 날 정도로 주물러서 물로 씻는다. 껍질에 남아 있는 점액질과 살에 붙어 있는 오염물과 잔가시 등을 깨끗하게 제거한다.

❹ 조림장에 조린다

조림장은 니키리 간장 800cc, 물 1.5l, 간장 150cc, 설탕 35g을 섞어 만든다. 조림장이 펄펄 끓을 때 붕장어를 넣고 거품을 꼼꼼하게 제거하면서 약한 중불에서 20분간 뚜껑을 덮고 조용히 조린다.

조린 후에는 살이 망가지지 않도록 조심스럽게 건져서 소쿠리에 담는다. 한 마리로 스시 네 개를 쥐는데 아주 가볍게 겉면만 굽는다. 조림장은 다섯 번 정도 모았다가 머리와 뼈를 넣고 푹 고아서 붕장어의 니쓰메 간장에 쓴다.

붕장어 조리기 ②

니아나고(煮穴子)

스가야 쇼고(周嘉谷 正吾) | 쓰구 스시마사(継ぐ 鮨政)

붕장어를 조리는 방법에는 살에 함유된 지방을 살리는 방법, 조림장의 배합, 부드러움을 유지하는 방법 등 각 공정마다 장인들의 연구가 응축되어 있다. 스가야 장인이 붕장어를 준비할 때 가장 중점을 둔 부분은 사라지기 쉬운 지방을 얼마나 남기는가라고 한다.

단맛을 제어하고 소금 베이스 조림장에 짧게 조린다

붕장어에 관한 시각이 달라진 계기는 도제로 있던 1년간 붕장어에서 떨어져 천연 장어만 다룰 때였다. 살에 탄력이 강하고 지방이 많은 장어에 비해 붕장어는 부드럽고 지방이 적다. 양자의 차이를 깊이 알았고, 붕장어의 섬세함을 조심히 다루는 것이 가장 중요하다는 것을 깨달았다.

첫 번째로 붕장어는 원래 지방이 적으므로 지방이 오른 것을 들여와야 한다. 두 번째로 적은 지방을 흘려보내지 않으려면 굽는 시간을 아슬아슬할 정도로 짧게 조절해야 한다. 가열은 15분 정도, 잔열로 5분이 표준이다.

익히는 데 시간을 들이지 않는 이유는 그 밖에도 있다. 지방이 적은 재료는 조림장이 잘 배어 지나치게 조리면 붕장어의 풍미보다 조림장의 맛이 강해진다. 또 살이 부서지기 쉬워 잘 보존하려는 목적도 있다. 사라질 듯 적은 지방과 감칠맛이 결코 빠져나가지 않도록 최대한 남기는 것이 가장 중요하다.

그 밖에도 몇 가지 포인트가 있다. 예를 들어, 점액질을 제거하는 방법이다. 보통 손질하기 전에 비비거나 손질한 후에 물로 씻어내는데, 쓰구 스시마사에서는 손질 후에 데쳐 수세미로 문질러서 제거한다. 점액질을 뜨거운 물로 살짝 데치면 굳어서 눈에 잘 보이므로 깔끔하게 제거할 수 있고, 내장에 들어 있는 먹이 냄새도 함께 없앨 수 있다.

다른 하나는 조림장을 만들 때다. 내용물 자체는 일반적인데 배합에 특징이 있다. 설탕은 붕장어 살을 단단하게 할 수 있고, 스시를 쥔 후에 니쓰메 간장을 발라 단맛을 더하기 때문에 소량만 넣는다. 또 소금이 간장보다 붕장어의 맛을 끌어올리는 데 효과적이라고 보고 있어 소금을 많이 넣는다.

조리는 공정은 '풍미를 더하기'보다 붕장어의 '섬세한 맛을 끌어올리기'에 중점을 두고 있다.

붕장어는 한 마리 100~200g짜리를 사용한다. 너무 크거나 너무 작지 않고 지방이 잘 오른 것을 고른다. 시장에서 이케지메한 것을 들여와 곧바로 손질한다.

❶ 붕장어를 펼쳐서 뼈를 자른다

등을 갈라 내장, 등뼈, 머리, 지느러미, 지느러미 주변 단단한 껍질을 제거하고 물로 깨끗하게 씻어 펼친다(왼쪽). 붕장어의 잔가시는 가늘고 부드러운 편이지만, 조리면 약간 거슬리기 때문에 가볍게 잘라준다. 등뼈가 있던 근처에 칼끝으로 얕게 칼집을 넣는다(오른쪽).

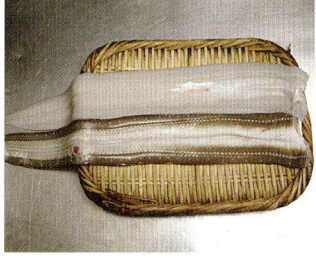 

❷ 데친다

70℃ 물에 붕장어를 약 5초 간 담갔다 꺼내서 얼음물에 식힌다. 껍질의 점액질이 하얗게 굳으면 수세미로 비벼서 제거한다. 점액질은 가열하면 단단해져서 제거하기 쉽다.

❸ 조림장에 조린다

조림장은 계속 더해서 쓰는 방식이다. 지난번에 사용했던 조림장을 데우고 술, 물, 싸라기설탕, 간장, 소금을 더해서 간을 맞춘다. 붕장어를 넣고 약 15분간 조린 후 불을 끄고 남은 열로 5분 정도 익힌다.

❹ 식힌다

붕장어는 살이 부드러워 부서지기 쉽기 때문에 조린 후에 곧바로 꺼내지 않는다. 조림장은 자작자작할 정도만 남기고 다른 냄비에 옮기고 냄비째 5분간 냉수에 담가 열기를 식히고 살을 안정시킨다.

살이 망가지지 않도록 조심스럽게 건져서 소쿠리에 올린다. 조림장은 일부를 덜어 절반까지 바싹 졸여서 니쓰메 간장을 만들고, 나머지는 다음에 사용할 수 있게 보관한다.

붕장어 조리기 ③

니아나고(煮穴子)

고바야시 도모키(小林 智樹)　|　고비키초 도모키(木挽町 とも樹)

세 번째는 조림장에 상당한 연구를 거듭한 고비키초 도모키의 방법을 소개한다.
붕장어를 손질하고 나온 뼈와 머리를 모아서 물에 넣고 고아서 육수를 만들어 조림장에 사용한다.
또 조리는 사이에도 반복해서 맛을 조절해 붕장어의 풍미가 살도록 섬세하게 신경을 쓰고 있다.

준비하면서 계속 조미료를 구별해 사용한다

고비키초 도모키의 특징 중 하나는 손질하고 나온 머리와 등뼈를 활용한다는 점이다. 물에 넣고 고아서 흰색 육수를 내 조림장에 사용하고, 뜨거운 물을 넣어 니쓰메 간장을 만들 때도 활용한다.

조림장은 반복해서 사용하는 방식이라서 조릴 때마다 붕장어의 풍미가 더해져서 깊은 맛이 나는데, 그렇다고 계속 같은 조림장을 사용할 수는 없다. 여러 차례 조리면 섬세한 풍미가 사라지고 색도 진해지기 때문이다. 여섯 번 전후로 조림장을 반 정도 덜어서 붕장어의 머리와 뼈를 넣고 우려낸 육수를 섞고 간을 해 새로 만든다. 보통 물을 섞는 곳이 많은데 고바야시 장인은 붕장어 육수로 고급스러운 감칠맛을 보충한다.

처음에 조리기 시작한 조림장의 맛을 갖추는 것이 중요하다. 조리는 과정에서 풍미가 계속 변하고 붕장어 품질도 때마다 다르기 때문에 조리는 사이에 몇 번씩 맛을 보고 이상적인 맛이 되도록 주의를 기울이고 있다.

구체적으로는 살이 부드러워질 때까지는 건드리지 않고, 8분이 경과했을 때 처음 맛을 보고 그 후 3분 간격으로 맛을 본다. 조림장이 아니라 꼬리 끝을 잘라서 먹어보며 맛과 향을 확인한다. 염분을 더하고 싶을 때는 색과 짠맛의 강도에 따라 담백한 맛 간장, 진한 맛 간장, 백간장, 소금 등을 적절하게 구분해 사용한다. 단맛이나 농도가 필요하면 중싸라기당, 단맛이라면 상백당을 쓰고 감칠맛도 원한다면 맛술을 넣는 등 그때마다 상황을 보며 판단하고 있다. 맛을 잘 느낄 수 있도록 한 번 맛을 보면 꼭 물을 마셔 입을 헹구고 살은 조금 식혀서 먹어보는 등 맛을 볼 때도 상당히 신경을 쓰고 있다.

약 20분 정도 조리면 녹을 정도로 부드러우면서 딱 좋은 달콤한 맛이 되는데, 디저트처럼 마무리로 먹으면 배 속이 진정되지 않을까 싶어 식사의 마지막에 내고 있다.

붕장어에 지방이 올라 맛있어지는 것은 초여름 무렵부터다. 시장에서 이케지메된 것을 들여온다. 고바야시 상인은 손질할 때 살이 움찔움찔 움직일 정도로 활력이 좋을 때 조린다.

❶ 점액질을 제거한다

붕장어에 충분히 소금을 발라서 5분간 둔다. 이렇게 하면 점액질이 분리되어 제거하기 쉽다. 그 후 손으로 훑어서 점액질을 제거하고 흐르는 물에 깨끗하게 씻는다.

❷ 펼친다

관동식으로 등을 갈라 펼친다. 내장, 등뼈, 머리, 지느러미를 제거하고 다시 흐르는 물에 복부의 얇은 막, 남아 있는 점액질을 씻는다. 잔가시를 정성을 들여 제거한다. 머리는 한 가운데를 열고 등뼈는 속의 피를 훑어버리고 육수용으로 냉동실에 보관한다.

❸ 머리와 등뼈로 육수를 낸다

머리와 등뼈는 냉동했다가 40마리 정도 모이면 육수를 낸다. 해동해서 오븐에서 살짝 갈색이 나도록 구운 후 끓는 물에 넣고 약한 불에서 1시간 반 졸인다(위쪽). 거품은 꼼꼼하게 제거하고 수분이 적으면 술과 물을 더한다. 탁한 흰색 육수가 완성되었다(아래쪽). 적당히 비닐봉지에 넣어서 냉동 보관한다.

❹ 조림장에 조린다

조림장은 물, 술, 진한 간장, 담백한 간장, 백간장, 소금, 싸라기설탕을 넣어 만들어서 계속 사용한다. 6회 전후로 사용하면 반 정도 분량은 니쓰메 간장 재료로 쓰고, 남은 반은 붕장어의 육수와 조미료를 더해서 다음번 조림장으로 쓴다. 조릴 때는 뜨거운 조림장에 붕장어를 넣고 중불에서 서서히 화력을 줄여서 조린다.

❺ 몇 분마다 맛을 본다

조리기 시작해서 8시간 정도 경과하면 처음으로 맛을 본다. 이후 2~4분마다 맛을 보고 필요에 따라 조미료를 추가해 간을 맞춘다(왼쪽). 맛을 볼 때는 조림장이 아니라 꼬리 끝을 뜯어서 먹어본다(오른쪽). 20~25분간 조리는 동안 대여섯 번 정도 맛을 본다.

완성되면 소쿠리에 담아 식힌다. 맛을 보지 않은 붕장어의 꼬리 끝을 잘라서 맛을 확인한다. 지방이 아주 적은 것은 김말이에 사용한다. 스시에 쓸 때는 만들기 전에 살을 겉만 살짝 굽는다.

붕장어 조리기 ④

니아나고(煮穴子)

마스다 레이(増田 励) | 스시 마스다(鮨 ます田)

스시 마스다는 붕장어를 조릴 때 표면의 점액질을 제거하지 않는다.
조릴 때도 붕장어를 지방이 오른 정도에 따라 나누어 시간차를 두고 조리고,
스시를 쥘 때도 지방을 띄우는 정도로 겉을 살짝 구워 구수한 향은 붙이지 않는 방식을 고수하고 있다.

조린 후에 모든 붕장어를 맛본다

붕장어는 소금으로 문지르거나 뜨거운 물을 끼얹고 칼로 문질러서 점액질을 제거하는 곳이 많을 거라 생각한다. 그러나 스시 마스다에서는 펼친 후 물로 씻는 것이 전부다. "점액질은 감칠맛이니 제거하지 마세요" 하고 붕장어 전문 도매업자에게 반복해서 듣다보니 제거하지 않고 준비하게 되었다.

보통 붕장어의 점액질이 비린내의 근원이라고 말하기도 하는데, 사실은 위장에 남아 있는 먹이 때문이라는 말도 있다. 따라서 잡은 후에 먹이를 완전히 토하게 한 후 이케지메해서 곧바로 손질해 조리는 것이 중요하다. 실제로 조언대로 점액질을 제거하지 않아도 맛있게 조릴 수 있었다. 다만 점액질의 유무와 관계없이 가끔 비린내가 나는 붕장어가 있어서 다 조린 후에 반드시 맛을 보고 있다.

조림장은 그때그때 준비한다. 계속 반복해서 사용할 때와 비교해 맛이 깔끔하고 붕장어의 풍미를 확실하게 맛볼 수 있다. 니쓰메 간장은 조림장으로 만드는데, 발랐을 때 스윽 퍼지는 정도로 농도를 옅게 해 붕장어의 맛을 끌어올리는 데 초점을 맞춘다. 붕장어 맛의 인상은 니쓰메 간장으로 크게 좌우되기 때문이다.

조릴 때 지방이 오른 정도에 따라 시간차를 두어 모든 붕장어의 상태가 최고가 되도록 신경을 쓴다. 지방이 적은 붕장어는 오래 조려서 더욱 부드럽게 만들고, 지방이 많아 원래 부드러운 붕장어는 짧게 조린다. 붕장어를 생짜로 만져보고 두께, 탄력, 색 등으로 판단해, 세 그룹으로 나누고 시간차를 두고 냄비에 넣는다.

스시를 쥐기 전에 오븐에서 가볍게 굽는데 구수한 향을 추가하기 위해서보다는, 입안에서 지방이 잘 녹아내리게 해 부드러움과 촉촉한 식감을 살리기 위해서다. 어디까지나 조리기가 메인이 되도록 오븐에서 구울 때는 갈색이 될 때까지 굽지 않고, 살에 있는 지방을 녹여 입안에서 사르르 퍼지도록 겉면만 살짝 굽는다.

도쿄완산 붕장어는 에도 마에 스시의 상징적 존재로 품질도 좋다. 시장에서 이케지메한 것을 들여와 곧바로 준비를 시작한다.

❶ 붕장어를 펼쳐서 씻는다

등을 갈라 펼쳐 내장, 등뼈, 지느러미 등을 제거하고 흐르는 물에 주무르며 씻는다. 이때 점액질을 제거하기 위해 특별한 작업은 하지 않는다. 껍질 쪽은 미끈미끈하지만 오염물은 없다(왼쪽). 지방이 오른 정도를 관찰해 세 그룹으로 나눈다(오른쪽).

❷ 시간차를 두고 조린다

조림장은 한 번만 사용한다. 물, 싸라기설탕, 간장, 맛술을 조합해 끓인 후 지방이 적은 그룹부터 2~3분 정도 시간차를 두고 넣는다. 나무 뚜껑을 덮고 제일 처음 넣은 붕장어를 기준으로 약 30분간 조려서 완성한다.

❸ 남은 열로 익힌다

다 조렸으면 불을 끄고 나무 뚜껑을 덮고 약 10분간 둔다. 남은 열로 조금 더 익히면서 맛도 배도록 한다.

❹ 조린 후에 맛을 본다

완성된 붕장어는 넓적한 쟁반에 담고 혹시 비린내가 나지 않는지 조금씩 전부 맛을 보고 확인한다. 몇 번에 한 번 정도 조림장을 니쓰메 간장으로 만든다. 조미료로 간을 맞추고 1주일간 바싹 졸여서 만든다.

갯장어 데친 회

하모노 오토시(鱧の落とし)

요시다 노리히코(吉田 紀彦) | 스시 요시다(鮨 よし田)

갯장어는 관서지역에서 여름을 장식하는 생선으로 다양한 조리법으로 친숙하다.
스시에서는 간장으로 향을 더해서 구워 만드는 보즈시가 일반적인데,
이번에는 요시다 장인에게 뜨거운 물에 살짝 데쳐서 '오토시'로 만드는 방법을 알아본다.

갯장어는 손질한 당일, 쥐기 직전에 뜨거운 물로

7월에 열리는 교토의 대표적인 여름 축제 기온마쓰리(祇園祭り)는 별명이 '갯장어 축제'인데, 바로 이 시기 전후가 갯장어가 가장 맛이 있어 이 별명이 붙었다. '갯장어는 장마 물을 마시고 맛있어진다'라는 말도 있는데 실제로 알을 품기 전에 영양을 충분히 축적하는 시기다. 가을에는 지방이 한층 많아진다. 제철이 길어서 스시 요시다에서는 5월에서 10월까지 반 년간 손님들에게 선보이고 있다.

갯장어는 잔가시가 무수히 많아서 껍질만 남기고 섬세하게 써는 '뼈썰기 기술'이 반드시 필요하다. 특히 갯장어 '오토시'는 뼈를 써는 기술과 더불어, 갯장어의 신선함과 준비 과정의 절차가 중요하다.

오토시(落とし)는 작게 썬 후 순간적으로 뜨거운 물에 데치는 회의 한 종류다. 생짜로 사용할 때와 똑같은 갯장어의 향과 맛을 바로 느낄 수 있고, 신선도가 몹시 중요하다. 기본적으로 손질한 당일 사용해야 한다.

덧붙이면 뜨거운 물에 데치는 공정은 만들기 직전에 하는 것이 철칙이다. 오토시로 만든 후 냉장 보관하는 곳도 있다고 하는데, 이렇게 하면 살이 차가워져서 단단하게 응축되고 또 퍽퍽해진다. 회로든 스시로든 오토시는 갓 만들어서 내는 것이 절대조건이다. 바로 진행하면 살 중심부에 따뜻함이 남아서 부드러운 식감과 감칠맛이 살아 있는 최상의 오토시가 된다.

따라서 사전 준비는 가시를 자르기 직전까지만 하고 영업시간까지 종이를 몇 번 바꾸어 여분의 수분을 빼면서 보관한다. 품질이 좋은 갯장어는 제대로 보관하면 가시를 썰 때 몸에 탄력이 남아 있다.

갯장어 오토시는 절인 매실 과육을 곁들여서 낸다. 특히 스시 요시다는 볶은 가다랑어포 가루, 간장, 니키리 술 등으로 산미를 조절해 감칠맛을 살린 절인 매실 과육을 곁들여 갯장어의 담백한 맛을 한층 끌어올린다.

살이 두껍고 지방이 올라 뼈와 껍질이 부드럽고 품질이 좋은 갯장어를 사용한다. 사진은 품질이 좋기로 유명한 한국산으로 시장에 입하되면 반드시 들여온다. 항공편으로 배송되어 시장에서 이케지메해 보내준다.

❶ 갯장어를 펼친다

갯장어가 도착하면 곧바로 배를 갈라 펼쳐서 손질한다. 머리를 제거하고 펼쳐서 등뼈, 지느러미를 제거한다. 품질이 좋은 갯장어는 몸이 분홍색을 띤 흰색으로 윤기가 돌고 아름답다.

❷ 반나절 재워둔다

흡수성이 높은 종이로 수분을 닦고 키친페이퍼로 감싸서 영업을 시작할 때까지 약 반나절 동안 2℃ 고습도 냉장고에서 보관한다. 습기를 잘 닦는 것이 포인트로 키친페이퍼는 3시간마다 교환한다.

❸ 가시에 칼집을 넣는다

사용하기 직전에 가시를 잘라준다. 갯장어 칼로 약 2mm 폭으로 칼집을 넣어서 잔가시를 자르고 2cm 전후 폭으로 자른다. 칼집은 껍질 바로 위까지 깊이 넣는다.

❹ 끓는 물에 담갔다 얼음물에 식힌다

갯장어의 껍질이 아래로 오도록 망국자에 올리고 펄펄 끓는 물에 담근다(왼쪽). 약 15초간 익혀서 칼집을 넣은 부분이 펼쳐져 꽃처럼 변하면 건져서 얼음물에 넣는다(오른쪽). 15초간 정도 두고 식혀서 건진다. 껍질이 약간 단단할 때는 처음에 껍질 쪽만 끓는 물에 5초 정도 담근 후에 전체를 담그면 된다.

❺ 물기를 빼고 스시로

얼음물에서 건진 갯장어는 손바닥으로 가볍게 눌러서 칼집 사이의 물기를 뺀다. 다음으로 종이로 감싸 전체의 물기를 닦고 곧바로 쥔다. 절인 매실 과육을 약간 담아서 함께 낸다.

뱅어 술 조림

시라우오노 사케니(白魚の酒煮)

사토 다쿠야(佐藤 卓也) │ 니시아자부 다쿠(西麻布 拓)

뱅어는 일본요리에서 회, 튀김, 달걀덮밥, 국물요리 등 다양한 용도로 사용된다.
스시집에서는 봄을 알리는 재료로 인기가 있고, 보통 작은 것을 생짜로 쥐는 곳이 많다.
사토 장인은 비교적 큰 뱅어를 담백하게 술에 조려서 니기리즈시 재료로 쓴다.

1분 조금 넘게 익혀서 조림장에 하룻밤 담근다

뱅어는 봄에 태어나서 1년간 성장한 후 이듬해 봄에 산란하고 일생을 마친다고 한다. 따라서 성장하고 영양을 충분히 축적해 알을 낳기 직전에 잡아 그 한정된 맛을 즐기는 것이다. 니시아자부 다쿠는 2월에서 4월에는 매해 빼놓지 않고 뱅어를 선보인다.

뱅어를 고를 때 중요한 포인트는 산지다. 작은 생선은 보통 호안이나 하천의 기수역에서 잡히는데 가까운 토지의 냄새가 붙기 쉽다. 따라서 이러한 냄새의 영향이 없는 것을 고르는 것이 중요하다. 사토 장인은 시마네현 신지코에서 뱅어를 들여올 때가 많다.

한편 생짜로 쥘 것인지 조려서 쥘 것인지는 개인 취향에 따라 갈리는 부분이다. 생짜로 먹으면 뼈를 씹는 식감이나 쓴맛 때문에 소형 뱅어를 고르는데 그래도 약간 단단하고 쓴맛은 남는다. 반면 조리면 확실히 부드러워져 대형으로 맛이 좋은 뱅어도 쓸 수 있다. 그래서 사토 장인은 조리기만 한다. 또 큰 뱅어는 그만큼 알을 뱄을 가능성도 있어 훨씬 풍미가 좋다.

뱅어는 흰색이 생명으로 색을 물들이지 않고 하얗게 조리는 것이 포인트다. 니시아자부 다쿠는 술, 맛술, 설탕, 소금을 기본으로 담백한 맛 간장은 아주 조금만 추가해서 조림장을 만든다. 맛술과 설탕의 단맛은 뱅어의 쓴맛을 중화시킨다. 또 비린내를 없애고 뱅어의 풍미를 끌어올리려고 간장을 사용하는데, 대신 색이 옅은 담백한 맛 간장을 아주 조금 추가한다.

뱅어를 넣고 약 1분 정도 아주 짧게 끓인 후에 남은 열로 익지 않도록 조림장과 분리해서 따로따로 식힌다. 그때 조림장에 물로 소금기를 씻은 소금에 절인 벚꽃 잎을 넣어 '봄의 향'을 추가한다. 이 조림장에 뱅어를 담그면 맛과 함께 벚꽃의 향이 희미하게 배서 봄의 이미지가 한층 더해진다.

뱅어는 봄을 알리는 식재료로 사랑받는다. 봄 산란기에 호수, 늪이나 하천의 기수역에 모인 성어를 잡아 올린다. 사진은 길이 7~8cm로 암컷은 알을 품고 있다.

❶ 뱅어를 가지런히 정리한다

뱅어를 소금물로 씻어서 냄비에 넣을 소쿠리에 한 마리씩 가지런히 펼친다. 마구 담아서 익히면 몸이 구부러지기 때문에 똑바로 펼쳐서 보기 좋게 조린다.

❷ 조림장으로 조린다

술, 맛술, 설탕, 소금, 담백한 간장, 물을 넣어 끓인 조림장에 뱅어가 움직이지 않도록 종이를 덮은 소쿠리를 넣고 1분 조금 넘게 조린다(왼쪽). 건져서 종이를 덮은 채 식힌다. 오른쪽 사진이 식힌 상태다. 조림장에 소금에 절인 벚꽃 잎을 물에 씻어서 넣고 식힌다.

❸ 조림장에 담근다

조림장에서 벚꽃 잎을 꺼내고 뱅어를 담근다. 냉장고에 하룻밤 재워서 맛을 들인다. 물기를 털고 스시로 쥔다.

연어 알 간장 육수 절임

이쿠라노 다시쇼유즈케(イクラのだし醤油漬け)

이와 히사요시(岩 央泰) | 긴자 이와(銀座 いわ)

우리가 접하는 연어 알은 연어의 곤이에서 알을 한 알 한 알 풀어서 조미료에 담가 맛을 들인 것이다.
대부분이 간장 베이스로 간장에만 담그는 방법 외에도 술, 맛술, 다시, 소금 등을 가감하는 방법도 있다.
연어 알하면 김으로 만 군함말이가 대표적이지만, 일반적으로 술안주로도 폭넓게 사용할 수 있다.

연어 알을 가다랑어포 육수 절임장째 먹는다

연어 알은 얇은 막으로 감싸인 곤이에서 알을 따로따로 흩어서 오염물을 깨끗하게 제거하고 절임장에 담가 맛을 들이는 공정이 전부다.

긴자 이와는 처음에 뜨거운 물을 사용해 알을 흩는데 이때 지나치게 익지 않도록 주의하는 것이 가장 중요하다. 처음부터 끝까지 찬물이나 미지근한 물에서 풀고 씻는 방법도 있는데, 처음에 펄펄 끓을 정도로 뜨거운 물을 부어서 한 번에 긴 젓가락으로 휘저으면 곤이를 감싸고 있던 얇은 막이 재빨리 벗겨져 낱알로 흩는 데 효과적이다.

다만 천천히 시간이 지나면 익을 수 있으므로 잽싸게 휘젓는 것이 철칙이다. 이 점만 지키면 알이 지나치게 익거나 단단하게 굳지 않는다.

낱알로 흩은 후에 물을 부어서 휘저어 오염물을 씻어 버리는 작업을 반복한다. 이 단계에서 주의할 점은 계절에 맞추어 물 온도를 조절하는 것이다. 연어의 곤이가 나오기 시작하는 여름에는 숙성이 끝나지 않아서 알을 감싼 막이 부드럽고, 가을부터 겨울까지 시간이 지나면서 점점 숙성해 단단해진다.

여름에는 수돗물 온도가 높아서 처음 물로 씻을 때 수온을 내리지 않으면 알을 감싸고 있는 얇은 막에 열기가 들어가거나 부서지기 쉬워진다. 여름에는 처음에 얼음을 넣어서 차가운 물로 씻는 것이 요령이다. 반대로 막이 단단해지는 겨울에는 열탕을 두 번 끼얹을 때도 있다.

핵심은 절임장의 맛이다. 긴자 이와는 육수 절임장이라고 부르는데, 이름처럼 가다랑어포 육수를 많이 넣어서 절임장도 함께 마실 수 있도록 간을 한다. 너무 짜지 않고 맛이 부드러운데다 침투압 효과가 있어 입안에서 탁탁 터지는 식감이 나오기 쉽다고 한다. 또 절임장에 술과 유자 껍질도 넣어서 풍미를 올리고 있다.

연어 알이 담겨 있는 연어 곤이다. 늦여름부터 연말까지가 제철로 처음 나오기 시작했을 때는 알 껍질이 부드럽고 맛이 연한데, 점차 단단해지면서 농후해진다. 일본산, 알래스카산 등이 있다.

❶ 연어 곤이에 뜨거운 물을 끼얹어 풀어준다

곤이를 감싸고 있는 얇은 막을 벗긴 다음 알을 풀기 위해서 뜨거운 물을 붓고 젓가락으로 재빠르게 휘젓는다. 알이 익지 않도록 재빨리 한다. 풀었으면 뜨거운 물을 바로 버린다.

❷ 물로 반복해서 씻는다

물을 충분히 부어서 손바닥으로 휘젓고 좌우로 흔들면서 알을 확실하게 풀고(위쪽) 오염물을 띄워서 버린다(아래쪽). 알을 연결하는 점막, 혈관, 부서진 알 등이 잔뜩 나오므로 깨끗해질 때까지 물로 씻는다.

❸ 소금으로 색을 낸다

물로 씻은 후 소금을 한 줌 넣어서 휘저으면, 담수에 씻으면서 일부 희고 탁하게 변했던 알이 투명한 오렌지색으로 돌아온다. 소쿠리에 밭쳐서 물기를 확실하게 뺀다.

❹ 절임장에 담근다

가다랑어포 육수, 간장, 술, 유자 껍질을 섞어서 끓인 후 식힌 절임장에 연어 알을 반나절 넘게 담가서 맛을 들인다. 맛과 식감이 최고 상태를 유지하는 2~3일 이내에 전부 사용한다.

연어 알 소금 절임

이쿠라노 시오즈케(イクラの塩漬け)

사토 히로유키(佐藤 博之) | 핫코쿠(はっこく)

연어 알은 준비할 때 얇은 막을 제거하는 방법이나 간을 하는 방법에 스시집마다 특징이 있다.
이번에는 뜨거운 물을 사용하지 않고 수작업으로 알을 풀어서 상온의 소금물에 씻은 후,
소금을 기본으로 간을 해서 마무리하는 핫코쿠의 방법을 소개한다.

적초 스시밥과의 궁합을 생각한 소금맛 연어 알

연어 알은 곤이에서 낱알로 풀은 후 냉동해 1년 내내 사용하는 곳도 많아서 제철을 알기 어려워지고 있다. 사실 최고 시즌은 연어가 알을 품는 9월에서 10월 사이다. 핫코쿠는 '제철의 맛'을 중요하게 생각해 계절 한정으로 두 달 동안만 손님에게 연어 알 요리를 내놓는다.

연어 알을 준비하는 방법은 여러 차례 우여곡절을 겪은 끝에, 지금은 손가락으로 훑어서 한 알씩 알을 흩어서 소금물에 씻은 후 소쿠리에서 물을 빼고 오염물을 제거하는 방법으로 자리 잡았다. 뜨거운 물에 담그면 곤이 막을 빨리 제거하고 알을 풀 수 있지만 핫코쿠는 미세한 열기라도 스트레스를 주고 싶지 않아서 시간이 걸리더라도 직접 손으로 훑는 방법을 쓰고 있다. 훑은 후에 상온의 소금물(농도 3%)에서 씻는다.

이때 소금물를 사용하는 이유는 알의 탄탄한 감촉을 유지하기 위해서인데, 증류수로 씻으면 수분이 침투하는지 감촉이 변해 흐느적거리는 점이 신경 쓰였다. 어느 쪽을 택해도 장시간 노출되면 껍실이 난난해시므로 재빨리 물로 씻는 것이 중요하다. 10초가량 행구는 공정을 세 번 정도 반복하고 끝낸다.

한편 간은 간장에 절이는 방법이 일반적인데, 긴자 이와는 소금을 기본으로 절인 후 니키리 간장을 한 번 훑린다. 가장 큰 이유는 임팩트가 강한 적초로 스시밥을 만드는 터라 진한 간장 맛이 배지 않게 하기 위해서다. 다른 재료도 니키리 간장을 바르지 않거나 양을 제한하고 있다.

소금도 연어 알의 풍미를 이끌어낼 정도로만 사용하고, 매일 맛을 보고 더하는 양을 정한다. 연어 알은 4~5일 안에 전부 사용한다. 간장에 절이면 액체에 완전히 담그기 때문에 껍질이 볼록볼록 팽팽한 식감이 매력적이다. 소금에 절이면 시간이 지나면서 혀에서 쉽게 녹아내릴 정도로 부드럽고, 입에 착 감기는 끈끈한 감칠맛이 퍼지는 독특한 매력이 있다.

연어 알의 최고 시즌은 가을이다. 연어 곤이를 알 단위로 풀어서 소금 등으로 맛을 들인다. 사토 장인은 시장에서 한 알씩 맛을 보고 비교해, 곤이 막이 부드럽고 지방이 오른 것을 고른다.

❶ 연어 곤이를 푼다

표면의 알을 움켜쥐듯이 해서 빼고 다음으로 손가락 사이에 곤이 막을 끼고 훑듯이 해서 알을 털어낸다(왼쪽). 안 떨어지는 작은 알도 꼼꼼히 뗀다(오른쪽).

❷ 소금물에 씻는다

농도 3% 소금물에 넣고 손가락 끝으로 재빠르게 휘저어 씻는다(왼쪽). 소쿠리에 밭치고 가볍게 좌우로 흔들어서 오염물을 제거한다(오른쪽). 이 과정을 총 세 번 진행한다. 증류수에 씻으면 알이 희고 탁해지는데 소금물에 씻으면 오렌지색을 유지할 수 있다.

 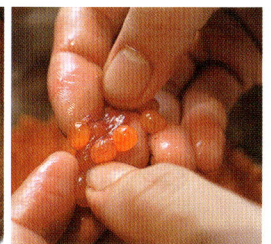  

❸ 물기를 턴다

대나무 소쿠리에 키친페이퍼를 깔고 연어 알을 펼친 후 키친페이퍼로 눌러서 표면의 물기를 제거한다. 이때도 오염물이 보이면 제거한다.

❹ 소금과 니키리 간장으로 간을 한다

그릇에 연어 알을 담고 소금을 뿌려서 섞는다. 니키리 간장은 풍미를 더하는 정도로 한 바퀴 돌려 붓고 섞는다. 랩 등을 덮어서 냉장고에서 맛을 들인다.

사진 오른쪽이 만든 당일이고 왼쪽이 3일 지난 상태다. 매일 맛을 보고 맛이 부족하다 싶으면 소금을 더해서 맛을 관리한다. 당일부터 먹을 수 있는데 3일째가 제일 맛있다.

박고지 조리기 ①

간표오 니루(干瓢を煮る)

가미시로 미키오(神代 三喜男) | 가마쿠라 이즈미(鎌倉 以ず美)

박고지는 김말이 외에도 술안주로도 인기가 많다.
박고지에는 표백 제품과 무표백 제품이 있는데,
이번에는 표백한 박고지를 씹는 맛이 좋게 조리는 가미시로 장인의 요령을 살펴본다.

탈수기로 수분을 털고 진한 조림장에 버무린다

박고지는 표백한 타입이 주로 유통된다. 색을 유지하고 곰팡이가 생기지 않도록 해서 이산화유황으로 훈제해 보존성을 높인다. 또 이산화유황은 수용성으로 하룻밤 물에 담그고 소금으로 문질러서 잘 씻으면 빠지기 때문에 냄새나 맛에도 문제가 없어 박고지를 맛있게 조릴 수 있다.

박고지를 조리는 포인트는 두 가지다. 첫 번째는 크기를 고르게 정리해야 한다. 부분적으로 폭이나 두께가 다른 것이 많은데 그대로 조리면 맛과 식감에 불균형이 생긴다. 또 정리했다고 해도 폭이 지나치게 넓으면 맛이 잘 스며들지 않고 씹는 맛이 좋지 않다.

박고지가 부드러워지도록 한 번 삶은 후 하나씩 폭을 약 1cm 정도로 가지런하게 두꺼운 부분이 없도록 잘라서 정리한다. 박고지만 넣고 가늘게 마는 호소마키(細卷き)는 특히 균등하게 맛을 들이는 것과 씹는 맛을 살리는 것이 중요하다.

두 번째는 조리기 전에 박고지의 물기를 날려야 한다. 가마쿠라 이즈미에서는 삶고 잘라서 정리한 박고지를 탈수기에 넣어 5분간 돌려서 표면의 물기를 완전히 제거한다. 조림장도 물이나 육수를 넣지 않고 간장, 싸라기설탕, 맛술만 넣어 만들어 양이 적다. 거의 박고지를 조림장에 비비는 느낌이다.

미리 물기를 확실히 제거하면 조림장의 맛이 쉽게 배어들어 짧은 시간 안에 조릴 수 있다. 그래서 많이 익어 지나치게 부드러워지지 않는다. 준비 단계에서 충분히 부드럽게 만들었기 때문에 이때는 오독오독 씹는 맛이 유지되고 혀에 닿았을 때 척 달라붙거나 끈적거리지 않아 산뜻하다. 박고지는 보관 기간이 길어서 한 번에 모아서 조리할 수 있어 편하다.

사진은 대나무 김발로 만 김말이인데, 손으로 마는 것이 기본으로 바삭바삭한 김의 식감을 즐길 수 있다.

박고지는 표백 제품과 무표백 제품이 있는데 사진은 표백 제품이다. 벌레와 곰팡이를 방지하려고 이산화유황으로 훈제한다. 김말이용 김 길이에 맞추어 20cm 조금 넘게 잘라서 준비한다.

❶ 박고지를 소금으로 주무른다

수용성 이산화유황이 빠지도록 물에 하룻밤 담근 후 다음날 물을 버리고 소금으로 문지른다. 소금을 충분히 뿌리고 이산화유황 냄새가 사라질 때까지 힘을 강하게 주어 주무르며 흐르는 물에 씻어낸다.

❷ 삶는다

박고지가 충분히 잠기도록 물을 넣고 종이뚜껑을 덮고 삶는다. 대략 20분간 삶는다. 손톱으로 눌렀을 때 쉽게 구멍이 뚫릴 정도로 부드럽게 삶는다. 꺼내서 식히고 물기를 짠다.

❸ 두께를 맞춘다

맛에 차이가 나지 않도록 조리기 전에 한 줄기씩 폭이 넓거나 두꺼운 부분을 잘라서 정리하고 형태를 다듬는다. 이번에는 폭이 약 2cm짜리 박고지를 대략 1cm로 잘랐다.

❹ 탈수한다

박고지를 정리하면 망에 넣고 탈수기에 넣어 5분 정도 돌려서 확실하게 물기를 턴다. 미리 물기를 잘 털어두면 맛이 쉽게 배고 끈적이지 않으며 씹는 맛을 살려서 조릴 수 있다.

❺ 간장과 싸라기설탕으로 조린다

싸라기설탕과 간장을 끓이다가 설탕이 녹으면 박고지를 넣고 조린다(왼쪽). 골고루 맛이 잘 배도록 긴 젓가락으로 저어주고 처음에는 강한 불로 조리다가 도중에 약한 불로 바꾼다. 색이 물들면(가운데) 니키리 맛술*을 더한다. 후반에는 뒤집어 섞으면서(오른쪽) 수분이 없어질 때까지 약 20분간 조려서 완성한다.

윤기 나고 촉촉하게 만들어진 박고지다. 소쿠리에 펼쳐서 식히고 냉장고에서 보관한다. 싸라기설탕을 사용하면 맛이 진해지고 윤기도 더할 수 있다.

* 煮切りみりん: 맛술을 끓여 알코올을 날린 것 -옮긴이

박고지 조리기 ②

간표오 니루(干瓢を煮る)

니시 다쓰히로(西 達広) | 다쿠미 다쓰히로(匠 達広)

> 다쿠미 다쓰히로에서는 최근에 드물어진 무표백 박고지를 사용한다.
> 무표백 박고지는 소금으로 문지르지 않아도 되어서 바로 삶아서 삶은 물을 조림장에 사용한다.
> 달콤하고 짭잘한 맛을 더해서 폭신하면서도 잘 씹히도록 조리는 데 중점을 둔다.

씹는 맛이 살아 있으면서 스시밥과 하나가 되는 부드러움

일찍이 에도 마에 스시에서 김말이(노리마키)라고 하면 박고지를 넣은 호소마키를 가리켰다. 니기리즈시와 마찬가지로 박고지도 스시밥과 균형이 중요한 재료다. 맛은 물론, 씹었을 때 식감이 부드럽고 스시밥과 입안에서 하나가 되는 폭신함도 있는 것이 이상적이다. 그리고 바삭바삭한 김의 식감과 향이 전부 하나가 되었을 때 처음으로 진정 맛있는 김말이가 완성된다. 이렇게 이상적인 박고지 김말이(칸뵤마키)를 만들려면 먼저 좋은 재료를 선택하고 잘 삶는 것이 중요하다.

다쿠미 다쓰히로에서는 무표백 박고지를 사용하는데 폭신폭신하게 두께가 있으며 맛의 깊이와 단맛을 높이 사기 때문이다. 깎는 방법, 건조 방법을 포함해 전체적으로 정중하게 만들었다는 느낌이 든다. 생산량이 적고 비싸지만, 원하는 대로 조릴 수 있어 늘 사용한다.

참고로 표백 박고지는 표백제로 사용한 이산화유황을 씻어내려고 물에 담갔다가 소금으로 문질러 씻는 과정이 필요한데, 무표백은 그러한 수고가 들지 않는다. 바로 삶을 수 있고 감칠맛이 배어나온 삶은 물을 조림장에 활용할 수 있다는 장점도 있다.

삶는 정도가 가장 중요하다. 손톱으로 눌렀을 때 자국이 남을 정도로 부드럽게 삶는다. 덜 삶으면 섬유가 남아서 단단하고, 너무 삶으면 조림장에 넣고 조렸을 때 끈적하게 혀에 척 들러붙게 된다. 폭신하면서도 부드럽고 씹는 맛도 살아 있는 점이 바로 박고지의 매력이다.

간은 간장, 설탕, 맛술을 넣어 달콤 짭조름하게 한다. 단맛과 짭짤한 맛의 정도는 스시집마다 차이가 있는데, 다쿠미 다쓰히로에서는 단맛과 간장 맛을 확실하게 내는 편이다.

무표백 박고지다. 유통량이 상당히 적고 비교적 비싸지만, 맛과 식감이 좋아서 즐겨 사용한다. 김의 폭에 맞추어 25cm 전후로 잘라서 조리한다.

❶ 박고지를 삶는다

박고지를 물로 씻은 다음 충분히 뜨거운 물에 삶는다. 삶을 때 물이 잘 순환이 되도록 뚜껑을 덮는다(왼쪽). 삶는 시간은 15~20분 사이다. 손가락과 손톱으로 쥐었을 때 손톱자국이 확실하게 남을 정도 부드럽게 삶는다(오른쪽).

❷ 조림장에 조린다

박고지의 물기를 짜고 삶은 물 조금, 물, 설탕, 맛술, 간장을 섞어 조림장을 만든다. 자작자작하게 붓고 조리기 시작해서(왼쪽) 가끔씩 뒤집어서 맛에 차이가 생기지 않도록 조린다. 국물이 거의 없어질 때까지 냄비를 기울이면서 수분을 날린다(오른쪽).

❸ 소쿠리에 올려서 식힌다

박고지가 부드럽고 폭신하게 조려졌다. 곧바로 대나무 소쿠리에 펼치고 식혀서 용기에 담아 보관한다.

일본식 달걀말이 ①

다마고야키(玉子焼き)

구리야가와 고이치(厨川 浩一) | 스시 구리야가와(鮨 くりや川)

일찍이 스시 장인의 기량을 가장 잘 보여주는 것이 달걀말이라고 했다.
전통 방식은 달걀물에 어패류를 갈아 넣어서 굽는 '후토마키'다.
이번에는 전란 외에 머랭을 더해서 부드럽게 카스테라풍으로 만드는 달걀말이를 살펴보자.

머랭과 와삼본설탕, 중하를 듬뿍 넣어 개성화

스시집은 '생선을 먹는 식당'이라는 것이 지론이다. 달걀말이도 예외 없이 어패류를 사용해 만들어야 스시집답다고 생각한다. 달걀말이에서 주체는 간 생선이고 달걀은 생선을 연결하는 재료라는 인식으로 만들고 있다.

보통 달걀말이에는 흰살 생선과 새우를 갈아서 넣는데, 에도 마에 스시의 기본은 중하로 스시 구리야가와는 중하만 써서 만든다. 맛이 진하고 향이 고급스러우며 끈기가 좋은 점 등을 종합적으로 생각했을 때 적합하다고 생각한다.

그 외 재료는 야마토이모*, 설탕, 술, 간장 등으로 재료 자체는 대체로 동일해도 배합이 달라서 완성했을 때 맛과 식감이 완전히 달라진다. 몇 번이나 시행착오를 거듭하며 수십 차례 레시피를 바꾸다 현재에 도달했다.

또 스시 구리야가와는 개업할 때부터 달걀말이는 스시가 아니라 술안주로 즐기는 손님이 많았던 터라 '술안주에 적합한 달걀말이'에 특화되었다. 감칠맛도 향도 식감에도 변화가 있어서 재미있다고 느껴지도록 만든다.

일반적으로 사용하는 노른자와 흰자뿐만 아니라 머랭을 더해 폭신하고 촉촉한 식감을 더욱 살렸고 와삼본설탕**을 사용해 고소하면서도 부드러운 단맛을 낸다. 더불어 새우의 감칠맛과 향을 최대한 살리려고 연결용으로 쓰는 야마토이모의 양을 줄이고 중하의 양을 늘리기도 했다.

가장 핵심은 거품이 섬세하고 잘 무너지지 않는 머랭을 만드는 데 있다. 또 불의 세기와 시간을 엄밀하게 계산해 촉촉하게 굽는다. 머랭을 넣으면 반죽이 너무 부드러워서 뒤집을 때 두 개로 갈라지기 쉽다. 그래서 아주 약한 가스불로 밑면을 익히고 오븐에 옮겨서 윗면을 구운 후 알루미늄포일로 덮어서 증기 구이를 한다. 이렇게 세 단계로 나누어 조리해 뒤집지 않고 완성한다.

* 大和芋: 토란 줄기 끝의 작은 알갱이.
** 和三盆: 일본 전통 방식으로 제조된 고급 설탕.

❶ 중하(시바에비)를 간다

달걀말이에 넣을 중하를 갈았다. 껍질과 내장을 빼고 손질해 살만 믹서로 간 후 망에 짓이겨서 부드럽게 만든다.

❷ 야마토이모와 달걀을 더해서 섞으며 간다

중하를 절구에서 갈다가 끈기가 나오면 와삼본설탕, 간 야마토이모, 술, 달걀노른자, 달걀흰자를 순서대로 추가하고 그때마다 잘 섞으면서 간다. 마지막으로 간장을 소량 더해서 향을 추가한다.

❸ 머랭을 합친다

달걀흰자로 따로 거품을 내서 뿔이 똑바로 서는 머랭을 만든다. 거품의 기포가 섬세해 잘 망가지지 않도록 강력하게 머랭을 치는 것이 포인트다. 조금 전에 만든 달걀액에 한 번에 몽땅 넣고 골고루 잘 섞는다. 거품이 망가지지 않도록 주걱으로 섞어준다.

❹ 달걀말이 팬으로 밑면을 굽는다

동제 달걀말이 팬을 달구어 반죽을 붓고 아주 약한 불에서 30분간 굽는다. 밑면이 옅은 갈색으로 구워지면 다 된 것이다.

❺ 오븐에서 윗면을 굽는다

달걀말이 팬을 그대로 오븐에 옮겨서 낮은 온도에서 약 15분간 윗면이 갈색이 될 때까지 굽는다. 그다음으로 알루미늄포일로 살짝 덮고 불을 강하게 조절해 30분간 정도 쪄서 중심까지 익힌다.

달걀말이가 완성된 모습이다. 갈색 겉면은 고소하고, 가운데는 자잘한 기포로 가득 차 입안에서 사르륵 녹을 정도 부드럽다. 초밥으로 쥐지 않고 달걀말이 단품으로 내놓는다.

일본식 달걀말이 ②

다마고야키(玉子燒き)

우에다 가즈토시(植田 和利) │ 스시도코로 긴베에(寿司處 金兵衛)

두 번째는 간 중하와 달걀을 기본 재료로 촉촉하게 만드는 스시도코로 긴베에의 후토마키 달걀말이다.
반죽을 걸러서 부드럽게 만든 후 나무 뚜껑으로 눌러서 단단하게 만드는 전통 기술을 따른다.
전통을 지키는 한편으로 디저트 느낌이 나는 새로운 형태의 달걀말이에도 도전하고 있다고 한다.

한쪽은 확실하게 굽고 반대쪽은 살짝 굽는다

스시도코로 긴베에에서는 중하와 달걀을 메인으로, 연결 재료로 야마토이모, 설탕 등 조미료를 넣어 달걀말이를 만든다. 재료 조합은 초대 시절부터 변함이 없는데 예전에는 완성했을 때 얇아서 이토마키* 두께 정도였다고 한다. 2대째부터 3cm 가까운 두께로 굽기 시작하면서 가운데는 약간 녹아내리는 느낌으로 익히는 정도도 바뀌었고 우에다 장인이 이어받았다.

스시도코로 긴베에의 달걀말이는 부드럽지만, 기포가 사르르 녹는 머랭 타입과는 다르다. 폭신폭신하면서도 혀 위에서 촉촉하게 감기면서 녹아내리는 느낌이다. 새우를 칼로 두드려서 충분히 끈기를 낸 후에 달걀을 잘 섞고 아슬아슬하게 익을 정도로 구워서 식감을 만든다.

달걀말이 팬 구석구석까지 꽉 차도록 반죽을 한가득 붓고 40분 정도 꺼질 듯 말 듯 약한 불에 구운 후 뒤집어서 굽는다. 처음에는 70~80% 정도만 익히고 뒤집어서 표면을 굳히는 정도로만 해서 중심이 속속하도록 한다. 한쪽은 구운 갈색을, 반대는 선명한 노란색을 만든다.

뒤집었을 때 곧바로 나무 뚜껑으로 전체를 눌러서 익히는 방법을 쓰고 있다. 에도 마에 달걀말이는 이렇게 달걀말이를 눌러 단단하게 만드는 작업이 필수라고 들었다. 부드러운 반죽을 가볍게 눌러서 안정시키고, 먹을 때 탄력이 나오도록 하는 과정으로 해석하고 있다.

우에다 장인이 도전하고 있는 것도 몇 가지 있다. 하나는 중하의 비율을 늘렸다. 2대 시절에 달걀말이 1장에 350g(껍질째)였던 것을 500g으로 늘렸다. 또 말차를 넣은 버전도 만들어보았고, 사과 콩포트와 시나몬을 추가해 애플파이 풍미로 만드는 등 디저트 버전도 시험 중이다. '식후 디저트'처럼 다양한 즐거움을 줄 수 있는 달걀말이에 도전하고 있다.

* 伊達巻: 어패류를 갈아 넣고 만든 동그랗게 만 달걀말이로 대표적 설 명절 요리.

달걀말이에 넣은 어패류는 풍미가 좋고 살이 부드러운 중하가 가장 적합하다. 중하는 일 년 내내 유통되는데 품질은 겨울이 좋다. 스시도코로 긴베에는 달걀을 껍질째 잰 무게와 같은 무게 이상의 중하를 사용하고 있다.

❶ 중하를 칼로 다진다

껍질과 내장을 제거하고 칼로 다져서 베이스를 만든다. 반죽 상태까지 만들지 않고 알맹이를 남기려고 기계를 사용하지 않는다. 초반에는 칼끝으로 후반은 칼등으로 끈기가 나올 때까지 두드린다.

❷ 절구에서 간다

소금, 간 야마토이모, 설탕을 절구에 순서대로 넣으면서 간다. 접착력이 생기고 한 덩어리로 뭉쳐질 때까지 섞으며 갈아 준다. 달걀을 넣기 전에 확실히 끈기가 있는 단단한 반죽으로 만든다.

❸ 달걀을 더해서 섞는다

달걀을 세 번에 걸쳐 추가로 넣으면서 섞는다. 새우 살이 확실하게 섞이도록 잘 섞으면서 갈아야 한다. 거품이 생기지 않도록 부드럽게 될 때까지 재빠르게 섞어서 마지막에 간장과 맛술을 조금 넣어 살짝 간을 한다.

❹ 달걀말이 팬에 굽는다

달걀말이 팬에 쌀기름을 바르고 연기가 나올 때까지 달구었다가 적절한 온도까지 식혀서 반죽을 붓는다(왼쪽). 아주 약한 불에서 약 40분간 굽는다. 골고루 불이 닿도록 대략 4등분해 순서대로 굽는다. 표면에 얇은 막이 생기면 뒤집는다. 가운데는 50% 정도 익은 상태다. 반죽 아래로 긴 젓가락을 세 개 넣어서(오른쪽 위), 한 번에 뒤집는다(오른쪽 아래).

❺ 뚜껑으로 덮어서 누른다

젓가락을 굴려서 표면을 매끄럽게 만든 후 나무뚜껑을 덮고 가볍게 누르면서 4등분한 면을 골고루 익힌다(위쪽). 갈색이 될 때까지 굽지 않고 가볍게 익히는 정도로만 굽는다. 전체를 다 구웠으면 나무뚜껑을 덮은 채로 뒤집은 다음 팬을 빼고 10분간 열을 식힌다(아래쪽). 나무뚜껑 위에서 다시 뒤집은 후 식힌다.

일본식 달걀말이 ③

다마고야키(玉子焼き)

고바야시 도모키(小林 智樹) | 고비키초 도모키(木挽町 とも樹)

세 번째는 어패류로 중하와 갯장어 두 종류를 갈아 넣고 액체 조미료를 추가하는 등
재료와 배합이 독특한 고비키초 도모키 스타일의 달걀말이를 살펴보자.
두 판으로 나누어서 초벌 구이를 한 후 합쳐서 양면을 시간을 들여 은은하게 구워 두껍게 만든다.

새우와 갯장어를 넣은 반죽을 두 판으로 나누어서 굽는다

달걀말이는 스승에게 배운 방법을 바탕으로 재료, 조미료, 굽는 방법을 조금씩 조절해서 다양하게 시험해보고 정리했다.
　예를 들면, 달걀말이에 넣는 어패류를 바꾸었다. 최근에는 중하만 사용하는 집이 많은데, 옛날에는 흰살 생선도 많이 사용했다고 한다. 새우와 갯장어를 1:1로 배합하는 방법은 스승에게 배웠다. 중하를 넣으면 폭신폭신 부드럽고 갯장어를 넣으면 약간 쫄깃해진다.
　갯장어를 전혀 사용하지 않으면 진한 맛이 부족하기 때문에 약 10g 단위로 새우를 늘리고 갯장어를 줄이는 방법을 계속 시험해보고 부드러움과 진한 정도가 딱 맞는 포인트를 찾았다. 바로 달걀 10개, 중하 165g, 갯장어 100g 비율이다. 갯장어 대신에 성대(보우보우)나 조개관자도 섞어보았는데 혀에 닿는 식감과 감칠맛은 갯장어를 따라가지 못했다.
　재료에 관한 연구는 연결용으로 넣는 마의 종류도 포함된다. 보통 사용하는 야마토이모보다 끈기가 강한 쓰쿠네이모*를 사용해 반죽의 일체감을 강화했고, 질구도 매우 잘게 갈아서 보들보들한 감촉을 끌어낸다. 또 액세 조미료인 맛술과 술을 아슬아슬하게 늘려서 디저트와도 닮은 매끄러움과 부드러움을 추구했다.
　고비키초 도모키의 달걀말이는 상당히 두꺼운 편인데 두꺼워진 만큼 부드러운 느낌이 강조된다. 다만 두꺼워진 만큼 전체적으로 익히기 어려워서 두 판으로 나누어서 각각 70% 정도 구운 후 합쳐서 익히고 있다.
　겉은 태우지 않고 두꺼운 중심까지 골고루 열기가 전해지도록 높이 30cm로 전용도구를 주문 제작했다. 가스레인지에 올리고 달걀말이 팬을 올리면 직접 닿지 않는 약한 불로 촉촉하게 구울 수 있다. 또 불을 전체적으로 감싸주어 열기가 도망가지 않고 사각형 달걀말이 팬에 열이 골고루 전달되어 균일하게 구울 수 있다.

＊ つくね芋: 불장서, 마의 일종.

❶ 쓰크네이모를 간다

점성이 강한 알맹이 상태의 쓰크네이모를 사용한다. 섬세하게 갈아서 다시 한번 절굿공이로 문질러서 아주 섬세하게 부풀린다. 폭신폭신한 달걀말이를 만드는 포인트 중 하나다.

❷ 간 다음 조미료를 추가한다

중하는 매끄러워질 때까지 다진 후 믹서기에 갈아서 부드럽게 만든다(왼쪽 사진 앞쪽). 갯장어는 간 살을 들여온다(같은 사진 뒤쪽). 쓰크네이모에 중하, 소금, 갯장어를 순서대로 더하면서 그때마다 잘 섞고, 설탕은 체로 치면서 조금 추가하고, 술과 맛술을 섞어서 조금 추가해서 섞는다(오른쪽). 마지막에 향을 내는 정도로 담백한 맛 간장을 넣는다.

❸ 달걀을 추가한다

달걀은 한 개씩 가볍게 풀어서 반죽에 넣는다(왼쪽). 이렇게 하면 전체적으로 폭신하게 만들 수 있다. 달걀은 아홉 개를 전부 사용하는데 한 개는 달걀노른자만 넣고 흰자는 머랭을 만들어 마지막에 가볍게 섞는다(오른쪽).

❹ 첫째 판을 굽는다

주문 제작한 특수 스테인리스 도구를 가스레인지 위에 두고 달걀말이 팬을 올리고 굽는다(왼쪽). 달걀 반죽은 처음에 3/4 분량을 넣고 15분마다 90도씩 방향을 바꾸면서 전체를 굽는다. 볼록하게 부풀면서 표면에 얇은 막이 생기는 정도로 구워지면(오른쪽), 뒤집어서 가볍게 굳히는 정도로 10분 정도 굽는다. 나무 뚜껑을 대고 뒤집어서 꺼낸다.

❺ 둘째 판을 구워서 겹친다

다른 달걀말이 팬에 나머지 달걀 반죽을 붓고 마찬가지로 네 번 돌리면서 총 25분 전후로 구워 첫째 판과 겹친다. 둘째 판이 아래로 오도록 뒤집어서 20분간 굽는다. 나무뚜껑을 올려서 두께를 맞추고(왼쪽) 위치를 바꾸면서 덜 익은 부분이 없도록 골고루 굽는다. 그 후 세 번 정도 뒤집으며 구워서 완성한다(오른쪽). 약 3시간에 걸쳐서 굽는다.

스시밥

초생강

니키리 간장

니쓰메 간장

스시집에서 빼놓을 수 없는
네 가지 요소를 어떻게 만드는지
스시집 여섯 곳을 살펴보며
그에 담긴 생각을 비교해보자.

【 스시밥 】

어떤 쌀로 밥을 지을지, 또 배합초는 적초를 중심으로 쓸지 쌀식초를 쓸지 혹은 섞어 쓸지 등등.
스시에서 밥은 어패류 재료와의 균형이 중요해 니기리즈시의 또 다른 주인공이기도 하다.

스시 잇신
(鮨一新)

니가타현에 있는 계약농가에서 직접 들여오는 고시이부키(こしいぶき)를 압력솥에 넣고 숯불을 써서 약간 밥알이 곤두서는 느낌으로 짓는다. 끈기가 적고 단맛과 산뜻한 향이 특징이다. 배합초는 적초를 두 가지 쓰는데 요코이양조공업(橫井釀製工業)의 요헤이(與兵衛)와 수교쿠(珠玉)를 배합해 소금을 추가한다. 설탕을 넣지 않는 에도 마에 스시의 전통적인 배합이다.

스시 와타나베
(鮨 わたなべ)

쌀은 토야마현이나 니가타현의 고시히카리(コシヒカリ)로 약간 밥알이 곤두서는 느낌으로 짓는다. 배합초는 술 2ℓ, 정제소금 150g, 해조소금 30g, 설탕 80g을 배합해, 덜 달게 한다. 식초는 요코이양조공업의 쌀식초 킨쇼(金将)와 양조식초 스이센(水仙)을 3:2로 배합한다.

쓰구 스시마사
(継ぐ 鮨政)

적초를 반까지 졸여서 소금과 설탕을 더하고 재워두었다가 밥에 섞기 직전에 쌀식초를 추가한다. 적초는 산미가 날아가기 쉬워서 밤까지 유지되지 않기 때문에 적초를 졸여서 감칠맛을 응축시켰다가 산미가 오래가는 쌀식초를 보충해 쓴다.

스시도코로 미야코와케미세
(すし処 みや古分店)

토야마산 고시히카리를 갈아서 습기를 날리고 3일간 냉장했다가 냉수로 밥을 짓는다. 일련의 과정으로 쌀에 약간 금이 가서 배합초가 잘 흡수된다. 배합초는 쌀식초와 요코이양조공업의 적초 수교쿠를 6:1로 섞어서 짠맛보다 단맛이 조금 더 강하다.

스시 다이치
(鮨 太一)

산지에 집착하지 않고 쌀알이 크고 윤곽이 또렷하고 단맛이 거의 없는 1년 묵은 쌀을 쓴다. 밥알이 곤두서는 느낌으로 지은 밥에 적초와 쌀식초를 1:5로 배합해 소금을 소량 추가한다. 식초는 맛이 확실하게 살아 있는 치바현 가마가야시 기사이치양조(私市醸造)의 제품을 쓴다.

스시 구리야가와
(鮨 くりや川)

왼쪽은 다랑어에 맞추어 고안한 배합초로 적초 요헤이 베이스에 미쓰칸 야마부키(三ツ判山吹)를 섞고 담백한 맛 간장, 설탕, 소금을 더해서 신맛과 짠맛을 강하게 주었다. 지금은 붕장어와 보리새우 스시밥에도 사용한다. 오른쪽은 적초 고하쿠(琥珀, 요코이양조공업)를 사용해 부드러운 맛을 살렸다.

【 초생강 】

입가심을 해주는 초생강(ガリ)은 산미, 단맛, 매운맛의 균형이 포인트다.

스시 잇신

얇게 썰어서 한 종류를 준비한다. 어디까지나 입가심으로 강한 맛이 느껴지지 않도록 신맛과 단맛을 부드럽게 조절해 산뜻한 느낌이 들도록 하고 있다. 조미료는 사과식초(요코이양조공업), 맛술, 소금을 베이스로 설탕은 아주 소량 넣고 있다.

스시 와타나베

스시용 외에 술안주용도 준비한다. 스시용(왼쪽)은 얇게 썰어서 준비하는데 나카무라조초(村山造酢)의 치도리(千鳥酢)에 삼온당과 맛술을 더해서 단맛이 더 강하다. 술안주용(오른쪽)은 설탕을 사용하지 않고 소금으로 간을 한다. 덩어리째로 만들어놓고 두껍게 썰어서 낸다. 절임장은 쌀식초와 적초를 혼합해 추가했다.

쓰구 스시마사

생강을 얇게 썰어서 뜨거운 물에 데쳐서 쌀식초(요코이양조공업)에 담근다. 손님의 취향, 배달용, 선물용 등 다양한 입맛에 맞추어 시판제품도 사용하고 있으며, 직접 제작한 것은 오마카세 코스 주문이 들어왔을 때나 단골손님이 요청할 때 내놓는다.

스시도코로 미야코와케미세

얇게 썬 것과 덩어리로 된 것 두 종류를 준비하는데 조미료는 똑같이 적초와 쌀식초를 혼합하고 설탕으로 단맛을 추가해서 만든다. 기본은 얇게 썰어서(왼쪽) 내고, 지방이 많은 스시가 나간 후에는 입가심이 되도록 덩어리로 준비한 초생강을 약 5mm 정도로 두껍게 썰어서 매운맛으로 임팩트를 준다(오른쪽).

스시 다이치

고치의 도매업자가 손수 만들어 썬 생강을 하룻밤 소금에 절여서 부드러워질 때까지 삶는다. 손으로 물기를 짜고 쌀식초, 물 약간, 소금, 설탕을 섞은 배합초에 하룻밤 이상 담가서 만든다. 설탕은 생강의 매운 맛을 살짝 완화하는 정도만 넣어서 짜릿한 매운 맛이 살아 있다.

스시 구리야가와

얇게 썬 일본산 생강을 끓는 물에 데쳐 물기를 제거한 후 소금을 뿌려서 섞는다. 식으면 물로 씻어 물기를 짠다. 여기에 쌀식초, 설탕, 소금, 물을 끓여서 식힌 담금장에 이틀간 담가둔다. 은은한 달콤함을 느낄 수 있다.

【 니키리 간장 】

니키리(煮切り)는 즈케의 절임장에 넣거나 스시에 올리는 어패류에 바르는 일종의 양념장이다.
진한 맛 간장과 술과 맛술을 조합하는 것이 기본이다.

스시 잇신

진한 맛 간장과 술을 기본으로 맛술의 단맛과 다시마의 감칠맛을 더하는데, 펄펄 끓인 후 다시마를 넣은 채 보관한다. 이것은 스시 전용 니키리 간장으로 사용하고, 회는 다시마 대신 가다랑어포를 넣어서 따로 도사간장* 타입으로 만든다.

스시 와타나베

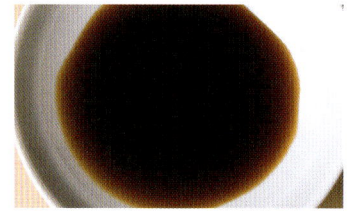

기본인 진한 맛 간장과 술에 맛술을 조금 더하고 술과 같은 양의 물을 넣고 펄펄 끓여서 만든다. 물이 들어간 만큼 짠맛이 줄고 풍미가 산뜻하다. 또 설탕을 아주 조금 추가하는데 단맛을 내는 목적이 아니라 니키리 간장이 흘러내리지 않도록 약간 끈기를 내려고 넣는다.

쓰구 스시마사

니키리 술과 진한 맛 간장만 배합해서 만드는 표준 니키리 간장이다. 소금의 짠맛과 감칠맛을 강조해 회에 내놓는 도사간장에 비해 짠맛이 부드럽다.

스시도코로 미야코와케미세

진한 맛 간장과 술만 넣고 만드는 기본 맛에 충실한 니키리 간장이다. 니키리 술과 간장을 배합해 펄펄 끓여 만드는데, 간장은 시바누마간장양조(柴沼醤油醸造)의 시호노시주쿠(柴峰の滴)를 니키리 간장 전용으로 사용한다. 양조 과정에서 가열하지 않은 생간장의 매끄럽고 진한 맛을 살리고 나무통으로 들여오고 있다.

스시 다이치

진한 맛 간장 1쇼(升: 약 1.8L)와 1/5 분량의 맛술을 더하고 다시마를 넣고 끓인다. 불을 끄고 다시마를 넣은 채 냉장고에서 1주일 동안 두어 감칠맛을 올린 후 사용한다. 니키리 술을 넣기도 했는데, 현재는 맛술을 늘려서 부드러운 맛이 나게 하고 있다.

스시 구리야가와

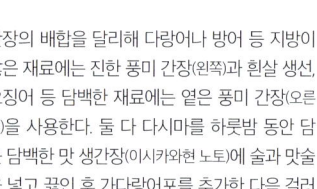

간장의 배합을 달리해 다랑어나 방어 등 지방이 많은 재료에는 진한 풍미 간장(왼쪽)과 흰살 생선, 오징어 등 담백한 재료에는 옅은 풍미 간장(오른쪽)을 사용한다. 둘 다 다시마를 하룻밤 동안 담근 담백한 맛 생간장(이시카와현 노토)에 술과 맛술을 넣고 끓인 후 가다랑어포를 추가한 다음 걸러서 만든다.

* 土佐醬油: 가다랑어포를 넣은 간장으로 회나 찬 두부에 주로 사용한다. 도사는 현재 고치현으로 가다랑어포가 유명해 종종 요리 이름에 사용되기도 한다.

【 니쓰메 간장 】

니쓰메는 일본어의 바짝 졸인다는 '니쓰메루(煮詰る)'에서 온 말로 뜻 그대로 바짝 졸여서 만든 진한 간장이다.
붕장어, 백합, 조린 오징어 등에 빼놓을 수 없다.

스시 잇신

붕장어, 백합이 제철인 시기에는 두 종류 니쓰메 간장을 준비한다. 붕장어용은 재료를 손질하고 준비할 때 남은 조림장에 술, 맛술, 진한 간장으로 맛과 농도를 정리하고, 지난번까지 사용한 니쓰메 간장과 합쳐서 만든다(왼쪽). 백합용 니쓰메 간장(오른쪽)도 한 시즌마다 같은 방법으로 만든다.

스시 와타나베

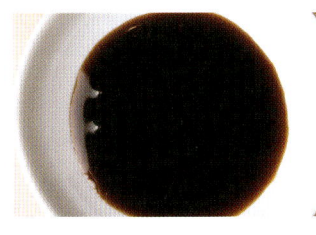

사진은 붕장어용 니쓰메 간장이다. 붕장어를 조릴 때 사용한 조림장에 싸라기설탕을 20% 더해서 바짝 졸인 후 다마리간장*으로 진한 풍미를 더한다. 백합을 데친 물을 재활용해 백합용을 만들고, 오징어를 조린 국물에 붕장어 니쓰메 간장을 더해서 오징어용 니쓰메 간장을 만드는 등 재료마다 전용 니쓰메 간장을 만들어 사용한다.

쓰구 스시마사

지난번에 붕장어를 준비할 때 쓴 조림장에 간장, 싸라기설탕을 넣고 냄비에 불꽃이 닿지 않도록 약하게 조절해 졸여 만든다. 선대부터 전해 내려온 방법을 이어서 사용하고 있다. 색은 옅어서 약간 붉은기가 돌고 짠맛이 약간 강조되어 있다. 주로 조린 붕장어에 바르는데, 갯가재 등에 응용할 때도 있다.

스시도코로 미야코와케미세

니쓰메 간장은 붕장어 전용으로 한 종류만 준비한다. 붕장어를 조릴 때 남은 조림장을 계속 모았다가 약 100마리 분량이 모이면 설탕, 담백한 맛 간장을 더해 바짝 졸인다. 수많은 붕장어의 감칠맛이 응축되어 단맛이 있는 농후한 니쓰메 간장이다.

스시 다이치

붕장어 전용 니쓰메 간장이다. 붕장어를 조린 국물에 담백한 맛 간장과 싸라기설탕을 더하고 붕장어의 머리와 등뼈를 넣고 냄비에 불이 닿지 않도록 약하게 조절해 2일 정도 졸이고 3일째는 중탕해 농후한 색과 풍미로 완성한다. 니쓰메 간장을 다 썼을 때쯤 붕장어의 조림장을 모아서 그때마다 만든다.

스시 구리야가와

붕장어를 조린 국물을 걸러서 설탕, 진한 맛 간장으로 간을 한 다음 끈끈한 농도로 2시간 정도 졸여서 만든다. 조린 붕장어에는 심플한 니쓰메 간장 외에 계절에 따라 유자 껍질을 갈아서 넣거나 산초를 추가하는 등 맛에 악센트를 더한다.

* たまり醬油: 대두 100%로 만든 된장을 숙성, 압착해 만든 간장.

제 2 장

스시집의 술안주

회, 다시마 절임, 식초 절임
사시미刺身 · 콘부지메昆布締め · 스지메酢締め

3종 모둠회 사시미 산슈 모리아와세(刺身三種盛り)　　　　　　　　　　　　　　　　　　　　　　　― 스시 마쓰모토(鮨 まつもと)

기본 안주 다음으로 모둠회를 제공한다. 옥돔은 1년 내내 거의 들어가고 흰살 생선, 조개, 문어 등을 적절히 섞어서 구성한다.

만드는 방법
① 옥돔은 스시를 준비할 때와 마찬가지로 준비한다(44쪽 참고). 2~3일 숙성시켰다가 약간 두껍게 썰어서 껍질 쪽만 살짝 굽는다.
② 참돔은 3장으로 포를 떠서 껍질을 벗기고 썰어 놓는다.
③ 참문어는 내장을 제거하고 소금으로 잘 주물러서 점액질을 제거한 후 깨끗하게 물로 씻는다. 냄비에 소금물(약간 짭짤하게 느끼는 정도)과 술을 섞어서 넣고 끓으면 참문어를 넣고 조림용 작은 뚜껑을 덮어 40~50분간 삶는다. 소쿠리에 올려 식혀서 한입 크기로 썬다.
④ ①과 ②와 ③을 그릇에 담고 고추냉이를 갈아서 곁들인다. 취향에 따라 소금 또는 니키리 간장을 찍어 먹을 수 있도록 한다.

모둠회 사시미 모리아와세(刺身盛合せ)   - 스시도코로 메구미(すし処 めぐみ)

사진은 아래쪽부터 반시계 방향으로, 노토(能登)산 광어, 피뿔고둥, 흰꼴뚜기, 도화새우다. 20cm를 넘는 대형 도화새우는 풍미도 뛰어나서 겨울철에는 매일 내고 있다.

만드는 방법
① 광어를 이케지메한다(34쪽 참고).
② 6~8시간 후 ①을 5장으로 포를 떠서 썰어 놓는다.
③ 도화새우는 껍질을 남기고 하룻밤 두어서 단맛을 끌어올린다. 머리, 내장, 알, 껍질을 제거하고 몸을 반으로 갈라서 꼬리 쪽을 회로 만든다. 머리 쪽은 살짝 구워서 니기리즈시에 사용한다.
④ 흰꼴뚜기를 이케지메하고 1~2일 두어서 단맛을 끌어올린다. 껍질을 벗기고 스시용 크기로 자른 다음 한쪽 면에 섬세하게 빗금으로 칼집을 넣는다. 작게 썰어놓는다.
⑤ 피뿔고둥*는 껍데기와 살을 분리해 내장 등을 제거한다. 살을 가운데에서 양옆으로 칼집을 넣어 양쪽으로 활짝 펼친다.
⑥ ②에서 ⑤를 그릇에 담고 간 고추냉이와 소금**을 곁들인다.

* 여기서 소개하는 피뿔고둥의 일본 표준 이름은 고나가니시라는 고둥류다. 전국에 분포하는데 노토 지역에서는 아카니시라는 이름으로 통한다.
** 노투 반도 헤구리지미(触倉島) 섬의 해염을 섬세하게 갈아서 사용한다.

즈쿠리 모둠회 즈쿠리* 산슈 모리아와세(造り三種盛り)

- 스시도코로 오구라(すし処 小倉)

흰살·붉은살·등푸른 생선, 새우, 조개 중에서 손님의 취향에 맞추어 낸다. 사진은 오른쪽부터 데친 참돔, 보리새우 생살과 새우 머리를 구워 만든 오니가라야키(塊殻焼き), 함박조개다.

만드는 방법
① 참돔은 스시용 덩어리로 잘라서 표면을 데친 후 평썰기한다.
② 살아 있는 보리새우의 머리를 떼고 껍질을 벗겨 살을 따로 둔다. 머리는 겉을 살짝 구워서 껍질을 벗긴다. 살과 머리에 스다치 과즙을 짠다.
③ 함박조개는 껍데기를 벗기고 얇은 막, 외투막, 내장을 제거하고 손질해 살만 남긴다. 먹기 좋은 크기로 썰어서 식초에 살짝 담갔다 꺼낸다.
④ 대나무 잎 한쪽에 무, 오이, 양하를 채썰어 섞어 놓고 차조기를 겹치고 ①, ②, ③을 올린다. 간 고추냉이와 초생강을 곁들이고 작은 그릇에 간장을 덜어 함께 낸다.

* お造り : 오사카와 교토 중심의 관서지역에서 회를 부르는 명칭.

조개 모둠회와 만능조미료 가이노모리아와세 이리자케(貝の盛合せ 煎り酒)   — 스시도코로 긴베에(寿司處 金兵衛)

이리자케와 조개류는 상성이 잘 맞는다. 새조개, 피조개, 개량조개 모둠이다. 이리자케는 어패류의 풍미를 끌어내기 때문에 흰살 생선 회와도 잘 어울려 곁들일 때가 많다.

만드는 방법
① 새조개, 피조개, 개량조개를 각각 손질해서 횟감으로 적당하게 썬다. 피조개는 외투막도 사용한다.
② 이리자케*를 만든다. 준마이 술**에 라우스 다시마를 담그고 하룻밤 둔다. 술을 불에 올리고 펄펄 끓기 직전에 다시마를 꺼낸다.
③ ②에 씨를 뺀 매실 절임(염분 농도 13.5%, 적차조기에 절인 것)을 넣고 보글보글 끓여서 술이 70% 남을 때까지 조린다. 새로운 술을 조금 추가해 온도를 내리고 가다랑어포(붉은살 부분이 없는 것)를 더해서 끓인다. 몇 초 두었다가 체로 거른다.
④ ③을 다시 냄비에 넣고 소금, 다마리 간장으로 간을 해 끓인 후에 불에서 내린다. 식혀서 사용한다.
⑤ 그릇에 무채를 올린 후 차조기를 겹치고 ①의 조개를 담고 고추냉이를 갈아서 곁들인다. ④의 이리자케를 작은 그릇에 담아 함께 낸다.

* 煎り酒: 일본주에 매실 절임 등을 넣어서 졸인 것으로 재료의 감칠맛을 살려주는 일종의 전통 만능조미료.
** 純米酒: 쌀만 넣고 만든 술.

양파를 곁들인 가다랑어 가쓰오노 타마네기 아에(鰹の玉ねぎ和え)

― 스시 후쿠모토(鮨 福元)

가다랑어 뱃살에 양파를 갈아서 곁들였다. 도제 시절에 어쩌다가 조합해보았는데 상성이 좋아 이렇게 내고 있다.

만드는 방법
① 가다랑어의 뱃살을 스시용 덩어리로 잘라서 두께 5mm로 썬다.
② 양파를 갈아서 무명천에 넣고 짜서 가볍게 수분을 뺀다.
③ 그릇에 ①의 가다랑어를 가지런히 담고 ②의 양파를 조금씩 올린다. 간장을 함께 낸다.

가다랑어 간장 절임 가쓰오노 즈케(鰹のヅケ)

― 스시야 이치야나기(すし家 一柳)

봄 가다랑어(하쓰 가쓰오)를 두껍게 썰어서 니키리 간장에 5분간 담근다. 파를 갈아서 풍부한 향을 살리고 생시치미를 고명으로 올린다.

만드는 방법
① 가다랑어를 3장으로 포를 떠서 스시용 덩어리 크기로 자른 다음 약간 두툼하게 썬다. 간장, 맛술을 끓여서 알코올을 날려 만든 니키리 간장에 5분 정도 담근다.
② 실파(아사쓰키 파)는 송송 썰어 절구에 넣고 끈기가 나올 때까지 짓이긴 후 생강즙을 조금 짜 넣어 파 고명을 만든다.
③ ①의 가다랑어를 꺼내서 키친페이퍼로 물기를 닦은 후 그릇에 담는다. ②의 파와 생시치미*를 고명으로 올린다.

* 生七味: 시치미는 일곱 가지 맛이라는 뜻으로 고춧가루와 일곱 가지 조미료를 섞은 혼합 조미료다. 여기서는 페이스트풍의 시판 시치미 고춧가루를 사용한다. 재료는 붉은 고추, 산초열매, 생생강, 생유자 껍질, 검은깨, 파란 김, 소금, 이렇게 일곱 가지다.

봄 가다랑어와 햇양파 절임 노보리가쓰오토 신타마네기(上り鰹と新玉ねぎ)   - 조로쿠즈시 미나미(蔵六鮨 三七味)

봄 도착을 알리는 재료로 봄 가다랑어(노보리 가쓰오)와 햇양파를 조합했다. 산마늘을 얇게 썰어서 곁들여 씹는 즐거움을 주면서 마늘과 비슷한 향을 더했다.

만드는 방법
① 가다랑어의 뼈가 없는 살을 엇베어 썬다.
② 햇양파와 산나물은 얇게 썰어서 따로따로 물에 30분간 담가둔다. 물기를 잘 닦은 후 둘을 합친다.
③ 절임장에 각각 간 마늘과 생강을 조금씩 섞는다.
④ 그릇에 ①의 가다랑어와 ②의 야채를 담고 ③을 뿌린다.
⑤ 마지막으로 폰즈를 조금씩 뿌린다.

가다랑어 볏짚 구이 가쓰오노 와라야키(鰹の藁焼き)   - 스시 마쓰모토(鮨 まつもと)

가다랑어를 볏짚으로 훈제하고 표면을 가볍게 익혔다. 훈제 향과 상성이 좋은 겨자 간장을 곁들인다.

만드는 방법
① 가다랑어를 3장으로 포를 떠서 껍질이 붙은 채로 살에 소금을 조금 많이 뿌리고 1시간 정도 둔다.
② ①의 가다랑어에서 배어나온 수분과 소금을 닦는다. 훈제기에 볏짚을 넣고 불을 붙여 연기가 나오기 시작하면 큰 불꽃은 끈다. 훈제기 위에 석쇠를 올리고 가다랑어의 겉면을 중심으로 양면을 가볍게 굽는다. 석쇠를 빼서 그대로 한동안 식힌다.
③ ②의 가다랑어를 한입 크기로 썰어서 그릇에 담고 얇게 썬 양하 등을 고명으로 곁들인다. 작은 그릇에 니키리 간장을 담고 겨자를 살짝 올린다.

다금바리 다시마 절임 아라노 콘부지메(あらの昆布締め)

— 다쿠미 다쓰히로(匠 達広)

다금바리를 며칠간 숙성시킨 후 다시마 절임을 한다. 니키리 간장을 얇게 바르고 가운데에 소금 다시마를 꽂는다.

만드는 방법
① 다금바리(토야마완)를 3장으로 포를 떠서 껍질을 벗기고 뼈 없는 부분을 사용한다. 종이로 감싸서 냉장고에서 며칠 숙성시킨다.
② 젖은 행주로 다시마를 닦아 펴고 소금을 뿌린 후 ①의 다금바리를 올린다. 다금바리가 클 때는 세로로 2등분한다. 위에서 소금을 뿌리고 다시마를 올린다. 랩으로 감싸서 냉장고에서 하룻밤 숙성시킨다.
③ ②의 다금바리를 엇베어 썰고 하나씩 롤 형태로 말아서 그릇에 담는다. 소금 다시마를 가늘게 썰어 꽂고 니키리 간장을 약간 바른다. 고추냉이를 갈아서 곁들인다.

새끼 삼치 식초 절임 구이 사고시노 스지메노 아부리(さごしの酢締めの炙り)

— 스시 다이치(鮨 太一)

사고시는 삼치의 유어다. 살이 부드럽기 때문에 고등어처럼 소금을 듬뿍 뿌리고 식초로 강하게 절여서 굽는다.

만드는 방법
① 사고시를 3장으로 포를 뜬다. 껍질이 붙은 채로 소금을 뿌리고 3시간 정도 둔다. 물로 씻은 다음 물기를 닦아내고 쌀식초에 1시간 동안 담가 둔다.
② ①의 물기를 닦고 배의 뼈와 잔가시를 제거한다.
③ ②를 한입 크기로 썰어서 껍질을 중심으로 굽는다(내장은 익지 않은 상태를 유지한다). 그릇에 담는다.

금눈돔 양념간장 회 긴메다이 쓰케다레 야키시모즈쿠리(金目鯛つけだれ焼き霜造り)

— 스시 구리야가와(鮨 くりや川)

간장 베이스 양념장을 발라서 겉만 살짝 구웠다. 그 후 양념장에 담가서 감칠맛을 추가한다. 손수 담근 식초 다시마를 잘게 다져서 올려 맛에 강세를 준다.

만드는 방법
① 금눈돔을 3장으로 포를 떠서 한입 크기로 썰고 껍질에 양념장*를 바른다. 껍질만 구워서 껍질이 뜨거울 때 다시 양념장에 담근다.
② 식초 다시마를 만든다. 적당한 크기로 자른 히타카 다시마를 쌀식초에 담그고 찜기에 넣어서 부드러워질 때까지 찐다. 소쿠리에 밭쳐 물기를 빼고 전면에 가루설탕을 아주 얇게 발라준다. 식으면 칼로 잘게 다진다.
③ ①을 그릇에 담고 ②의 다진 다시마를 소량 올린다. 취향에 따라 간 고추냉이를 곁들인다.

* 양념장: 간장, 술, 맛술 등을 섞어 만들었다.

삼치 간장 절임 사와라노 즈케(鰆のヅケ)

— 스시 마루후쿠(鮨 まるふく)

삼치를 소금으로 절였다가 겉면을 살짝 구운 후 절임장에 1일 동안 담가둔다. 절임장에서 꺼낸 후 또 1일간 숙성시켜서 감칠 맛을 끌어올린다.

만드는 방법
① 삼치를 3장으로 포를 떠서 껍질 면에 소금을 바른다. 크기가 클 때는 30~40분 정도 둔다.
② ①의 소금을 흐르는 물에 씻고 물기를 닦는다. 쇠꼬치를 꽂아서 껍질이 노릇노릇 갈색을 띨 때까지 굽고, 살은 살며시 노릇해질 정도로 겉만 살짝 굽는다.
③ ②의 쇠꼬치를 뽑고 얼음물을 넣지 않고 뜨거운 채로 절임장*에 담가서 냉장고에서 1일간 둔다.
④ ③의 절임장에서 삼치를 꺼내 종이로 감싸서 밀폐해 냉장고에서 1일간 숙성시킨다.
⑤ ④를 한입 크기로 썰어 그릇에 담고, 붉은 유자와 후추를 섞어서 아주 조금 올린다.

* 절임장: 맛술, 술을 끓인 후 간장과 가다랑어포를 더해서 팔팔 끓인 후 식혔다.

금눈돔 구이 긴메다이노 아부리(金目鯛の炙り)

— 니시아자부 스시 신(西麻布 鮨 真)

금눈돔은 껍질이 붙은 채 썰어서 석쇠에 살짝 구웠다. 미리 소금에 절였다가 냉장고에서 바람이 닿는 곳에 두고 탈수 시트로 수분을 흡수해 감칠맛을 농축했다.

만드는 방법
① 금눈돔(치바현 초시)을 3장으로 포를 뜬다. 껍질이 붙은 채로 양면에 소금을 발라서 30분 정도 두어 여분의 수분을 뺀다. 흐르는 물에 씻어 종이로 물기를 닦은 후 냉장고에서 20분 정도 두고 살 안에 남은 수분을 더 빠져나오게 한다. 다시 흐르는 물에 씻어 종이로 물기를 닦는다.
② 껍질이 아래로 오도록 대나무 소쿠리에 올리고 냉장고 안에서 바람이 닿는 장소에 50분 정도 두어 표면의 수분을 날린다. 탈수시트로 감싸서 냉장고에서 4~5시간 둔다.
③ ②를 한입 크기로 썰어서 강한 불에 달군 석쇠에서 양면을 살짝 굽는다.
④ ③을 2,3소쿠를 그릇에 올린다. 무를 갈아서 올리고, 도사(土佐) 지방 술과 폰즈를 살짝 붓고, 곱게 간 고춧가루를 뿌린 후 얏코파*를 송송 썰어 올린다.

* やっこねぎ: 고치(高知)현에서 재배하는 파로 일찍 수확하는 작은 파의 일종이다.

숙성 고등어 식초 다시마 절임 주쿠세이 사바노 스콘부즈케(熟成鯖の酢昆布締め) - 스시 마루후쿠(鮨 まるふく)

식초 절임 고등어를 쌀식초와 술에 불린 식초 다시마로 감싸서 2일간 숙성시킨다. 그릇에 담을 때는 초생강을 사이에 넣고 백다시마로 감싼다.

만드는 방법
① 식초 다시마를 만들 얇은 다시마는 술과 쌀식초를 배합해 여기에 10분간 정도 담가서 불린다.
② 랩을 큼직하게 펼치고 키친페이퍼를 깔고 ①의 식초 다시마를 올리고 고등어 식초 절임을 3장으로 포를 떠서 올린다. 다시 식초 다시마로 덮고 전체를 키친페이퍼와 랩으로 감싼다. 비닐봉지에 넣어서 공기를 빼고 냉장고에서 2일간 숙성시킨다.
③ 백다시마를 물, 쌀식초, 설탕, 소금, 간장을 끓인 조림장에 넣고 살짝 조려서 조림장에 담근 상태로 식힌다. 사용할 때 적당한 크기로 자른다.
④ ②의 고등어의 껍질을 벗기고 얇게 썬다. 초생강을 저며서 사이에 넣고 차조기를 올리고 ③으로 감싼다.
⑤ ④를 그릇에 담고 니키리 간장을 바르고 고추냉이을 갈아서 올리고 간 깨를 뿌린다.

고등어 식초 절임 시메사바(締め鯖) - 스시도코로 긴베에(寿司處 金兵衛)

10분 정도 짧게 식초에 담가 가볍게 절이는 점이 특징이다. 절반만 익혀서 촉촉하고 입안에 달라붙는 식감과 산뜻한 풍미를 맛볼 수 있다.

만드는 방법
① 고등어를 3장 뜨기한 후 껍질이 붙은 상태로 소금을 대량 발라서 2시간 반 정도 둔다. 물로 씻은 다음 물기를 닦는다.
② 곡물식초에 아주 소량의 설탕을 더하고 10분간 ①의 고등어를 담가서 절인다. 물기를 닦고 가시를 제거한다. 넓은 쟁반에 펼치고 랩으로 덮어 냉장고에서 보관한다.
③ ②의 고등어의 얇은 껍질을 벗기고 한입 크기로 썰어서 차조기, 무채와 함께 담는다. 파를 송송 썰고 생강은 채썰어서 곁에 둔다.

꽁치 식초 절임 산마노 스지메(秋刀魚の酢締め)

— 스시도코로 긴베에(寿司處 金兵衛)

제철을 맞은 꽁치를 가볍게 식초에 절여서 회로 낸다. 또 식초에 다시마의 감칠맛을 더해 꽁치의 기름기를 중화한다. 간즈리 오로시를 곁들인다.

만드는 방법
① 꽁치를 3장으로 포를 떠서 껍질이 붙은 채로 소금을 뿌리고 30분간 둔다. 물로 씻어서 물기를 닦고 그대로 30~40분간 둔 후에 배어나온 수분을 닦는다.
② 곡물식초에 약간의 설탕과 다시마를 넣고 ①의 꽁치를 10분간 약하게 절인다. 물기를 털고 볼에 가지런히 세워 놓는다. 랩으로 덮어서 냉장고에서 보관한다.
③ ②의 꽁치를 한입 크기로 썰어 차조기, 살게 채썬 무와 함께 낸다. 간즈리* 오로시를 곁들여 낸다.

* かんずり: 니가타현의 고추된장이다. 붉은 고추를 소금으로 절인 후 쌀누룩에 3년 정도 발효 숙성시킨 것이다. 여기서는 시판하는 병제품을 사서 간 무에 섞었다.

꽁치 구이 산마노 아부리(秋刀魚の炙り)

— 긴자 이와(銀座 いわ)

꽁치를 껍질만 노릇노릇하게 구워서 회로 낸다. 꽁치의 내장은 달콤짭조름하게 간을 해서 소보로를 만들어 간 생강과 함께 껍질 위에 조금 올린다.

만드는 방법
① 꽁치는 머리를 잘라내고 내장을 제거하고 간을 떼어둔다. 3장으로 포를 뜨고 껍질에 소금을 발라서 껍질만 굽는다.
② ①에서 떼어둔 간을 마른 팬에서 볶아 수분을 날린 다음 소금, 술, 맛술, 간장으로 간을 한다.
③ ①의 꽁치를 먹기 좋은 크기로 썰고 껍질이 위로 오도록 그릇에 담는다. ②의 간과 간 생강을 조금씩 올린다.

전갱이 회 아지노 즈쿠리(鯵の造り)

– 니시아자부 스시 신(西麻布 鮨 真)

전갱이 회 위에 고명으로 실파와 차조기를 끈기가 나올 때까지 절구에서 간 후 생강즙을 더해 올렸다. 전갱이 니기리즈시에도 올리고 있다.

만드는 방법
① 전갱이는 머리를 떼고 등을 갈라 펼쳐서 등뼈, 배 쪽 가시를 제거한다.
② ①에 소금을 뿌리고 10분 정도 두어 여분의 수분을 제거한다. 흐르는 물에 씻어서 등지느러미와 꼬리지느러미를 잘라내고 살을 2장으로 나눈다.
③ ②를 식초에 담갔다가 꺼내 종이로 물기를 닦고 껍질을 벗긴다.
④ ③을 한입 크기로 썰어 껍질에 몇 개 칼집을 넣는다.
⑤ 실파와 차조기를 절구에 조금 넣고 끈기가 나올 때까지 간다. 생강즙을 조금 추가해 섞는다.
⑥ ④의 전갱이 살을 그릇에 담고 니키리 간장을 바르고 ⑤를 고명으로 올린다.

학꽁치 다시마 절임 회 사요리노 콘부지메 이토쓰쿠리(細魚の昆布締め糸造り)

– 스시 아쓰미(鮨 渥美)

학꽁치를 다시마에 절인 후 얇게 썰고 싹눈파와 메추리알을 곁들였다. 전체를 섞어서 먹도록 권한다.

만드는 방법
① 학꽁치(나가사키현)의 머리와 내장을 제거하고 배를 갈라 펼친다. 등뼈, 배 쪽 가시를 제거한다. 흐르는 물에 씻은 후 물기를 닦고 소금을 뿌려서 3분 정도 둔다. 한 번 더 물로 씻어 물기를 닦는다.
② 다시마를 단식초(곡물식초에 설탕을 녹인 것)로 살짝 닦는다.
③ ①의 학꽁치를 ②의 다시마 사이에 넣고 랩 등으로 감싸서 냉장고에서 5시간 정도 둔다.
④ ③의 학꽁치를 비스듬히 얇게 썰어서 그릇에 담는다. 메추리알과 교마루히메 싹눈파*를 담고 고추냉이를 갈아서 곁들인다.

* 京丸姫ねぎ: 시즈오카현이 인정한 '시즈오카 식재 컬렉션' 중 하나로 스시집과 공동 개발한 싹눈파다.

정어리 식초 절임 말이 이와시스지메노 마키모노(鰯酢締めの巻きもの) － 스시 다이치(鮨 太一)

부드럽게 식초에 절인 정어리 속에 차조기, 양하, 초생강을 넣고 김으로 말았다.

만드는 방법
① 정어리를 식초에 절인다(84쪽 참고).
② ①의 정어리를 가운데로 나누어 잘라서 살을 2등분하고 각각 살의 두꺼운 부분은 칼을 넣어 펼친다.
③ 구운 김에 ②의 정어리 2장을 늘어놓고 차조기, 초생강, 양하를 얇게 썰어서 올리고 만다. 원형으로 썰어서 그릇에 담는다.
④ 차조기, 초생강, 양하로 장식한다.

붕장어 데친 회 아나고노 오토시(穴子の落とし) － 쓰구 스시마사(継ぐ 鮨政)

갓 손질해 투명감이 있는 신선한 붕장어 살에 잘게 칼집을 넣고 데친 후 매실 절임과 고추냉이 잎 오히타시를 곁들인다.

만드는 방법
① 붕장어를 펼쳐 데친다(152쪽 참고).
② ①의 붕장어의 물기를 제거하고 갯장어의 오토시와 마찬가지로 끝부터 잘게 칼집을 넣어주면서 2~3cm 크기로 썬다.
③ 끓는 물에 술을 소량 넣은 다음 ②의 붕장어를 넣고 살짝 익힌 후 물기를 털어낸다.
④ ③을 용기에 담고 매실 과육(말린 매실을 사용)과 간 고추냉이, 고추냉이 잎 오히타시*와 오이를 채썰어 곁들인다.

* お浸し: 재료를 데친 후 간장을 뿌린 것.

은어회 내장 된장 아유노사시미 우르카미소(鮎の刺身 うるか味噌) － 스시도요(すし豊)

자연산 활 은어 한 마리를 완전히 먹는다. 살은 회로 먹고 내장은 우르카 된장을 만든다. 머리, 남은 뼈나 지느러미, 껍질은 전분을 발라서 튀긴다(252쪽 참고).

만드는 방법
① 자연산 활 은어를 얼음물에 담갔다가 3장으로 포를 뜬다. 살, 내장, 머리, 아가미, 등뼈, 배 쪽 가시, 가슴지느러미를 모두 떼어 놓는다.
② ①의 살은 껍질을 벗겨서 얼음물로 씻은 후 물기를 제거한다. 그릇에 양하 잎을 깔고 은어를 한입 크기로 썰어서 올린 후 고명(여뀌, 채썬 양하, 미역, 싹차조기, 국화꽃, 간 고추냉이 등)을 곁들인다.
③ 우르카 된장을 만든다. ①에서 떼어 놓은 내장을 같은 양의 쌀된장과 함께 칼로 다져서 그릇에 담고 오븐에서 골고루 노릇하게 굽는다. 여뀌를 깐 작은 그릇에 조금 담는다.

오징어 투명 회 아오리이카노 우스즈쿠리(あおり烏賊の薄造り) － 니시아자부 스시 신(西麻布 鮨 真)

흰꼴뚜기(아오리이카)의 단맛이 직접 혀에 닿도록 아주 얇게 엇베어 썬다. 맛의 궁합이 잘 맞는 분홍성게(아카우니)를 곁들이는 경우도 많다.

만드는 방법
① 흰꼴뚜기(도쿠시마현)를 펼쳐서 내장과 다리를 제거하고 귀와 바깥의 두꺼운 껍질을 한 번에 벗긴다. 몸통을 세로로 4등분한다. 양면에 얇은 껍질이 여러 장 겹쳐져 있으므로 금속제 긴 젓가락을 껍질과 살 사이에 끼우고 칼을 끌어당길 때와 비슷한 요령으로 젓가락을 끝에서 끝까지 움직이며 껍질을 벗긴다.
② ①의 살 표면에 거의 평행하게 칼집을 넣으면서 매우 얇게 엇베어 썬다. 여러 장을 그릇에 담고 스다치 과즙을 짜서 뿌린 후 소금을 뿌린다. 고추냉이를 갈아서 곁들인다.

단새우 다시마 절임 아마에비노 콘부지메(甘海老の昆布締め) － 긴자 스시아오키(銀座 鮨青木)

다시마 절임은 흰살 생선이 일반적인데 긴자 스시아오키는 새우, 화살꼴뚜기, 개량조개 관자 등도 다시마 절임을 한다. 다시마의 쓴맛과 짠맛이 지나치게 나오지 않도록 재료마다 조절한다.

만드는 방법
① 단새우의 머리와 껍질을 제거하고 살만 남긴다.
② 라우스 다시마에 쌀식초를 바르고 ①의 단새우를 올린 후 가볍게 소금을 뿌린다. 마른 행주로 염분을 닦은 라우스 다시마로 덮은 후 전체를 키친페이퍼로 싸서 랩으로 감싼다.
③ ②를 상온에서 1~2시간 두어 맛을 들인 후 냉장고에서 8시간 정도 둔다.
④ ③의 다시마를 벗기고 단새우를 그릇에 담는다. 단새우에 알이 있으면 소량 올린다.

쌀새우 다시마 절임과 성게 시로에비노 콘부지메토 우니(白海老の昆布締めと雲丹) － 조로쿠즈시 미나미(蔵六鮨 三七味)

후쿠야마 특산품인 아주 작은 쌀새우(시로에비)를 성게와 함께 낸다. 쌀새우는 다시마로 몇 시간 절여서 맛을 들인다.

만드는 방법
① 쌀새우 살에 소금을 아주 얇게 바르고 20분간 둔다.
② 라우스 다시마를 술에 30분 정도 담가서 불린 후 표면을 닦는다. 똑같은 모양의 스테인리스 쟁반을 두 개 준비해 한 곳에 다시마를 깔고 ①의 쌀새우를 골고루 빈틈없이 평평하게 깐 다음 다시 위에 다시마를 덮는다. 다른 스테인리스 쟁반을 겹쳐서 덮은 후 고무줄로 묶어서 가볍게 압력을 준다. 냉장고에서 4시간 정도 맛을 들인다.
③ 칵테일 잔에 ②의 쌀새우를 담고 말똥성게를 올리고 고추냉이를 갈아서 올린다. 간장을 소량 흘려서 먹도록 권한다.

소금물 성게 시오미즈우니(塩水雲丹) － 가마쿠라 이즈미(鎌倉 以ず美)

냉수로 신선한 소금물 성게의 소금기를 씻어낸 후 물기를 충분히 턴다. 내놓을 때는 거친 소금을 조금 뿌린다.

만드는 방법
① 소금물 성게*는 소금물을 털고 냉수에 5분간 담가서 염분을 뺀다.
② ①을 바구니에 담고 냉장고에서 한동안 두면서 수분을 빼 알이 약간 둥글게 말리도록 만든다.
③ ②를 그릇에 담고 거친 소금을 뿌린 후 갯방풍을 곁들인다.

* 해수와 같은 염분 농도의 소금물에 담가서 유통하는 생성게. 이번에 사용한 것은 북쪽말똥성게다.

진미

친미 珍味

봄에 말린 알   하루노 가라스미(春のからすみ)
- 스시도요(すし豊)

가라스미는 숭어 곤이를 소금에 절여 발효했다 말린 것을 말한다. 스시도요는 겨울철에 나는 숭어 외에도 봄과 가을에 각종 어패류로 손수 가라스미를 만든다. 사진은 안쪽부터 삼치의 곤이, 입술무늬갑오징어(몬고이카)의 이리, 방어의 곤이다.

만드는 방법
① 삼치와 방어의 곤이를 꺼내서 물로 씻는다. 칼등으로 겉면을 쓸어내리면서 혈관에서 피를 뺀다. 입술무늬갑오징어의 이리도 꺼내서 물로 씻는다. 모두 물기를 닦는다.
② 밀폐용기에 집에서 발효한 소금누룩을 담고 ①의 곤이와 이리를 묻은 후 뚜껑을 덮고 냉장고에서 약 2주간 숙성시킨다.
③ ②의 곤이와 이리를 꺼내서 소주로 깨끗하게 씻어서 물기를 닦는다.
④ ③을 소쿠리에 펼치고 면포로 덮어 냉장고에 넣는다. 이따금 뒤집어서 약 2주에 걸쳐 건조시킨다.
⑤ ④를 비닐 봉투에 넣고 공기를 빼서 냉장고에서 보관한다.
⑥ ⑤를 얇게 썰어서 그릇에 담는다.

건조 숭어알 ① 가라스미(からすみ)

- 긴자 스시아오키(銀座 鮨青木)

겨울에 1년치 가라스미를 손수 담근다. 몇 가지 향초를 발라서 허브 풍미가 나는 가라스미를 만들기도 한다.

만드는 방법

① 숭어 곤이를 스푼으로 가볍게 문질러서 피를 뺀다. 소금을 뿌리고 랩을 덮어 냉장고에서 1일간 둔다.
② ①의 곤이를 꺼내서 소금을 제거한다. 진하게 우린 가다랑어포 육수를 식힌 다음 술로 희석해 곤이를 담근다. 냉장고에 1일간 둔다.
③ ②의 곤이를 꺼내 물기를 제거하고 판 사이에 껴서 얇고 평평하게 고정한다. 건조용 바구니에 넣어서 바람이 잘 통하는 실외에 걸어서 3~7일간 말린다.
④ ③의 겉면이 단단해지면 판을 떼고 다시 건조 바구니에 넣어서 2일 정도 말린다.
⑤ ④를 탈수 시트로 감싸서 냉장고에서 약 1개월 동안 두고 수분과 지방을 천천히 뺀다. 탈수시트는 매일 갈아준다.
⑥ 완성 시기가 가까워질 즈음 표면에 가볍게 곰팡이가 생기므로 깨끗하게 얇게 벗겨낸다. 1개씩 전용 봉투에 담아 진공 포장해서 냉동실에서 보관한다.
⑦ 사용하기 전날 봉투째 냉장고에서 해동하거나 사용하는 날 물에 담그거나 상온에 두어 해동한다. 얇게 썰어서 그릇에 담는다.

건조 숭어알 ② 가라스미(からすみ)

- 스시 잇신(鮨 一新)

일반 가라스미보다 염분을 70% 정도 낮게 만든다. 두툼하게 썰어 양면을 가볍게 숯불로 구워서 낸다.

만드는 방법

① 숭어 곤이(개당 500g 전후의 큼직한 것)를 들여와 피를 뺀다. 소금을 발라서 냉장고에서 2~3주 둔다. 매일 위치를 바꾸거나 뒤집어서 소금이 골고루 스며들도록 한다.
② ①의 곤이를 물에 씻어 물기를 털고 술과 소주를 같은 비율로 섞어 약 2일간 담가 소금기를 뺀다. 전체가 골고루 귓불 정도로 부드러워졌으면 꺼낸다.
③ ②의 물기를 제거하고 랩을 깐 소쿠리에 위에 펼친 다음 그 위에 소쿠리를 겹친다. 볕에서 20~30일간 말린다.
④ ③을 두께 1cm 정도로 썰어서 숯불에 양면을 구수하게 굽는다. 차조기를 깐 그릇에 담는다.

일본식 젓갈 3종 시오카라 산슈(塩辛三種)

- 스시 잇신(鮨 一新)

오른쪽부터 갑오징어(스미이카) 알, 햇꽁치, 참굴로 만든 시오카라다. 그 밖에도 창꼬치, 오징어, 바쿠라이(멍게와 해삼 내장 시오카라를 섞어 만든 것) 등을 준비한다.

만드는 방법

갑오징어 알 시오카라*

봄에 알을 품은 갑오징어의 알을 꺼내 소금을 발라서 병에 가득 담는다. 냉장고에 넣고 매일 휘저으며 숙성시킨다. 2~3일 후에 먹을 수 있고 3~4개월 보관할 수 있다.

햇꽁치 시오카라

① 초여름에 잡히는 햇꽁치의 내장을 꺼내서 비늘과 오염물을 꼼꼼하게 닦는다. 술로 씻어서 물기를 닦는다.
② ①에 소금을 바르고 병에 담아서 냉장고에 넣고 매일 휘저으며 반년간 숙성시킨다.

참굴 시오카라

① 참굴의 껍데기를 벗기고 굴을 꺼내서 술로 잘 씻는다. 물기를 닦는다.
② 밀폐용기에 소쿠리를 걸치고 ①의 굴을 올린 다음 소금을 발라서 냉장고에서 1주일 동안 둔다. 그 사이에 매일 뒤집으며 빠져나온 수분을 닦는다. 1주일 사이에 수분이 꽤 빠져 상당히 작아진다.
③ ②의 굴을 다른 소쿠리에 담고 아무것도 덮지 않은 채 냉장고에서 1주일 동안 두고 반 건조 상태로 만든다. 그 사이에 매일 뒤집어서 수분이 골고루 빠져나가도록 한다.
④ ③을 2,3등분해 병에 꽉 채워 담고 냉장고에 넣고 매일 휘저으며 약 반년간 숙성시킨다.

* 塩辛: 맵지 않은 일본식 젓갈.

성게를 올린 일본식 오징어 젓갈 시오카라노 우니노세(塩辛の雲丹のせ)   – 신주쿠 스시이와세(新宿 すし岩瀬)

갑오징어와 창오징어를 스시 한 개 크기로 썰어 살오징어 내장으로 버무려 숙성시킨다. 된장과 맛술로 살짝 간을 한다.

만드는 방법
① 살오징어의 얇은 껍질이 망가지지 않도록 내장을 꺼낸다. 내장에 소금을 바르고 냉장고에서 3일 정도 숙성시킨다. 물로 씻어서 겉에 묻은 소금을 씻어내고 물기를 닦아서 체에 넣고 짓이긴다.
② 갑오징어와 창오징어의 껍질을 벗기고 살을 길고 가늘게 썬다.
③ ①의 내장과 ②의 살을 섞은 후 끝을 뜨겁게 달군 쇠꼬치로 휘저어서 살균한다. 소량의 쌀된장(주조용 쌀누룩으로 만든 것)과 맛술로 간을 하고 냉장고에서 1~2일간 넣어서 숙성시킨다.
④ ③을 그릇에 담고 소금에 절인 말똥성게를 올린다.

일본식 오징어 젓갈 ① 시오카라(塩辛)   – 스시 하마다(鮨 はま田)

살오징어의 살을 그늘에서 말려 감칠맛을 응축시킨 후 얇게 썬다. 소금에 절인 내장과 함께 버무린다.

만드는 방법
① 살오징어 내장은 꺼내서 소금을 발라 1일간 냉장고에 둔다. 물로 씻어서 물기를 닦은 후 체에서 짓이긴다.
② ①의 살오징어의 몸을 펼쳐서 얇은 껍질을 벗기고 물로 씻는다. 물기를 닦은 후 그늘에서 말린다. 오징어 상태에 따라 반나절에서 2일 정도 말린다.
③ ②를 가늘게 썰어서 ①의 내장에 무친다. 1일에 다섯 번 잘 휘저어 섞으면서 냉장고에서 숙성시킨다. 다음날부터 먹을 수 있는데 3~4일 두는 편이 숙성이 진행되어 감칠맛이 깊어진다.
④ ③을 그릇에 담는다.

일본식 오징어 젓갈 ② 이카노 시오카라(烏賊の塩辛)   – 기즈시(㐂寿司)

10월에서 이듬해 4월까지 아오모리현과 홋카이도 등 북쪽에서 잡히는 살오징어를 들여온다. 짓이겨서 간을 한 내장과 살을 무쳐 1일간 냉장고에 두었다가 낸다.

만드는 방법
① 살오징어의 다리, 머리, 내장, 연골을 빼고 몸통을 깨끗하게 씻는다. 다리는 다른 요리에 쓰고 내장과 몸통은 시오카라용으로 떼어놓는다.
② ①의 내장을 체에서 짓이긴 후 소금, 물, 간장으로 간을 한다.
③ ①의 몸통은 펼쳐 껍질을 벗기고 가늘고 길게 썬다.
④ ②의 내장과 ③의 살을 섞어서 냉장고에서 1일 이상 두었다가 그릇에 담아 내놓는다.

일본식 오징어 젓갈 ③ 시오카라(塩辛)

- 스시도코로 기라쿠(鮨処 喜楽)

살오징어의 살과 내장을 약 2개월간 소금에 절여 만든 농후한 시판 시오카라와 손수 하룻밤 건조한 창오징어의 살을 무쳤다.

만드는 방법
① 창오징어 귀와 다리를 준비한다. 소금을 조금 뿌리고 20분간 둔다.
② ①의 귀와 다리의 수분을 제거한 후에 넓은 쟁반에 키친페이퍼를 깔고 그 위에 가지런히 놓는다. 그대로 냉장고에서 하룻밤 두고 건조한다.
③ ②를 먹기 좋은 크기로 썰어서 살오징어 시오카라(아오모리현의 시판 제품)에 섞는다.
④ ③을 그릇에 담고 청유자의 껍질을 채썰어 곁들인다.

숙성한 일본식 오징어 젓갈 주쿠세이 시오카라(熟成塩辛)

- 고비키초 도모키(木挽町 とも樹)

살오징어의 살과 내장을 손수 숙성시켜 만든 시오카라다. 매일 휘저으며 상태를 확인하고 1~2개월째에 낸다.

만드는 방법
① 살오징어에서 내장을 꺼내서 물에 씻어 물기를 제거한다. 몸통은 따로 둔다.
② 볼에 소쿠리를 겹쳐 놓고 소금을 잔뜩 뿌린 다음, 그 위에 ①의 내장을 올리고 다시 소금을 잔뜩 뿌린다. 숙성시키는 과정 중에 두 번 정도 소금을 바꾸면서 10~14일간 냉장고에서 소금에 절인다.
③ ①에서 따로 둔 오징어의 귀를 포함한 몸통의 껍질을 벗기고 염분 3% 진한 소금물로 씻는다. 물기를 닦아서 2일하고 반나절 정도 볕에서 말려 단단하게 건조시킨다.
④ ③을 조리용 가위로 아주 가늘게 잘라서 용기에 담는다.
⑤ ②의 내장을 물에 씻어 물기를 확실하게 닦는다. 얇은 껍질을 벗겨 속을 ④에 넣고 볕에서 말린 후 소금, 술, 맛술 약간을 더해서 나무 주걱으로 잘 섞는다. 냉장고에 넣고 매일 휘저으며 상태를 보고 숙성시킨다. 오징어 살이 부드러워지는 정도에 따라 술과 맛술을 조금씩 더한다.
⑥ 오징어 살이 부드러워지는 3주째부터 그릇에 덜어서 손님에게 내놓는다.

전복 간 된장 절임 아와비노 키모노 미소즈케(鮑の肝の味噌漬け)

- 스시 다이치(鮨 太一)

쓴맛과 진한 맛이 있는 전복 간에 달콤 짭조름한 된장의 풍미가 더해진 절임이다. 찐 전복에 곁들일 때가 많다.

만드는 방법
① 전복의 간을 떼어내어 통째로 술에 담가 찜기에 넣는다. 강한 불에서 찌면 망가지므로 약한 불로 시작해서 익기 시작하면 중간 불로 40분간 찐다. 꺼내서 식힌다.
② 쌀된장을 술과 맛술에 풀어서 가볍게 가열하며 섞는다. 식은 후 ①의 간을 넣고 2일간 담가둔다.
③ ②에서 간을 꺼내서 된장을 털어내고 작게 썰어서 그릇에 담는다.

전복 간 젓갈과 마스카르포네 치즈

아와비노키모 시오카라토 마스카르포네(鮑の肝塩辛とマスカルポーネ)

- 긴자 스시아오키(銀座 鮨青木)

전복의 간, 외투막, 이빨로 각각 시오카라를 만들고, 이탈리아산 크림치즈 마스카르포네와 버무렸다.

만드는 방법

전복 시오카라 4종
① 전복의 간을 반으로 자르고 소금을 발라 냉장고에서 1일간 둔 후 술에 담가서 2일간 둔다.
② 전복을 조릴 때 사용했던 조림장에 전복의 간을 넣고 30분 정도 조린다. 물기를 닦고 체에서 짓이겨 소금을 뿌린다.
③ 전복의 외투막(간에 연결되어 있는 가는 관 형태의 내장)에 소금을 바르고 냉장고에 1일간 두었다가 술에 담가서 2일간 둔다.
④ 전복의 이빨(입 부분에 있는 상하 이빨 두 개)을 칼로 잘게 썰어 소금을 발라 냉장고에서 1일간 둔다. 술에 담가서 2일간 둔다.

완성
① 전복 시오카라 4종을 전부 합치고 말린 가리비 관자와 건조 새우를 잘게 다져서 섞는다. 냉장고에서 2~3일 두고 맛을 들인다.
② 마스카르포네 치즈에 소금과 감칠맛 조미료를 조금 넣고 골고루 섞어서 냉장고에 1일간 둔다. ①과 섞어서 그릇에 담는다.

일본식 굴 젓갈 가키노 시오카라(牡蠣の塩辛)

— 스시 다이치(鮨 太一)

굴을 통째로 하룻밤 소금에 절여서 만든 시오카라다. 겨울에는 참굴, 여름에는 바위굴로 만든다. 껍데기에 담겨 있는 해수를 이용해 식초와 간장을 1:1로 섞어 만드는 니바이즈*와 함께 낸다.

만드는 방법
① 굴 껍데기를 열고 굴을 꺼낸다. 껍데기에 담겨 있는 해수를 다른 볼에 모아둔다. 굴을 물에 씻어 물기를 닦고 소금을 뿌려 냉장고에서 하룻밤 둔다.
② 모아둔 ①의 해수를 거른 다음 니바이즈와 섞어 굴식초를 만든다.
③ ①의 소금에 절인 굴을 3,4개 썰어서 그릇에 담고 ②의 굴식초를 뿌린다.

* 二倍酢: 두 잔이라는 뜻.

가리비 곤이 회 호타테 란소노 사시미(帆立卵巣の刺身)

— 니시아자부 다쿠(西麻布 拓)

초봄 산란기에 붉게 물든 홋카이도산 가리비 곤이를 회로 낸다. 식감도 부드럽고 풍미도 뛰어나다.

만드는 방법
① 가리비(홋카이도 노쓰케 자연산)에서 곤이를 꺼내서 옆면에 칼을 넣어서 2등분한다. 내장에 있는 소화선을 제거하고 깨끗하게 물로 씻는다. 물기를 닦아서 여러 장으로 엇베어 썬다.
② ①을 그릇에 담고 소금과 흰 파를 다져서 올리고 참기름을 뿌린다.

문어 간과 알 조림 다코노 기모토 다마고(蛸の肝と卵)

— 스시도코로 오구라(すし処 小倉)

살아 있는 문어의 간(사진 오른쪽)과 곤이(왼쪽)를 문어를 조릴 때와 같은 조림장에 조렸다. 상온에서 식혀 단단해졌을 때 먹는다.

만드는 방법
① 문어의 몸통에서 간과 곤이를 꺼내서 물에 씻는다.
② ①의 간과 곤이를 무명천으로 감싸서 짜고 문어 간장 조림의 조림장(122쪽 참고)에 넣고 문어 다리와 함께 1시간 모자라게 조린다. 꺼내서 열을 식히고 냉장고에서 보관한다.
③ 내기 직전에 ②를 썰어서 그릇에 담고 니쓰메 간장을 흘리고 고추냉이를 갈아서 곁들인다.

해삼 내장 무침 차부리나마코노 고노와타아에(茶ぶり海鼠のこのわた和え)

— 스시 키즈나(鮓 きずな)

반차*로 살짝 데쳐서 색을 내면서 비린내를 제거한 해삼을 폰즈에 담가서 생내장과 고노와타로 무쳤다

만드는 방법
① 해삼(효고현 아카시)을 소금으로 주물러서 씻고 점액질을 제거한다. 물로 씻은 후 펄펄 끓인 반차에 넣고 1~2분 정도 데친다. 냉수에 씻어서 둔다.
② ①의 해삼의 양끝을 잘라버리고 세로로 2등분해 내장을 꺼낸다. 내장은 따로 둔다. 살은 물에 씻어서 작게 썬다. 스다치를 넣은 수제 폰즈에 1시간 정도 담갔다가 물기를 닦고 보관한다.
③ ②에서 떼어놓았던 내장은 가운데 오염물을 제거하고 씻어서 물기를 닦아서 얇게 썬다. 칼로 섬세하게 두드리고 고노와타(해삼 내장으로 만든 시오카라, 시판 제품)를 합쳐서 ②의 살을 무친다.
④ 그릇에 ③을 담고 유자 껍질을 얇게 썰어서 곁들인다.

* **番茶**: 일본 녹차의 일종.

고등어 쌀겨 절임, 두부 붉은 누룩 절임, 자라 알 된장 절임

사바노 헤시코(鯖のへしこ), 도후요(豆腐よう), 슷본노 다마고노 미소즈케(すっぽんの卵の味噌漬け) － 쓰구 스시마사(継ぐ 鮨政)

고등어를 쌀겨로 절인 헤시코와 오키나와 지방 특산 시마두부를 베니고우지*에 담가서 만든 발효 두부 도후요, 자라 알을 된장에 절인 다마고 미소즈케까지 손수 담근 진미 3종 모둠이다.

만드는 방법

고등어 쌀겨 절임(사진 위쪽)

① 고등어는 머리와 내장을 제거한 후 소금을 충분히 뿌려서 통째로 장시간 절인다. 지금 사용한 고등어는 4년간 절인 것이다.
② ①의 고등어를 물로 씻어 소금을 거두어내고 물기를 제거한다. 간을 한 쌀겨장에 8개월간 절인다.
③ ②에서 적당량을 썰어서 쌀겨장을 제거하고 겉면을 살짝 굽는다.

두부 붉은 누룩 절임

① 단단한 두부를 2~3cm 크기로 자르고 소금을 골고루 발라서 밀봉한 후 냉장고에서 약간 단단해질 때까지 며칠간 둔다.
② ①의 두부를 소쿠리 등에 올려 물기를 뺀 후 아무것도 덮지 않은 채 냉장고에 넣는다. 중간 중간 몇 번 뒤집으면서 건조시켜 약간 단단해질 때까지 며칠간 둔다.
③ 잼 상태로 병에 담긴 베니고우지 시판 제품에 술 등을 넣어 풀어준다. ②의 두부를 담그고 밀폐한 후 차갑고 어두운 곳에서 반 년간 발효시킨다.
④ ③에서 두부를 꺼내서 그릇에 담는다.

자라 알 된장 절임

① 암컷 자라에서 알집을 꺼낸다. 피막을 제거하고 씻어서 한 알 한 알 풀어 놓는다.
② 집에서 담근 쌀된장, 맛술, 간장을 섞어서 절임된장을 만든다.
③ ②의 절임된장을 반 정도 담고 가제로 덮은 후 ①의 알을 늘어놓는다. 가제로 알을 덮고 나머지 절임된장을 올린 후 냉장고에서 약 1주일간 절인다.
④ ③의 알을 꺼내서 그릇에 담는다.

* 紅麴: 붉은색을 띤 누룩.

생건조 해삼 내장 구치코노 나마호시(口子の生干し)

- 니시아자부 다쿠(西麻布 拓)

삼각형은 해삼 곤이(구치코, 코노코)를 그대로 건조한 것이고, 사각형은 해삼 곤이 시오카라를 술로 펼쳐서 건조한 것이다. 둘 다 숯불에 살짝 구웠다.

만드는 방법
① 해삼 곤이를 끈에 약 열 개씩 걸고 아래쪽을 모아서 삼각형을 만든다. 실온에서 하룻밤 그대로 건조한다.
② 시판하는 해삼 곤이 시오카라를 술로 풀어서 염분을 조절해 종이 호일에 조금씩 올려서 펼친다. 그대로 2일간 건조시킨다.
③ ①과 종이 호일을 제거한 ②를 숯불에 타지 않을 정도로 서서히 겉면을 구워 그릇에 담는다.

생새우 술도둑 절임 나마에비노 슈토즈케(生海老の酒盗漬け)

- 스시 다이치(鮨 太一)

사진의 줄무늬도화새우(시마에비)나 도화새우(보탄에비) 등 살이 부드러운 중형 새우를 슈토에 절였다. 슈토의 깊고 진한 맛이 훌륭하게 어우러졌다.

만드는 방법
① 줄무늬도화새우의 머리와 껍질을 제거하고 살만 남긴다.
② 시판하는 가쓰오 슈토*에 술과 소금을 더해 끓여서 불을 끄고 식힌다. ①의 줄무늬도화새우를 담가 냉장고에 반나절 넣어둔다.
③ ②에서 줄무늬도화새우를 두 마리 꺼내어 솔잎처럼 갈라진 꼬치에 꽂아서 그릇에 담는다.

* 슈토는 가다랑어 내장으로 만드는 일본식 젓갈이다. 酒盜는 술도둑이라는 뜻인데 슈토가 있으면 도둑이라도 맞은 듯 술이 사라진다 해 이 이름이 붙었다.

고래 베이컨 구지라 베이컨(鯨ベーコン)

- 쓰구 스시마사(継ぐ 鮨政)

고래의 두 가지 부위를 담았다. 우네는 소금에 절였다가 데쳐서 훈제한다. 백첩은 데쳐서 여분 지방을 제거한 후 낸다.

만드는 방법
① 밍크고래 또는 보리고래의 우네* 덩어리를 며칠간 소금에 절인다.
② ①의 소금을 씻어내고 속이 익을 정도로 데친다.
③ ②의 물기를 제거하고 적당한 크기로 썬다. 벚나무 훈제칩으로 연기를 낸 후 연기에서 가볍게 훈제한다.
④ 고래의 백첩**을 적당한 크기로 자른다. 소금물에 데친 후 물 버리기를 몇 번 반복해 여분의 지방을 제거한다. 물을 털어내고 식힌다.
⑤ ③의 우네는 얇게 썰고 ④의 백첩은 한입 크기로 썰어서 그릇에 담는나. 잎몬겨사와 무 장식을 곁들인다.

* うねす: 고래의 아래턱에서 배에 이르는 주름모양의 부위.
** 百畳: 고래의 첫 번째 위장

버무림, 식초 무침, 간장 절임
아에모노和えもの · 스모노酢のもの · 다레즈케たれ漬け

관자 깨소스 무침 고바시라노 고마소스아에(小柱の胡麻ソース和え)   - 긴자 이와(銀座 いわ)

흰깨로 소스를 만들어 참기름과 차조기를 채썰어 더한다. 원래는 깨 모양 반점이 특징인 망치고등어(고마사바)용으로 고안한 소스를 관자에 응용했다.

만드는 방법
① 고바시라*를 물에 씻어서 소쿠리에서 물을 뺀다. 키친페이퍼로 물기를 닦고 모래, 껍데기 등이 있다면 제거한다.
② 흰깨를 볶아서 절구에 넣고 으깨어 설탕, 간장, 가다랑어포 육수, 참기름을 소량 추가한다.
③ ②의 소스에 ①의 고바시라를 무친다. 마무리로 차조기를 채썰어 넣고 무친다. 소금 또는 간장으로 간을 해 그릇에 담는다.

* 小柱: 개량조개(바카가이)의 관자.

쑥갓 호두 무침 기쿠나노 구루미아에(菊菜の胡桃和え)   - 스시도코로 미야코와케미세(すし処 みやこ分店)

쑥갓을 절임장에 담가 감칠맛을 내고 흰색 소스로 버무렸다. 소스에 호두를 거칠게 다져 넣어 깊은 맛과 향을 추가한다.

만드는 방법
① 쑥갓을 소금물에 데쳐 냉수에 식힌다. 물기를 짜서 잘게 썬다.
② 가다랑어포 육수, 백간장, 맛술로 절임장을 만들고 ①의 쑥갓을 담근다.
③ 목면두부는 수분을 짜서 간 깨, 설탕, 소금과 함께 절구에 넣고 갈아 으깨서 흰색 소스를 만든다. ②의 쑥갓은 물기를 털고 호두는 볶아서 거칠게 다져 함께 무친다.
④ ③을 그릇에 담고 실 가다랑어포를 올린다.

다진 전갱이 아지노 나메로우(鯵のなめろう)

- 스시 아쓰미(鮨 渥美)

스시 아쓰미는 생선에 양념을 해서 다지는 향토요리 나메로우를 철에 따라 생선과 고명을 바꾸어 다양하게 낸다. 설탕, 식초, 가다랑어포 육수를 섞어서 새콤달콤하게 간을 했다.

만드는 방법
① 전갱이(가고시마현)는 머리와 내장을 제거하고 3장으로 포를 떠서 뼈를 정성스럽게 제거한다. 물에 씻어서 물기를 닦고 껍질을 벗긴다. 양면에 소금 약간 뿌리고 3~5분 정도 둔다. 다시 물로 씻어서 물기를 닦고 칼로 두드린다.
② 신슈(信州)된장, 설탕, 곡물식초, 가다랑어포 육수를 섞어 양념된장을 만든다.
③ 볼에 ①의 전갱이를 넣고 ②의 양념된장, 채를 썬 양하와 비비추, 간 생강을 넣고 전부 섞는다.
④ 식용 국화 꽃잎은 곡물식초를 넣은 뜨거운 물에 살짝 데친다. 찬물에 헹구고 물기를 짠다.
⑤ 그릇에 ③을 담고 비비추 잎을 곁들이고 ④의 국화 꽃잎을 올린다. 전체를 섞어서 먹도록 권한다.

장어 간 구이와 마 우나기 키모 토로(鰻肝とろ)

- 스시도요(すし豊)

장어 간은 가바야키 풍의 달콤 짭조름한 간장을 발라서 굽고, 위에 나가이모를 갈아서 뿌렸다. 장어는 간만 들여와 요리에 사용한다.

만드는 방법
① 장어 간만 모아서 들여온다. 물에 씻고 물기를 닦는다. 다레(간장, 술, 맛술, 설탕)에 버무려서 가바야키* 풍으로 냄비에서 굽는다. 용기에 담아서 냉장고에서 보관한다.
② 주문이 들어오면 ①의 간을 오븐에 데우고 다레에 다시 버무리고 산초 가루를 뿌린다.
③ 그릇에 ②의 간을 몇 개 담고 나가이모**를 갈아서 뿌린다. 가운데에 메추리알을 깨서 떨어뜨리고 고추냉이를 갈아서 곁들인다. 전체를 잘 섞어서 먹도록 권한다.

* 蒲焼き: 생선을 양념하지 않고 구운 후 다시 양념을 해 굽는 방식.
** 長いも: 참마의 일종.

성게를 곁들인 마 쓰크네이모노 무라사키우니 아에(つくねいもの紫雲丹和え)

– 스시 후쿠모토(鮨 福元)

토실토실 살이 꽉 찬 쓰크네이모*를 길쭉한 직사각형으로 썰고 보라성게(무라사키우니)를 올리고 간장으로 간을 한다. 성게를 진한 소스처럼 사용한다.

만드는 방법
① 쓰크네이모는 껍질을 벗기고 긴 직사각형으로 두툼하게 썰어서 가지런히 그릇에 담는다.
② ①에 보라성게를 올리고 고추냉이를 갈아서 올린다. 간장을 뿌리고 비벼서 먹는다.

* つくね芋: 불장서, 마의 일종.

치어 젤리 나마시라스노 쥬레(生しらすのジュレ)

– 스시 아쓰미(鮨 渥美)

백합 데친 물을 베이스로 해서 만들어 감칠맛이 살아 있는 젤리다. 계절에 따라 성게, 새우, 붕장어, 야채를 조합한다.

만드는 방법
① 백합을 데친 물과 가다랑어포 육수를 같은 양을 섞어서 데우고, 술, 소금, 간장으로 간을 한다. 냄비 밑면을 얼음물에 대고 열을 식힌다. 젤라틴은 냉수에 불린 다음 녹여서 거른다.
② 소금에 절인 벚꽃을 물에 담가 소금기를 뺀 후 물기를 짠다.
③ 그릇에 ②를 담고 ①을 붓는다. 냉장고에서 차갑게 식혀 굳힌다.
④ ③ 위에 뱅어나 멸치의 치어(시즈오카현 오마에자키)를 그대로 담고 생강을 갈아서 올린다.

새끼 붕장어 노레소레(のれそれ)

— 가마쿠라 이즈미(鎌倉 以ず美)

1월 말쯤 봄의 숨결을 느끼도록 제일 먼저 손님에게 내는 붕장어의 치어다. 그대로 조리해서 목을 타고 매끈하게 넘어가는 느낌을 즐길 수 있다.

만드는 방법
① 노레소레(붕장어 치어)를 물에 씻어 소쿠리에 담고 물을 뺀다.
② ①을 칵테일 잔에 담고 메추리알 노른자, 송송 썬 실파, 간장을 뿌린다.

새끼 붕장어 소면 노레소레소멘(のれそれそうめん)

— 스시 기즈나(鮓 きずな)

노레소레는 보통 이카소멘(삼배초*와 함께 오징어를 얇게 채썰어 소면처럼 먹는다)처럼 소멘쓰유*를 함께 낸다.

만드는 방법
① 노레소레(붕장어 치어)를 소금물에서 씻어 점액질을 제거하고 소쿠리에 담아 물기를 뺀다.
② 그릇에 ①의 노레소레를 담고 소멘쓰유*를 뿌린다.
③ 나가이모를 칼로 섬세하게 다져서 ②에 담고 실파를 송송 썰어 올리고 간 생강, 차조기 꽃을 곁들인다.

* 三杯酢: 식초, 간장, 맛술을 1:1:1로 섞은 것.
* そうめんつゆ: 가다랑어포와 다시마로 육수를 낸 후 간장과 맛술로 간을 해 식힌 것.

흰살 생선 껍질과 조개 외투막 폰즈 무침

시로미자카나노 카와토 카이히모노 폰즈아에(白身魚の皮と貝ひものポン酢和え)　　　　　　　　　　　　- 기즈시(㐂寿司)

광어나 도미의 껍질을 데친 후 식혀서 단단해지면 얇게 썬다. 다랑어의 껍질, 키조개의 외투막도 곁들여서 맛에 변화를 준다.

만드는 방법
① 광어, 도미, 다랑어 등을 손질하고 나온 껍질을 물로 씻어서 살짝 데친다.
② ①에 붙어 있는 검붉은살이나 오염물은 깨끗하게 제거하고 다시 물에 씻는다. 식혀서 단단해지면 얇게 썬다.
③ 키조개의 외투막은 점액질을 칼로 긁어내고 물로 씻은 후 물기를 닦아 작게 썬다.
④ 오이는 껍질째 반달모양으로 얇게 썰어놓는다.
⑤ ②의 껍질, ③의 외투막, ④의 오이를 합쳐서 폰즈*로 무친다.
⑥ ⑤를 그릇에 담고 실파는 송송 썰어 올리고 모미지 오로시*를 곁들인다.

* 광귤 과즙, 술, 맛술, 간장, 붉은 고추를 섞어서 만든 수제 제품.
* 紅葉おろし: 무와 고춧가루를 함께 갈아서 만든 것으로 붉은색을 단풍에 빗대어 모미지라는 이름이 붙었다.

조갯살과 오이 초된장 무침　아오야기토 큐리노 스미소아에(青柳と胡瓜の酢味噌和え)　- 조로쿠즈시 미나미(蔵六鮨 三七味)

개량조갯살(아오야기)을 가볍게 익혀서 소금에 무친 오이와 함께 초된장을 곁들였다. 개량조개는 홋카이도 도마코마이산으로 크고 색이 선명한 것을 쓴다.

만드는 방법
① 개량조갯살을 찬물에 넣고 70℃까지 가열한다. 살이 선명한 오렌지색을 띠면 건져서 찬물에 식힌다.
② ①의 개량조갯살은 물기를 닦고 형태를 예쁘게 다듬는다.
③ 그릇에 ②와 소금에 무친 오이를 담는다. 초된장(사이쿄 된장*, 쌀식초, 맛술, 간장, 설탕을 섞어 만든다)을 곁들이고 볶은 흰깨를 뿌린다.

* 西京味噌: 관서지역의 흰 된장 -옮긴이

유채와 불똥오징어 초간장 무침

나노하토 호타루이카노 기미즈쇼유 가케(菜の花と蛍烏賊の黄身酢醤油がけ)　　　- 스시 마쓰모토(鮨 まつもと)

불똥오징어에 소금물에 데친 유채를 함께 올린 봄 요리다. 달걀노른자 초간장 소스를 곁들여 깊은 맛을 살렸다.

만드는 방법
① 유채 나물은 적당한 길이로 잘라 소금물에 살짝 데친 후 냉수에 식혀 물기를 짠다.
② 불똥오징어(하마유데한 것)는 눈, 입, 연골을 제거한다.
③ 달걀노른자에 간장과 쌀식초(치도리스)를 더하고 중탕하면서 섞는다. 끈적끈적해질 때까지 가열해서 달걀노른자 초간장 소스를 만든다.
④ ①의 유채와 ②의 불똥오징어를 그릇에 담고 ③의 달걀노른자 초간장 소스를 뿌린다.

굵은 큰실말 무침　후토모즈쿠(太もずく)　　　- 고비키초 도모키(木挽町 とも樹)

자연산 굵은 큰실말은 아와지시마 섬 근처 누시마(沼島)에서 매년 들여오는데 실곤약만큼 두꺼워서 씹는 맛이 좋다.

만드는 방법
① 굵은 큰실말(아와지시마의 누시마)을 살짝 뜨거운 물에 데쳐서 녹색을 살리고 찬물에 식힌다. 물기를 털고 도마 등에 펼쳐서 돌이나 모래 같은 불순물이 있으면 제거하고 다시 한번 물에 씻어서 물기를 턴다.
② 절임장을 만든다. 가다랑어포 육수, 삼배초, 광귤 과즙을 섞어서 만든 수제 폰즈를 섞어서 데운 후 소량의 설탕과 맛술을 더해서 식힌다.
③ ①의 굵은 큰실말에 ②의 절임장을 붓고 냉장고에서 2시간 정도 둔다.
④ ③을 그릇에 담고 스다치 과즙을 짠다.

순채 무침　준사이(蓴菜)　　　- 스시 요시다(鮨 よし田)

여름에 기본 안주로 내는 식초 무침이다. 산뜻한 배합초로 무친 후 오이와 만간지(万願寺)의 빨간 고추로 선명한 색채를 살린다.

만드는 방법
① 순채를 물에 깨끗이 씻는다. 오이는 소금으로 문지른 후 물에 씻고 빨갛게 익은 고추와 함께 5 mm 크기 사각형으로 썬다.
② 가다랑어포 육수, 쌀식초, 적초, 담백한 맛 간장, 설탕, 소금을 섞어서 배합초를 만들고 고추냉이를 소량 갈아서 푼다.
③ ①의 순채, 오이, 붉은 고추를 ②배합초에 무쳐서 그릇에 담는다.

암컷 대게 식초 무침 고바코가니노 스노모노(香箱蟹の酢のもの)

— 스시 와타나베(鮨 わたなべ)

암컷 대게를 쪄서 살과 알을 꺼내고 껍데기에 다시 담은 가을 겨울 요리다. 봄여름에는 털게 내장을 무쳐 낸다.

만드는 방법
① 암컷 대게를 껍데기째 18분간 찐다.
② ①을 발라서 알과 살을 꺼내고 깨끗하게 씻은 껍데기에 다시 채운다.
③ 삼배초*를 일번육수*로 희석해 생강즙을 떨어뜨린다.
④ 그릇에 ②를 담고 스다치를 곁들이고 ③의 배합초는 다른 그릇에 담아 함께 낸다.

* 三杯酢: 쌀식초, 술, 맛술, 담백한 맛 간장, 설탕을 섞은 것.
* 一番だし: 가다랑어포를 처음 우린 육수로 맑고 깔끔한 맛이 특징.

데친 게 유데가니(ゆで蟹)

— 스시도코로 메구미(すし処 めぐみ)

게는 북쪽 지방의 겨울 입맛을 대표한다. 게를 소금물에 데친 후 살을 발라 껍데기에 다시 담았다. 11월부터 12월은 주로 암컷 대게를 사용하는데 사진처럼 암컷 털게로도 자주 조리한다.

만드는 방법
① 털게는 껍데기째 물에 씻는다. 염분농도 1% 증류수를 끓여서 5초간 한 번 데쳐서 물에 씻고 이번에는 염분농도 1.7% 증류수에서 6분간 데친다.
② ①을 소쿠리에 담아 상온에서 식힌다. 여기까지 순서는 암컷 대게를 준비하는 방법(102쪽 참고)과 같다.
③ ②를 발라서 다리 살, 내장, 몸통 살을 꺼내서 껍데기에 채운다.
④ ③을 그릇에 담고 가니즈*를 곁들인다.

* がに酢: 게 식초라는 뜻으로 쌀식초, 소금, 백간장, 술, 맛술을 섞은 것.

털게와 청어알 무침 게가니토 가즈노코(毛蟹と数の子)   - 긴자 이와(銀座 いわ)

부드러운 털게 살과 씹는 맛이 좋은 청어알을 작게 잘라서 무쳤다. 따로 가다랑어포 육수를 베이스로 만든 배합초를 곁들인다.

만드는 방법
① 털게는 껍데기째 삶아서 살을 발라 풀어놓는다.
② 절임장을 만든다. 냄비에 가다랑어포 육수, 소금, 술, 맛술, 간장을 섞어서 끓이고 식힌다.
③ 청어알은 농도가 낮은 소금물에 반나절 정도 담가서 소금기를 뺀 후 물기를 닦고 ②의 절임장에 1일 이상 담가둔다.
④ 배합초를 만든다. 가다랑어포 육수, 맛술, 소금, 쌀식초를 섞어서 끓인 후 식힌다.
⑤ ③의 청어알의 물기를 닦고 작게 썬다. ①의 털게 살과 무쳐서 그릇에 담는다. ④의 배합초는 다른 그릇에 담아서 함께 내고 뿌려서 먹도록 권한다.

게살 달걀노른자 식초 무침 가니노 기미즈 아에(蟹の黄身酢和え)   - 긴자 스시코혼텐(銀座 寿司幸本店)

대게(즈와이가니)와 킹크랩(다라바가니)의 살을 섞어서 달걀노른자 식초에 무쳤다. 와인과 함께 즐길 수 있도록 검은 후추를 거칠게 갈아 넣었다.

만드는 방법
① 대게 살과 킹크랩 살을 함께 풀어서 섞는다.
② 달걀노른자 식초를 만든다. 달걀노른자 다섯 개에 쌀식초와 맛술을 각 50cc씩 섞고 중탕으로 가열하며 끈기를 만든다. 완성 후 검은 후추를 거칠게 갈아서 뿌리고 식힌다.
③ ①의 살을 ②의 달걀노른자 식초로 무쳐서 그릇에 담는다. 오이를 채썰어 곁들이고 검은 후추를 갈아 뿌린다. 시간을 두면 물기가 생기고 비린내도 나므로 반드시 무치자마자 먹을 수 있도록 한다.

시샤모 소스 절임 고시샤모 난반즈케(子ししゃも南蛮漬け)

- 스시야 이치야나기(すし家 一柳)

계절마다 제철 생선으로 난반즈케*를 만든다. 귀한 시샤모 유어로 만들었는데 하룻밤 말릴 때도 있다.

만드는 방법
① 시샤모(홋카이도)의 유어를 물에 씻어서 물기를 닦고 머리, 비늘, 지느러미, 내장을 그대로 두고 밀가루를 바른다. 기름에 바삭하게 튀긴다.
② 가다랑어포 육수, 맛술, 설탕, 쌀식초, 담백한 맛 간장, 잘게 썬 빨간 고추를 냄비에 넣고 끓여서 절임장을 만든다.
③ ②의 절임장을 볼에 일부 덜고 ①을 담가서 여분의 기름을 제거한 후, 나머지 절임장에 담가 하룻밤 재워 맛을 들인다.
④ 그릇에 ③의 시샤모를 담고 절임장을 뿌리고 빨간 고추로 장식한다.

* 南蛮漬け: 생선 등을 튀긴 후 고춧가루, 파가 들어간 식초에 담그는 요리.

대구 이리 간장 절임 시라코노 쇼유즈케(白子の醤油漬け)

- 스시 마루후쿠(鮨 まるふく)

대구 이리를 뜨거운 물에 살짝 담갔다 건지는 정도로 부드럽게 데친 후 맛이 옅은 간장 다레에 반나절 담근다. 그릇에 담아 시치미 고춧가루를 뿌린다.

만드는 방법
① 대구 이리를 흐르는 물에 씻어서 피를 뺀다.
② ①을 한입 크기로 썰고 뜨거운 물에 살짝 담갔다 건진다.
③ ②의 물기를 털고 미지근한 다레*에 반나절 담근다.
④ ③을 다레와 함께 그릇에 담고 시치미 고춧가루*를 뿌린다.

* 맛술과 술을 니키리, 간장과 물을 더해서 한차례 끓였다. 열기를 식힌 후에 사용한다.
* 七味唐辛子: 고춧가루 등 일곱 가지 조미료를 섞은 혼합 조미료.

재첩 간장 절임 시지미 즈케(蜆漬け)

― 쓰구 스시마사(継ぐ 鮨政)

대만 요리인 재첩 간장 절임을 응용해서 만들었다. 절임장에는 장기 숙성한 맛술을 넣고 산마늘과 빨간 고추로 풍미를 더했다.

만드는 방법
① 재첩을 데쳐서 껍데기가 열리기 시작하면 꺼낸다. 데친 물은 재활용하지 않는다.
② 숙성 맛술(시판)에 간장, 산나물 간장 절임*, 붉은 고추를 섞어서 ①의 재첩을 넣고 1일간 담가둔다.
③ ②의 재첩을 절임장째 그릇에 담는다.

* 산나물을 제철에 사들여 적당한 길이로 썰어서 간장에 절여놓은 것.

굴 참기름 절임 가키노 오일즈케(牡蠣のオイル漬け)

― 스시 나카무라(鮨 なかむら)

굴을 뜨거운 물에 살짝 담갔다 건진 후 담백한 맛 간장을 베이스로 만든 절임장에 넣고 곧바로 불을 꺼서 천천히 맛이 배도록 했다. 마무리로 다이하쿠 참기름(太白ごま油)에 무쳐서 그릇에 담는다.

만드는 방법
① 굴(히로시마현)은 물에 씻어서 뜨거운 물에 살짝 담갔다가 건진 후 물기를 닦는다.
② 맛술, 술, 간장, 물을 냄비에 넣고 끓이다 ①을 넣고 곧바로 불을 끈다. 그대로 식혀서 맛이 배도록 한다.
③ ②의 굴을 건져서 물기를 털고 다이하쿠 참기름에 무쳐 그릇에 담는다.

조림, 찜, 데침

니모노煮もの・무시모노蒸しもの・유데모노ゆでもの

벚꽃색 문어 조림　다코노 사쿠라니(蛸の桜煮)

- 긴자 스시아오키(銀座 鮨青木)

선대에 정착된 긴자 스시아오키의 간판 메뉴다. 예전보다 조리는 시간을 줄여서 문어의 풍미를 더욱 살렸다.

만드는 방법
① 문어의 내장, 눈, 입을 제거하고 다리와 몸통이 붙은 채로 잘 문질러서 점액질을 제거한다. 물에 씻어서 물기를 털고 몸통을 자르고 다리를 네 개씩 나눈다. 다리의 양면을 밀대로 각각 열 번 정도 두드려서 부드럽게 만든다. 몸통은 다른 요리에 사용한다.
② 술, 물, 간장, 설탕을 냄비에 넣고 끓여서 조림장을 만든다. ①의 다리를 넣고 약한 불에서 뚜껑을 덮지 않고 30분~1시간 조린다. 이때 크기와 단단함에 따라 시간을 조절한다. 조림장에서 꺼내서 열기를 식힌다.
③ ②를 잘라서 그릇에 담는다.

에도풍 문어 조림　다코노 에도니(蛸の江戸煮)

- 스시도코로 미야코와케미세(すし処 みや古分店)

문어를 호지차와 술에 조렸다. 젤리처럼 굳은 조림장과 함께 낸다. 미야코와케미세는 스시 재료로 사용하는 문어도 같은 방식으로 조린다.

만드는 방법
① 문어를 조린다(124쪽 참고).
② ①의 문어를 꺼내서 원통으로 두툼하게 썰고 젤리처럼 굳은 조림장과 함께 그릇에 담는다. 싹차조기와 무 줄기(여름에는 양하)를 곁들인다.

광어 지느러미살과 대구 이리 조림

히라메노 엔가와토 시라코노 니모노(平目のえんがわと鱈白子の煮もの)

- 긴자 스시코혼텐(銀座 寿司幸本店)

지느러미살(엔가와)과 대구 이리를 달콤 짭조름하게 조렸다. 조림장은 간을 새로 하면서 반복해서 사용하는데 생선마다 맛을 조절한다.

만드는 방법
① 광어 지느러미살을 껍질, 지느러미, 뼈가 붙은 채로 잘라낸다. 대구 이리는 깨끗하게 물로 씻는다.
② 흰살 생선을 조릴 때 전용으로 계속 사용하는 조림장(술, 맛술, 간장을 조합한 것)을 끓여서 간을 새로 하면서 맛을 맞춘다. ①의 지느러미살과 대구 이리를 넣고 적당히 부드러워질 때까지 조린다.
③ ②를 조림장과 함께 그릇에 담고 산초 잎과 생강을 갈아서 곁들인다.

참돔 이리와 고사리순 다이시라코토 가기와라비(鯛白子とかぎ蕨)

- 조로쿠즈시 미나미(蔵六鮨 三七味)

4월에서 5월 참돔의 철이 돌아오면 참돔 이리를 약한 불에 조린다. 백간장 베이스로 장을 만들고 살짝 조려서 본래 흰색을 살린다. 고사리순도 야채장에 조려서 함께 담는다.

만드는 방법
① 참돔 이리를 손질해 한입 크기로 썰어 10초 간 중탕한 후 찬물에 식힌다. 물기를 닦고 끓는 백간장팔방*에 넣는다. 다시 끓기 시작하면 불을 끄고 그대로 식히면서 맛을 들인다.
② 고사리는 끓는 물에 데쳐서 식히거나 동판 등을 사용해서 손질해둔다. 야채팔방**에 넣고 다시 끓으면 불을 끄고 그대로 식혀 맛을 들인다.
③ ①의 참돔 이리를 그릇에 담고 조림장을 약간 붓는다. ②의 고사리를 적당한 길이로 잘라서 곁들이고 유자 껍질을 얇게 채썰어 올린다.

* 白醬油八方: 팔방은 육수, 간장, 맛술을 8:1:1로 섞는 데서 유래한 이름이나. 이번에노 일번육수, 백간장, 맛술을 8:1:1로 섞은 후 싸라기설탕을 넣어 만들었다.
** 野菜八方: 일번육수, 담백한 맛 간장, 맛술로 만들었다.

아귀 간 조림 ① 니안기모(煮あん肝)

— 스시 하마다(鮨 はま田)

아귀의 간을 데치지 않고 생짜로 작게 잘라서 흐르는 물에 오랫동안 헹군 후 조림장에 넣고 강한 불로 한 번 바싹 조려 촉촉하게 마무리했다.

만드는 방법
① 아귀 간을 한입 크기로 썰어서 흐르는 물에 20분간 두고 피를 뺀다.
② 니키리 술*에 물, 설탕, 간장을 추가해 끓이고 ①의 아귀 간을 넣어서 강한 불로 20분간 조린다. 불을 끄고 조림장에 담근 채 식혀서 맛을 들인다.
③ ②의 아귀 간을 물기를 털고 반으로 잘라서 그릇에 담는다.

* 煮切り酒: 술을 냄비에 넣고 가열해 알코올을 날린 것.

아귀 간 조림 ② 안기모노 니쓰메(あん肝の煮つけ)

- 스시 나카무라(鮨 なかむら)

아귀 간은 달콤 짭쪼름하게 조려도 맛있다. 간장과 설탕으로 만든 조림장에 바싹 조려서 맛을 확실하게 냈다.

만드는 방법
① 아귀 간(홋카이도 요이치)을 손질해 가로세로 약 1cm 길이 5cm 정도로 썬다.
② 맛술, 술, 간장, 물, 설탕을 냄비에 넣고 끓이다 ①을 넣고 조림장이 거의 없어질 때까지 바싹 조린다.
③ ②의 아귀 간을 한입 크기로 썰어 조림장에 버무린 다음 그릇에 담고 고추냉이를 갈아서 곁들인다.

아귀 간 달콤 조림 안기모노 아마카라니(あん肝の甘辛煮)

- 스시야 이치야나기(すし家 一柳)

아귀 간을 골고루 익힌 후 맛이 잘 배도록 한입 크기로 썰어서 조리한다. 생강, 흰 파를 조림장에 넣어서 비린내를 억제했다.

만드는 방법
① 아귀 간은 엷은 껍질과 힘줄을 제거하고 한입 크기로 썬다. 소금을 묻혀서 20분간 둔다.
② 끓는 물에 ①을 넣고 거품이 뜨면 건져내면서 끓여, 다시 펄펄 끓을 때까지 데친 후 건져 물기를 뺀다.
③ 냄비에 가다랑어포 육수, 맛술, 간장, 설탕, 생강, 빨간 고추, 흰 파를 넣고 끓인 다음 ②의 아귀 간을 넣고 중간 불에서 20분간 조린다. 그대로 상온에서 식히면서 맛을 들인다. 상온이 되면 꺼내 그릇에 담는다.

붕장어 조림 니아나고(煮穴子)

― 기즈시(㐂寿司)

녹아내릴 듯한 부드러움이 고급스럽다. 그대로 스시로 쥐기도 하고, 겉만 살짝 구워 술안주로 내기도 한다.

만드는 방법
① 붕장어는 내장, 등뼈를 제거하고 펼쳐서 소금을 바르고 주무르며 씻는다. 껍질을 행주나 수세미 등으로 문질러서 점액질을 제거하고 다시 물에 씻는다.
② 냄비에 물, 술, 간장, 설탕을 넣고 졸이다가 ①의 붕장어를 넣고 조린다.
③ ②의 붕장어가 살짝 익으면 불을 끄고 그대로 식히면서 맛을 들인다. 어느 정도 식으면 소쿠리에 올린다.
④ ③의 붕장어를 적당히 잘라 양면을 살짝 구운 후 먹기 좋은 크기로 썬다.
⑤ 그릇에 대나무 잎을 깔고 ④를 담고 니쓰메 간장을 살짝 붓고 간 고추냉이를 곁들인다.

꽁치 산초간장 조림 산마노 아리마니(秋刀魚の有馬煮)

― 스시도코로 기라쿠(鮨処 喜楽)

산초 열매를 넣은 간장에 조렸다. 니키리 술과 간장으로 희석한 다레를 꽁치 간에 발라 오븐에서 구운 내장 구이도 평이 좋다.

만드는 방법
① 꽁치는 머리와 꼬리지느러미를 떼고 내장을 꺼낸다. 물에 씻어서 몸통을 6등분한다.
② ①의 꽁치에 소금을 뿌리고 30분간 두었다 뜨거운 물로 씻어서 오염물을 제거한다.
③ 냄비에 ②의 꽁치, 같은 비율의 술과 물을 약간 넉넉하게 넣고 불을 켠다. 끓으면 삼온당과 간장을 넣고 조리다 다시 간장을 넣고 조린다. 바싹 조린 후 아리마 산초*, 맛술, 다미리 간장을 추가해 국물이 거의 없어질 때까지 바짝 조린다.
④ ③의 열을 식힌 후 그릇에 담는다.

* 有馬山椒: 산초 열매를 간장으로 조린 것. 아리마는 산초 명산지로 산초를 넣은 요리에 아리마라는 이름을 붙이기도 한다.

정어리 오일 조림 지카세 오일 사딘(自家製オイルサーディン)

― 스시야 이치야나기(すし家 一柳)

작은 정어리를 소금에 절인 후 단식초에 담갔다가 기름에 3시간 이상 조렸다. 뼈까지 부드럽고 풍미가 좋으며 맛이 깊다.

만드는 방법
① 작은 정어리를 물에 씻어서 물기를 닦고 머리, 비늘, 지느러미, 내장이 모두 붙은 채로 소금을 발라서 2시간 둔다. 소금을 물에 씻고 단식초(쌀식초, 설탕, 붉은 고추, 다시마를 섞은 것)에 1시간 담가둔다.
② ①을 꺼내서 물기를 닦아 냄비에 넣고 재료가 딱 잠길 정도로 식용유를 부어 약한 불에서 3~4시간 조린다.
③ ②를 기름째 냉장고에서 보관한다. 내기 전에 상온에서 두거나 살짝 데워 그릇에 담는다.

백합 조림 니하마구리(煮蛤)

— 기즈시(㐂寿司)

백합은 다 자라서 감칠맛이 최고조에 달하는 봄에 3개월만 조려서 낸다. 내기 전에 안쪽에 고추냉이를 살짝 넣는다.

만드는 방법

① 백합 조갯살을 여러 개 늘어놓고 수관에 쇠꼬치를 꽂는다. 계속 물을 흐르게 하면서 볼에 담긴 물에 헹구어 모래 등을 제거한다.
② ①의 백합을 끓는 물에 넣고 약 1분 30초간 데친다. 지나치게 데치면 딱딱해지므로 내장이 살짝 익는 정도로 아슬아슬하게 익었을 때 건져 올린다.
③ ②의 백합을 소쿠리에 올려서 식힌다. 데친 물은 거품을 제거하고 술, 간장, 설탕을 더해서 80% 정도까지 조린다. 식힌 후 백합을 여기에 1일간 담가둔다.
④ 그릇에 담기 전에 ③의 절임장에서 백합을 꺼내서 가로로 칼집을 넣어 펼친다. 내장을 제거하고 고추냉이를 갈서 안쪽에 바르고 덮는다.
⑤ ④를 대나무 잎을 깐 그릇에 담고 니쓰메 간장을 흘린다.

오분자기 젤리와 순채 레이세이노 도코부시토 나마준사이(冷製のとこぶしと生蓴菜)

— 스시 기즈나(鮓 きずな)

오분자기를 술에 부드럽게 조려서 조림장째 젤리로 만들고 순채를 곁들여 산뜻한 초여름 느낌을 살렸다.

만드는 방법

① 오분자기(하마다현 아와지)를 수세미로 문질러서 물에 씻고 껍데기를 제거한다.
② 술을 끓여 알코올을 날리고 물을 섞어 ①의 오분자기를 넣고 1시간 반~2시간 정도 조린다. 국물이 졸아서 거의 없어질 때까지 조린다.
③ ②에서 오분자기를 꺼내서 식힌다. 국물에 가다랑어포 육수, 술, 맛술, 담백한 맛 간장을 더해서 보글보글 거품이 나도록 끓인다. 불에서 내려서 물에 불린 젤라틴을 넣고 섞은 후 얼음물에 냄비 바닥을 대고 식힌다.
④ 꺼내두었던 ③의 오분자기를 한입 크기로 썰어서 그릇에 담고 ③의 젤리 액을 부어서 냉장고에서 식히며 굳힌다.
⑤ 순채는 물에 씻어서 소쿠리에 받쳐 물기를 제거한다.
⑥ ④를 그릇에 담고 ⑤를 곁들인다.

화살꼴뚜기 알 조림 고모치 야리이카(子持ち槍烏賊)   - 가마쿠라 이즈미(鎌倉 以ず美)

알을 밴 화살꼴뚜기는 봄의 아주 짧은 시기밖에 먹을 수 없다. 포인트는 곤이가 따뜻해지는 정도로 살짝 익히는 것이다.

만드는 방법
① 알을 밴 화살꼴뚜기의 다리, 머리, 내장, 먹물주머니, 연골을 떼고 머리에서 눈과 입을 제거한다. 곤이를 넣은 몸통, 다리, 머리를 사용한다. 전부 깨끗하게 물로 씻어서 물기를 닦는다.
② 냄비에 간장, 맛술, 술, 싸라기설탕을 넣고 졸이다 ①의 화살꼴뚜기를 넣는다. 곤이가 따뜻해지고 가볍게 굳는 정도로 2~3분 조린다. 젓가락을 몸통에 찔러 넣어 단단한 정도를 판단한다.
③ ②의 몸통을 적당한 폭으로 원형으로 썰어서 대나무 잎을 깐 그릇에 조림장과 함께 담는다. 이번에는 머리와 다리를 몸통에 꽂았는데 곤이 양이 많을 때는 따로 담는다.

데친 불똥꼴뚜기와 뱅어 호타루이카토 시라우오노 난앙카케(蛍烏賊と白魚の卵餡かけ)   - 니시아자부 스시 신(西麻布 鮨 真)

봄이 끝나갈 무렵 제철 식재료 셋을 골고루 사용한 대표 술안주다. 산초 잎을 추가해 향만 맡아도 충분히 봄을 맛볼 수 있다.

만드는 방법
① 불똥꼴뚜기(하마유데한 것)의 눈과 입을 제거한다.
② 뱅어를 옅은 소금물에 씻어서 차가운 술에 2~3분 정도 담갔다가 소쿠리에 받친다. 일번육수, 술, 맛술, 담백한 맛 간장, 소금을 섞어서 끓이고 뱅어를 1~2분 정도 데쳐서 꺼낸다. 데친 물을 식혀서 다시 뱅어를 담근다.
③ 유채는 소금물에 데쳐서 물기를 짠다. 일번육수, 술, 담백한 간장에 담근다.
④ ①, ②, ③을 찜기에서 데우고 그릇에 담는다.
⑤ 일번육수, 술, 맛술, 담백한 간장, 생강즙, 다이하쿠 참기름을 섞어서 데우고, 물에 푼 칡전분을 더한다. 달걀을 풀어서 흘려서 굳힌다.
⑥ ④에 ⑤를 뿌리고 산초 잎을 다져서 뿌린다.

오징어 다리 먹물 조림 게소노 그로니(ゲソの墨煮)   - 쓰구 스시마사(継ぐ 鮨政)

갑오징어(고이카, 스미이카)에 먹물이 듬뿍 생겼을 때 만드는 오징어 먹물 조림이다. 오징어는 손질한 날 신선할 때 바로 조리한다.

만드는 방법
① 갑오징어를 손질해 다리와 먹물을 쓴다. 다리는 여러 개로 나누어서 자르고 먹물주머니를 걸러서 오징어 먹물을 분리한다.
② 가다랑어포 육수에 술, 설탕, 간장을 더해서 졸인 후 ①의 오징어 먹물을 더한다. ①의 다리를 넣고 익을 때까지 조린다.
③ ②를 그릇에 담고 흰 파를 썰어 곁들인다.

마른멸치 고추 조림

후시미토가라시토 쟈코노 다키아와세(伏見唐辛子とじゃこの炊き合せ)　　　- 오스모지도코로 우오토쿠(おすもじ處 うを德)

고미야 장인이 교토에서 배운 가정요리다. 조미료로 사용하는 열매산초는 멸치와 함께 볶아서 냉동 보관한다.

만드는 방법
① 생산초열매를 여러 차례 데치며 넘치는 거품을 제거하고 물기를 턴다. 잔뜩 준비해서 냉동 보관한다.
② ①의 일부를 해동해 건 멸치를 넣고 간장, 담백한 간장, 술, 맛술로 간을 한다. 국물이 없어질 때까지 볶는다. 한 번에 모아서 만들어 냉동 보관한다.
③ 후시미(伏見) 고추는 세로로 칼집을 넣어서 씨앗을 제거한다.
④ ③과 해동한 ②를 냄비에 넣고 이번육수*, 담백한 맛 간장, 맛술로 간을 해 국물이 없어질 때까지 조린다. 2~3일 재워서 맛을 들인다.
⑤ ④를 그릇에 담는다.

* 二番だし: 가다랑어포로 일번육수를 낸 후 남은 찌꺼기에 새로운 가다랑어포를 약간 더해서 우린 육수.

작은 토란 조림　고이모니(小いも煮)　　　- 스시도요(すし豊)

감칠맛이 진한 전복을 조린 후 그 조림장에 작은 토란을 조린다. 하룻밤 재워 맛을 길들이고 젤리처럼 굳혀 차갑게 해 낸다.

만드는 방법
① 작은 토란의 껍질을 벗기고 약간 단단하게 소금물에 데쳐 물기를 턴다.
② 전복을 조린 조림장(간장, 술, 설탕, 물로 간을 한 것)을 냄비에 넣고 ①의 손질한 토란을 넣고 약 20분간 조린다. 식으면 냉장고에서 하룻밤 두고 맛을 들인다.
③ ②의 토란 젤리를 그릇에 담고 파드득나물을 거칠게 다져서 뿌린다.

전복 찜 ① 무시아와비(蒸し鮑)

- 스시 잇신(鮨 一新)

더 부드럽게 더 맛있게 만들기 위해 조리기와 찌기 2단계를 거쳐 완성한 전복 찜이다. 감칠맛이 있는 조림장과 함께 담는다.

만드는 방법
① 흑전복은 껍데기를 벗기고 수세미로 문질러서 깨끗하게 물로 씻는다.
② 냄비에 술, 소금, 다시마, 물을 넣고 ①의 전복을 넣고 불을 켠다. 끓으면 약한 불로 8~10시간 조린다. 도중에 물이 부족해질 때마다 뜨거운 물을 추가한다.
③ 찜기에 ②의 전복을 넣고 5시간 동안 찐다. 다 쪄지면 ②의 조림장을 넣고 데워서 손님에게 나갈 때까지 담가둔다.
④ ③의 전복을 한입 크기로 썰어서 조림장과 함께 그릇에 담는다.

전복 찜 ② 무시아와비(蒸し鮑)

― 스시 마쓰모토(鮨 まつもと)

보통 '향과 부드러움'을 중시해서 말전복(마다카아와비)로 만드는데 이번에는 흑전복(구로아와비)로 만들었다. 지난번에 사용했던 조림장에 술, 소금, 물을 추가해서 찐다.

만드는 방법
① 전복(흑전복 또는 말전복)은 껍데기를 벗기고 간을 떼고 깨끗하게 물로 씻는다. 간을 따로 둔다.
② 니키리 술에 물과 소금을 넣고 끓인 다음 전에 쓰고 남은 전복의 조림장을 더한다.
③ 넓적한 쟁반에 ①의 전복을 놓고 ②의 조림장을 자작자작하게 붓는다. 찜기에 넣고 약 3시간 동안 찐다. 그대로 식힌다.
④ 영업을 시작하기 직전에 ③의 전복을 조림장에서 꺼낸다. 조림장은 바싹 졸인 다음 전복을 넣어 비빈다. 남은 조림장은 다음에 사용한다.
⑤ 떼어 둔 ①의 간을 가볍게 데쳐서 물기를 턴다. 니키리 술에 간장, 물을 더하고 끓여서 불을 끈 냄비에 간을 넣고 20분간 담가둔다. 간을 꺼내서 보관한다.
⑥ ④의 전복과 ⑤의 간을 각각 적당한 크기로 썰어서 그릇에 담고 고추냉이를 갈아서 곁들인다.

전복 찜 ③ 무시아와비(蒸し鮑)

― 스시 요시다(鮨 よし田)

다시마를 넣은 술에 전복을 껍데기째 넣고 약 2시간 정도 찐다. 간도 함께 조리해서 작게 썰어서 곁들인다. 전복은 육질에 따라 껍데기를 벗기고 조리하기도 한다.

만드는 방법
① 둥근전복을 껍데기째 물로 씻는다.
② 넓은 쟁반에 니키리 술과 리시리 다시마를 넣고 ①의 전복을 껍데기째 놓은 다음 랩으로 덮는다. 찜기에 넣고 약 2시간 찐다. 처음에는 강한 불로 찌다가 중간에 불을 약하게 하거나 껍데기를 벗겨보기도 하면서 전복의 질과 상태에 따라 조절해 부드럽게 찐다.
③ ②를 넓은 쟁반에 펼쳐서 상온에서 식히면서 맛을 들인다.
④ ③의 전복을 간과 함께 적당한 크기로 썰어서 그릇에 담는다.

유자 후추 향 전복 찜　무시아와비 유즈고쇼후미(蒸し鮑 柚子胡椒風味)

— 다쿠미 다쓰히로(匠 達広)

약 8시간 쪄서 부드러워진 전복이다. 그릇에 조림장을 충분히 담고 유자 후추 페이스트를 곁들여서 향과 매콤한 맛으로 악센트를 더한다.

만드는 방법
① 전복(치바현)을 손질해서 살과 간을 꺼낸다. 다시마 육수와 술을 냄비에 넣고 끓인 후 냄비째 찜기에 넣고 8시간 정도 찐다. 그대로 식힌다.
② ①의 조림장의 일부를 덜어 담백한 간장과 소금으로 간을 해서 맑은 국보다 약간 맛이 진하게 만든다.
③ ①의 전복을 먹기 좋은 크기로 썰어서 그릇에 담고 유자 후추 페이스트를 올린다. ②의 조림장을 붓는다.

젤리 소스를 넣은 전복과 성게

아와비토 우니노 니코고리가케(鮑と雲丹の煮凝りがけ)

— 오스모지도코로 우오토쿠(おすもじ處 うを徳)

부드러운 감칠맛이 강한 말전복을 술로 쪄서 둥근성게, 전복 젤리, 흰살 생선 젤리와 함께 담은 차가운 요리다.

만드는 방법
① 전복*을 껍데기째 손질한 후 찜기에 담고 전복이 잠길 정도로 술을 붓는다. 리시리 다시마와 소량의 담백한 맛 간장을 넣고 2~4시간 찐다.
② ①의 조림장을 냄비에 담고 전복을 꺼낸다. 조림장에 이번육수를 넣어 끓이고 물에 불린 젤라틴을 넣고 녹인다. 체에 걸러서 식힌 후 용기에 담아 냉장고에서 굳힌다.
③ 생선 맑은 국(260쪽 참고)의 일부를 냉장고에서 식혀서 젤리 상태로 만든다.
④ ②의 전복을 한입 크기로 썰어서 그릇에 담고 둥근성게를 올린다. ②와 ③의 젤리를 붓는다.

* 이번에는 치바현 오하라의 말전복을 사용했는데, 보통은 왕전복을 사용할 때가 많다.

백합 술 찜 하마구리노 사케무시(蛤の酒蒸し)

- 긴자 스시코혼텐(銀座 寿司幸本店)

추운 겨울에 첫 번째로 내놓는 술안주로, 갓 데친 백합의 따뜻하고 부드러운 맛을 즐길 수 있다. 폭 3~4cm 조갯살이 맛과 식감이 딱 좋다.

만드는 방법
① 술은 끓여서 알코올을 날리고 소금 조금 뿌린 다음 백합 살을 넣는다. 거품이 올라오면 제거하면서 천천히 익힌다.
② ①의 백합 살을 국물째 그릇에 담고 작은 유자 껍질 조각을 올린다.

옥돔 술 찜 아마다이 사케무시(甘鯛酒蒸し)

- 스시 마스다(鮨 ます田)

옥돔을 술과 다시마로 산뜻하게 쪄서 거의 일년 내내 손님에게 낸다. 고명은 실파를 송송 썰어 간장에 살짝 담갔다가 올린다.

만드는 방법
① 옥돔은 비늘을 벗기고 껍질째 3장으로 포를 뜬다. 살에 아주 가볍게 소금을 뿌리고 30분 정도 두어 배어나온 수분을 닦는다.
② ①을 작게 썰고 소량의 술과 다시마와 함께 그릇에 담는다. 찜기에서 약 7분간 찐다.
③ 실파는 송송 썰어 간장을 붓고 1분 정도 둔다.
④ ②의 옥돔을 그릇에 담고 국물을 붓고 ③의 실파를 올린다.

자바리 술 찜 구에노 사케무시(くえの酒蒸し)

- 스시 와타나베(鮨 わたなべ)

자바리는 고급스러운 감칠맛이 있어 인기가 많은 대형 생선으로 이번에는 술에 쪘다. 데쳐서 간장으로 간을 한 미나리를 올리고 그릇째 찜기에서 데워서 뜨거울 때 내놓는다.

만드는 방법
① 자바리는 3장으로 포를 뜨고 껍질이 붙은 채 스시용 덩어리로 잘라 다시 한입 크기로 썬다.
② 그릇에 작게 자른 다시마를 깔고 ①의 자바리를 올리고 소금과 술을 뿌린다. 찜기에서 강한 불로 3분간 찐다.
③ 미나리는 소금물에 데쳐서 물기를 짜고 팔방간장에 담근다.
④ 손님에게 나가기 전에 ②의 자바리와 ③의 미나리를 그릇에 담아 찜기에서 그릇째 살짝 데운다.

아귀 간 찜 ① 안기모(あん肝)

– 스시 오가와라(鮨 大河原)

홋카이도 요이치산 아귀 간을 쪘다. 세 가지 감귤 즙을 사용해 폰즈를 만들고 생김을 곁들인다.

만드는 방법
① 아귀 간은 혈관 등을 제거하고 손질한다. 물, 술, 소금을 섞은 다음 여기에 1시간 정도 담가서 피를 뺀다. 물기를 잘 닦고 키친페이퍼로 감싸서 한동안 두었다가 다시 피를 뺀다.
② ①의 간을 랩 등으로 감싸서 모양을 만들고 찜기에서 약 20분간 찐다.
③ 폰즈를 만든다. 광귤, 레몬, 스다치 과즙, 간장, 맛술, 다시마, 가다랑어포를 섞어서 끓인 후 식혀서 냉장고에서 1주일 동안 두었다 거른다.
④ ②의 간을 먹기 쉬운 크기로 썰어서 그릇에 담고 ③의 폰즈를 뿌리고 생김을 곁들인다.

아귀 간 찜 ②   무시안기모(蒸しあん肝)   - 스시도코로 기라쿠(鮨処 喜楽)

아귀 간을 원통 모양으로 만들어 쪘다. 조리한 날은 소금과 함께 내고 다음날은 수제 폰즈와 모미지 오로시, 파를 곁들인다.

만드는 방법
① 아귀 간은 얇은 껍질을 벗기고 혈관을 제거한다. 적당한 크기로 썰어 소금을 뿌린다. 30분간 두었다가 여분의 수분을 제거하고 흐르는 물에 깨끗하게 씻는다.
② ①의 간을 키친페이퍼로 물기를 닦고 랩으로 감싸서 원통 모양으로 만든다. 찜기에서 30분간 찐다.
③ ②를 꺼내서 열기를 식히고 냉장고에 보관한다.
④ 손님에게 나가기 전에 랩을 벗기고 한입 크기로 썰어서 그릇에 담는다. 수제 폰즈*를 뿌리고 구조(九条)파를 송송 썰어 올리고 모미지 오로시를 곁들인다.

* 스다치 과즙, 간장, 다마리 간장, 다시마, 가다랑어포를 섞어서 1시간 재웠다가 걸렀다.

성게 찜   무시우니(蒸し雲丹)   - 스시도코로 오구라(すし処 小倉)

말똥성게를 다시마, 술, 간장으로 감칠맛을 더해 촉촉하게 쪘다. 다시마는 작게 썰어서 함께 먹을 수 있도록 곁들인다.

만드는 방법
① 넓은 쟁반에 히다카 다시마를 깔고 말똥성게를 올리고 술을 뿌리고 한동안 둔다.
② ①을 찜기에 넣고 8분 정도 찐 다음 간장을 뿌리고 다시 3분 정도 찐다.
③ ②를 그릇에 담고 밑에 깔았던 다시마를 작게 썰어서 곁들인다.

불똥꼴뚜기 간장 찜   호타루이카노 쇼유무시(蛍烏賊の醬油蒸し)   – 스시 기즈나(鮓 きずな)

간장 찜은 스시 기즈나에서 늘 내는 술안주다. 불똥꼴뚜기는 주로 봄에 내고, 겨울에는 대구 이리와 잎새버섯을 주로 낸다. 계절마다 제철 재료로 구성한다.

만드는 방법
① 죽순(오사카부 가이즈카)을 지게미를 넣은 뜨거운 물에 먼저 데친다. 껍질을 벗겨서 쓰기 전까지 팔방육수에 담가둔다.
② 생미역(효고현 아와지)을 살짝 데친다.
③ ①의 죽순과 ②의 미역을 먹기 좋은 크기로 썰어 죽순을 담갔던 팔방육수와 함께 찜기에서 찐다.
④ 하마유데한 불똥꼴뚜기(도야마)를 간장 육수*에 넣고 찜기에서 찐다.
⑤ ③의 죽순과 미역에 ④의 불똥꼴뚜기를 담고 ④의 찜 국물을 붓는다. 산초 잎을 곁들인다.

* 가다랑어포 육수, 맛술, 담백한 맛 간장으로 만들었다.

해삼 내장 달걀찜   고노와타노 차완무시(このわたの茶碗蒸し)   – 니시아자부 스시 신(西麻布 鮨 真)

달걀찜은 깔끔하게 먹을 수 있도록 재료는 한 종류만 넣는다. 겨울에는 해삼 내장을 섞고 여름에서 가을까지는 연어 알을 올린다.

만드는 방법
① 달걀을 전부 풀어서, 일번육수, 맛술, 담백한 맛 간장을 섞고 걸러서 달걀물을 만든다.
② 그릇에 고노와타*(이시카와현 노토)를 넣고 ①의 달걀물을 붓는다. 찜기에서 쪄서 굳힌다.
③ 일번육수에 맛술, 담백한 간장을 더해 데우고 칡전분을 물에 풀어 섞어서 끈기를 만든다.
④ ②에 ③을 조금 붓는다.

* コノワタ: 해삼 내장으로 만든 시오카라.

해삼 곤이 달걀찜 바치코노 차완무시(バチコの茶碗蒸し)

― 스시 와타나베(鮨 わたなべ)

말린 해삼 곤이(바치코)의 풍미를 품은 육수로 달걀찜을 만들었다. 마지막에 해삼 곤이(고노코) 시오카라를 올렸다.

만드는 방법
① 물에 술을 타서 말린 해삼 곤이*를 반나절 담가 불린다.
② ①을 국물째 찜기에서 강한 불로 5분간 쪄서 알코올 성분을 날린다. 식힌 후 다시마 육수를 추가해 걸러서 육수를 만든다.
③ 달걀을 풀어서 ②에 섞고 담백한 맛 간장과 맛술로 간을 한다.
④ 그릇에 ③을 담고 뚜껑을 덮는다. 찜기에서 강한 불로 3분간 찌고 약한 불로 2분간 찐다.
⑤ ④에 해삼 곤이 시오카라를 올린다.

* バチコ: 해삼 곤이는 고노코라고 부르고 말리면 바치코라고 부른다.

차가운 달걀찜 레이세이 차완무시(冷製茶碗蒸し)

― 스시 마스다(鮨 ます田)

한 번 쪄서 식힌 후 칡전분을 섞은 차가운 소스를 붓고, 오크라, 야마이모, 매실 절임, 고추냉이를 올렸다. 여름철에 시원하게 즐길 수 있도록 고안했다.

만드는 방법
① 달걀, 가다랑어포 육수, 담백한 맛 간장, 소금을 섞어서 걸러 달걀물을 만든다.
② ①을 그릇에 담고 찜기에서 7~8분간 찐다. 어느 정도 식으면 냉장고에 넣는다.
③ 가다랑어포 육수를 데우고 맛술, 담백한 맛 간장으로 간을 한 후 여기에 물에 푼 칡전분을 넣으며 저어서 끈기를 만든다. 식힌다.
④ ②에 ③의 소스를 뿌리고 오크라*, 직사각형으로 썬 야마이모, 으깬 매실 절임, 고추냉이를 갈아서 올린다.

* 뜨거운 물에 살짝 데친 후 찬물에서 식혀 물기를 턴 후 원형으로 썰었다.

데친 문어   아카시노 유데다코(明石のゆで蛸)

- 고비키초 도모키(木挽町 とも樹)

고바야시 장인은 아카시 문어를 데친 것과 조린 것 두 가지로 요리를 만든다. 데칠 때는 소금을 곁들여 심플한 느낌으로 향을 살린다.

만드는 방법

① 문어(효고현 아카시)는 내장, 눈, 입 등을 제거한 다음 소금으로 문질러 점액질을 제거하고 물로 씻는다. 다리는 네 개씩 사용한다.
② 지난번 사용한 데친 물에 술, 물을 더해서 끓인 후 ①의 다리를 6분간 데친다. 불을 끄고 그대로 3분간 둔다.
③ ②의 문어를 소쿠리에 올려 식히고 데친 물은 걸러서 다음에 사용할 수 있도록 식혀서 냉장고에 넣어 보관한다. 시즌 단위로 사용한다.
④ ③의 문어 다리를 썰어서 그릇에 담고 거친 소금과 고추냉이를 갈아서 곁들인다.

데친 물문어   미즈다코노 시오유데(水蛸の塩ゆで)

- 스시도코로 메구미(すし処 めくみ)

대형 물문어를 소금물에 데쳤다. 풍미가 살아나도록 한 마리 단위(2~6kg)로 들여와 잘 두드려서 증류수에 데친다.

만드는 방법

① 물문어는 한 마리 단위로 들여와 이케지메한 후 10~15분간 주무르며 점액질을 제거한다. 깨끗하게 물로 씻는다.
② ①의 몸과 다리를 분리하고 다리는 조직을 부수듯이 밀대 등으로 잘 두드린다. 한 개씩 잘라놓는다.
③ 냄비 2/3 정도까지 물을 넣고 끓여서 소금으로 염분농도를 0.05~0.1%에 맞춘다. ②의 다리를 두 개 넣고 알루미늄포일로 작은 뚜껑을 만들어 덮은 다음 물이 없어질 때까지 강한 불로 삶는다. 식힌다.
④ ③의 다리는 사용할 만큼 꺼내서 찜기에서 데우고 한입 크기로 썰어서 그릇에 담는다.

불똥꼴뚜기 팽살 호타루이카노 가마유데*(蛍烏賊の釜ゆで) － 가마쿠라 이즈미(鎌倉 以ず美)

하마유데한 불똥꼴뚜기를 살짝 데쳐서 따뜻하게 낸다. 간장에 생강과 실파를 넣어 함께 내놓는다.

만드는 방법
① 불똥꼴뚜기(하마유데한 것)는 눈, 입, 연골을 뺀다.
② ①을 데우는 정도로 가볍게 소금물에 데쳐서 물기를 뺀다.
③ ②를 용기에 담고 방풍나물로 장식한다. 다른 그릇에 간 생강과 송송 썬 실파를 담고 간장을 부어서 곁들인다.

* 가마유데는 형벌인 팽살을 가리키는 말이다. 잡아서 바로 데치는 하마유데를 팽살로 표현했다.

생김 소스를 넣은 굴과 대구 이리

가키토 시라코, 나마노리노 앙가케(牡蠣と白子 生海苔の餡かけ) — 스시도코로 오구라(すし処 小倉)

굴과 대구 이리를 일번육수로 살짝 조렸다. 겨울철 두 가지 식재료를 조합해 체온 정도로 따뜻하게 데워서 내놓는다.

만드는 방법
① 참굴은 굴만 꺼내서 물에 씻는다. 손질한 후 적당한 크기로 자른 대구 이리와 함께 일번육수에서 넣고 끓여 익힌다.
② ①의 참굴과 대구 이리를 꺼내서 그릇에 담는다. 국물에 생김을 넣고 살짝 불을 킨 다음 물에 녹인 칡전분을 넣어 끈끈한 소스를 만든다.
③ ②의 참굴과 대구 이리에 소스를 붓고 고추냉이를 갈아서 올린다.

데친 대구 이리 시라코(白子) — 스시 하마다(鮨 はま田)

대구 이리를 데치자마자 뜨끈뜨끈하게 내놓는다. 따로 간을 하지 않고 데칠 때 술과 소금을 약간 듬뿍 넣는다. 다 된 후 스다치 과즙을 뿌린다.

만드는 방법
① 대구 이리를 깨끗하게 씻어서 한입 크기로 썬다.
② 물에 술과 소금을 약간 듬뿍 넣고 끓여서 ①의 대구 이리를 넣는다. 1~2분 정도 데쳐서 확실하게 익힌다.
③ ②의 물기를 털고 그릇에 담은 후 스다치 과즙을 뿌려 뜨거울 때 내놓는다.

다시마 육수에 익힌 대구 이리 콘부다시데다이타 시라코(昆布だしで炊いた白子) — 스시 나카무라(鮨 なかむら)

대구 이리는 육수의 감칠맛이 잘 배도록 식을 때까지 냄비째 찬물에 담근다. 낮은 온도로 맛을 들여 감칠맛을 더했다.

만드는 방법
① 대구 이리(홋카이도 라우스)를 손질해 살짝 뜨거운 물에 담갔다 꺼낸다. 물기를 털고 먹기 좋은 크기로 썬다.
② 니키리 술에 물, 소금을 넣고 다시마를 약간 많이 넣어 끓이다 ①을 넣는다. 다시 끓기 시작하면 불을 끄고 그대로 식을 때까지 둔다. 상온이 되면 냄비째 냉수에 담가서 사람 피부 온도보다 약간 차갑게 식힌다.
③ ②의 대구 이리는 물기를 털어 그릇에 담고 굵은 소금을 뿌린다. 대구 이리의 맛이 진할 때는 소금을 뿌리지 않기도 한다.

구이, 튀김
야키모노焼きもの · 아게모노揚げもの

눈볼대 구이　아카무쓰노 야키모노(赤むつの 焼きもの)

- 스시 후쿠모토(鮨 福元)

눈볼대(아카무쓰)는 지방이 풍부해서 오븐에서 구우면 살 속에 있던 풍부한 지방이 녹아서 튀긴 듯이 바삭바삭해진다. 지느러미와 뼈도 고소하게 먹을 수 있다.

만드는 방법
① 눈볼대는 2장으로 포를 떠서 각각 1인분 크기로 썰어 놓는다. 한쪽은 뼈와 지느러미가 붙은 채로 조리한다.
② ①을 염분농도 10% 소금물에 1시간 정도 담갔다가 물기를 닦고 소쿠리에 올려 선풍기를 쏘이면서 7시간 정도 건조시킨다.
③ ②를 껍질이 아래로 오도록 놓고 오븐에서 굽는다. 불에서 멀리 떨어진 곳에 놓고 13분간 구운 후에 뒤집어서 다시 4분 정도 굽는다.
④ ③을 그릇에 담는다.

훈제 눈볼대 아카무쓰노 쿤사이(のどぐろの燻製)

— 스시 와타나베(鮨 わたなべ)

눈볼대를 썰어서 소금을 뿌리고 반나절 바람에 건조한 후 너도밤나무 칩으로 훈제했다. 일년 내내 내놓는 스시 와타나베의 간판 메뉴다.

만드는 방법
① 눈볼대를 3장으로 포를 떠서 껍질이 붙은 채로 썰어둔다. 소금을 뿌리고 쇠꼬치로 꽂아서 반나절 바람에 건조시킨다.
② 훈제기에 너도밤나무 칩을 넣고 위에 키친 페이퍼를 깔고 ①의 살을 올린다. 뚜껑을 덮고 불을 켜서 1분간 훈제한다. 불을 끄고 1분간 둔다.
③ ②의 살을 꺼내서 손님에게 나가기 전에 껍질을 그릴에서 바삭바삭하게 굽는다.
④ 무카고*는 위 아래를 잘라내고 찜기에 넣고 강한 불로 1분 30초 정도 찐다.
⑤ ③의 눈볼대를 그릇에 담고 ④의 무카고를 곁들여서 소금을 뿌리고 적후추를 다져서 뿌린다.

* むかご: 마의 일종 -옮긴이

눈볼대 소금 구이 아카무쓰노 시오야키(のどぐろの塩焼き)

— 스시도코로 메구미(すし処 めぐみ)

눈볼대는 지방이 많을 때는 스시를 쥐지 않고 소금을 뿌려 구워서 술안주로 낸다. 소금을 뿌려서 굽고 지방이 흘러내리지 않도록 한입 크기나 두입 크기로 썬다.

만드는 방법
① 눈볼대를 3장으로 포를 뜬다. 껍질째 썰어 양면에 소금을 뿌리고 오븐에서 강한 불로 굽는다.
② ①을 그릇에 담고 스다치를 곁들인다.

자바라 구이 구에노 아부리(くえの炙り)

— 스시도코로 기라쿠(鮨処 喜楽)

자바라는 껍질에 있는 젤라틴과 껍질 아래에 지방이 가장 맛있으므로 껍질째 조리한다.

만드는 방법
① 자바라를 손질해 껍질째 작게 썬다. 여러 사람에게 동시에 나갈 때는 1인용 크기로 모아서 썰어도 좋다.
② ①에 쇠꼬치로 찔러넣고 아주 뜨겁게 달군 망 위에 올리거나 직접 불에 모든 면을 골고루 천천히 굽는다. 중심부가 데워지는 느낌의 레어에 가깝게 완성한다.
③ ②에서 쇠꼬치를 뽑고 적당한 크기로 썰어서 그릇에 담는다. 고추냉이, 소금, 스다치를 곁들인다.

샛돔 구이 이보다이노 야키모노(疣鯛の焼きもの)

— 스시 잇신(鮨 一新)

샛돔을 소금을 넣은 술에 절인 후에 볕에서 말려서 구웠다. 눈볼대, 갈치(다치우오), 삼치, 동자개(기기) 등 계절에 따라 제철 생선으로 바꾼다.

만드는 방법
① 샛돔을 3장으로 포를 떠서 등뼈와 잔가시를 꼼꼼하게 제거한다. 술에 소금을 약간 넣고 샛돔을 20분간 담근다.
② ①의 물기를 털고 소쿠리에 펼쳐 볕에서 5~6시간 말린다.
③ ②를 먹기 좋은 크기로 썰어서 껍질에 장식용 칼집을 넣고 오븐에 굽는다.
④ 작게 썬 대나무 잎을 깔고 ③을 올리고 스다치를 반으로 잘라서 곁들이고 단풍잎으로 장식한다.

학꽁치 대나무 구이 사요리노 사사야키(さよりの笹焼き)

— 니시아자부 다쿠(西麻布 拓)

학꽁치를 펼친 다음 얼룩조릿대잎 사이에 껴서 오븐에서 굽는다. 일본 술은 물론이고 와인에도 잘 어울려서 항상 준비하는 요리다.

만드는 방법
① 학꽁치는 머리와 지느러미를 자르고 펼쳐서 내장을 제거한다. 가볍게 소금을 뿌리고 2~3분간 두었다가 물에 씻는다. 물기를 닦는다.
② ①의 학꽁치는 껍질이 아래로 오도록 얼룩조릿대 잎에 올리고 살 쪽에 소금을 뿌리고 얼룩조릿대 잎을 덮는다. 오븐에서 살이 하얗게 변할 때까지 중심까지 잘 익힌다.
③ ②를 얼룩조릿대 잎째 그릇에 담고 스다치를 곁들인다.

삼치 유안지 간장 구이   사와라노 유안야키(鯖の幽庵焼き)   - 스시도코로 오구라(すし処 小倉)

지방이 충분히 오른 삼치를 촉촉하고 향기롭게 유안지 간장으로 구웠다. 마무리로 유자 갈아서 뿌려 향을 더했다.

만드는 방법
① 삼치를 썰어서 유안지 간장*에 1일간 담가 둔다.
② 물기를 닦고 쇠꼬치를 꽂아서 고소하게 굽는다.
③ 그릇에 대나무 잎을 깔고 ②는 쇠꼬치를 뽑아서 담고 유자를 갈아서 껍질에 뿌린다. 간 무에 간장을 살짝 부어서 곁들인다.

* 幽庵地: 간장, 술, 맛술에 유자를 섞어 만든 것으로 에도시대 유안이라는 다인이 처음으로 만들어 이 이름이 붙었다.

삼치 구이와 양파 간장   사와라노 아부리 다마네기 쇼유(鯖の炙り 玉ねぎ醬油)   - 신주쿠 스시이와세(新宿 すし岩瀨)

약 5일간 숙성시킨 삼치의 살을 레어로 구웠다. 양파 간장은 지방이 충분히 오른 생선을 구울 때나 회에 많이 쓰고 있다.

만드는 방법
① 삼치는 스시용 덩어리로 썰어 소금을 엷게 발라서 약 5일간 냉장고에서 숙성시킨다.
② ①을 한입 크기로 썰어 석쇠에 올리고 가운데가 절반 정도 익게 굽는다.
③ 양파 간장을 만든다. 양파를 갈아서 절임장*에 몇 시간 담가둔다.
④ 그릇에 ②의 삼치를 담고 ③의 양파 간장을 뿌린다.

* 술, 간장, 맛술을 따로따로 바싹 졸여서 합친 것.

방어 샤부샤부풍 구이 부리노 야키샤부(鰤の焼きしゃぶ)　　― 스시도코로 기라쿠(鮨処 喜楽)

야키샤부라는 말은 샤부샤부를 할 때처럼 순간적으로 살짝 구워서 익혔다는 의미에서 붙었다. 한쪽만 2초간 구워서 날것의 맛을 남긴다.

만드는 방법
① 방어의 등살을 널찍하고 얇게 썬다.
② 석쇠가 빨갛게 될 때까지 달구고 ①의 살을 넓게 펼쳐 한쪽만 2초간 굽는다. 곧바로 그릇에 담고 수제 폰즈, 송송 썬 구조 파, 모미지 오로시를 곁들인다.

흑점줄전갱이 가슴지느러미살 구이 시마아지노 가마야키(縞鯵のカマ焼き)　　― 긴자 스시코혼텐(銀座 寿司幸本店)

가슴지느러미 부근은 탄력이 좋아서 술안주로 더할 나위 없다. 너무 바싹 굽지 않아 촉촉하고 부드러운 식감을 느낄 수 있도록 한다.

만드는 방법
① 흑점줄전갱이 가슴지느러미살에 소금을 뿌리고 석쇠에서 굽는다. 겉은 바삭하게 구우면서도 살이 지나치게 퍽퍽해지지 않도록 주의한다.
② ①을 그릇에 담고 레몬즙을 뿌린다. 간 무에는 니키리 간장을 붓고 파는 얇게 썰어 곁들인다.

다랑어 가슴지느러미살과 구운 파   가마토로노 야키네기마(カマトロの焼きねぎま)   - 조로쿠즈시 미나미(蔵六鮨 三七味)

대뱃살(오토로)만큼 지방이 오른 대형 참다랑어(구로마구로)의 가슴지느러미살에 구운 파를 함께 담았다. 시치미 고춧가루를 곁들였다.

만드는 방법
① 다랑어의 가슴지느러미살을 먹기 좋은 크기로 썰어서 특제 다레*에 10분간 담근다. 꼬치에 꽂아서 겉을 살짝 굽는다.
② 파의 흰 부분을 5cm 길이로 큼직하게 썰고 세로로 2등분한다. ①과 같은 특제 다레를 두 번 발라서 오븐에 굽는다.
③ 그릇에 ①과 ②를 담고 시치미 고춧가루를 곁들인다.

* 간장, 술, 맛술로 만든 전용 배합간장.

광어 지느러미살 구이   히라메 엔가와노 호이루야키(平目えんがわのホイル焼き)   - 스시야 이치야나기(すし家 一柳)

광어 지느러미살을 알루미늄포일로 싼 다음 구워서 단맛을 끌어올렸다. 차조기와 간장으로 향을 더했다.

만드는 방법
① 광어를 손질해 지느러미를 떼고 적당한 크기로 썬다.
② 알루미늄포일에 차조기와 ①의 지느러미, 송송 썬 실파를 담고 간장을 뿌린다. 알루미늄포일을 사각형으로 감싸서 석쇠에 올려 강한 불로 양면을 굽는다.
③ ②의 알루미늄포일을 벗기고 지느러미살과 양념을 모두 그릇에 담는다. 스다치를 잘라서 곁들인다.

붕장어 구이와 캐비어 아나고시로야키토 캐비어(穴子白燒きとキャヴィア)   - 긴자 스시아오키(銀座 鮨靑木)

붕장어를 소금에 구워 캐비어를 올리고, 간을 하며 감칠맛을 추가했다. 긴자 스시아오키는 서양 식재료인 캐비어를 다른 요리에도 사용한다.

만드는 방법
① 붕장어는 등을 갈라 펼친다. 내장과 등뼈를 제거하고 머리를 잘라내고 껍질 가까이에 꼬치를 꽂는다.
② ①에 가볍게 소금을 뿌리고 양면을 굽는다.
③ ②를 적절히 썰어 그릇에 담고 캐비어를 올리고 고추냉이를 갈아서 곁들인다.

붕장어 구이 아나고노 시로야키(穴子の白燒き)   - 신주쿠 스시이와세(新宿 すし岩瀬)

붕장어를 소금만 뿌려 석쇠에서 레어로 구웠다. 지방이 없어지지 않도록 강한 불에 구워서 입에 넣는 순간 향과 함께 지방의 진한 맛이 퍼지도록 했다.

만드는 방법
① 붕장어는 손질해서 펼치고 한입 크기로 썰어 석쇠에서 속이 반 정도 익도록 굽는다.
② 무를 갈아서 물기를 짠 후 고추냉이를 갈아서 섞는다.
③ ①의 붕장어를 2등분해서 그릇에 담고 ②를 곁들인다. 니키리 간장을 간 무와 붕장어에 살짝 떨어뜨린다.

장어 구이 ① 우나기 시로야키(鰻白焼き)　　　　　　　　　　　　　　　　　　　　　　　　- 스시 마스다(鮨ます田)

장어는 자연산으로 1.5kg 이상만 들여와 굽는다. 살이 두껍고 감칠맛이 진한데 손질한 직후에는 살이 단단하므로 3일 이상 숙성시킨다.

만드는 방법
① 장어*는 이케지메해서 등을 갈라 펼친 것을 들여온다. 종이로 감싸서 비닐봉지에 담아 냉장고에서 3~7일간 숙성시켜 부드럽게 만든다.
② ①의 잔뼈를 모두 발라낸다.
③ ②를 적당한 크기로 썰어서 오븐에서 껍질 쪽만 60%가 익을 정도로 굽는다. 오븐에서 꺼내 식힌다.
④ 내기 전에 ③의 양면을 고소하게 구워서 중심까지 익힌다.
⑤ ④를 그릇에 담고 소금과 고추냉이를 갈아서 곁들인다.

* 1.5kg 자연산. 이번에는 시마네현 신지코에서 들여왔다.

장어 구이 ② 우나기노 시로야키(鰻の白焼き)　　　　　　　　　　　　　　　　- 오스모지도코로 우오토쿠(おすもじ處 うを徳)

주로 자연산 장어로 만드는 장어 구이는 우오토쿠의 명물로 매번 1kg 이상 대형 장어를 들여온다. 사진 속 장어는 기소가와 강에서 왔는데, 산지는 그때마다 달라진다.

만드는 방법
① 자연산 장어(1kg 전후 대형)는 등을 갈라 열고 내장, 등뼈, 잔가시, 머리를 제거하고 깨끗하게 물에 씻는다.
② ①을 3등분하고 꼬치를 꽂아서 세라믹 망에 강한 불로 양면을 확실하게 굽는다. 살 쪽부터 굽기 시작해서 뒤집어서 껍질은 특히 바삭하고 고소하게 굽는다.
③ ②에서 꼬치를 뽑고 한입 크기로 썰어서 그릇에 담는다. 고추냉이를 갈고 프랑스산 바다소금을 곁들인다.

은어 소금 구이 아유노 시오야키(鮎の塩焼き)

― 스시 요시다(鮨 よし田)

살아 있는 자연산 은어를 숯불에 구웠다. 먼저 살은 폭신하게 구워서 낸다. 발라낸 머리와 등뼈는 속까지 익도록 고소하게 구워서 낸다.

만드는 방법
① 여뀌를 절구에 넣은 다음 소금을 조금 넣고 간 후 쌀식초로 풀어둔다.
② 살아 있는 은어를 꼬치로 꿰어 꽂고 소금을 뿌린다. 소금은 간이 딱 맞도록 조절한다.
③ ②의 은어를 숯불에 굽는다. 5~6분 동안 양면을 굽고 살은 아슬아슬하게 익은 정도로만 부드럽게 굽는다.
④ ③에서 꼬치를 뽑아 그릇에 담는다. ①의 식초를 다른 그릇에 담아 함께 제공한다.
⑤ 손님이 ④의 살을 먹는 동안 머리와 등뼈를 바삭바삭할 때까지 다시 구워서 내놓는다.

말린 은어 아유노 이치야보시(鮎の一夜干し)

― 스시 오가와라(鮨 大河原)

은어는 소금 구이로 먹을 때가 많은데 술안주 느낌을 살려 하룻밤 말렸다. 겉을 살짝 바삭하게 구워 손님에게 내놓는다.

만드는 방법
① 은어의 머리와 내장을 제거하고 3장으로 포를 뜨고 등뼈와 잔가시를 제거한다. 술에 소금을 약간 섞어 여기에 약 15분간 담갔다가 건져 반나절 그늘에서 말린다.
② ①의 양면을 겉만 가볍게 구워 그릇에 담고 적당하게 자른 스다치를 곁들인다.

참게 구이 야키 모쿠즈가니(焼きもくず蟹)

— 스시도코로 메구미(すし処 めくみ)

참게(모쿠즈가니)는 하천 게의 일종으로, 농후한 단맛이 있는 내장과 곤이(우치코)가 맛있다. 스시도코로 메구미는 몸통을 둘로 나누어 껍질째 오븐에서 고소하게 굽는다.

만드는 방법
① 참게를 껍데기째 물에 씻는다. 염분농도 1% 증류수를 끓여서 5초 정도 한 번 데치고 다시 물에 씻어서 이번에는 염분농도 3% 증류수에 약 5분간 데친다.
② ①을 소쿠리에 밭쳐 식힌다. 여기까지는 암컷 대게를 준비하는 방법(102쪽)과 같다.
③ ②의 다리와 배 껍데기를 떼어낸다. 몸통은 껍데기와 분리해서 좌우 둘로 나눈다. 잘린 면이 위로 오도록 놓고 곤이와 내장을 그대로 두고 껍데기째 오븐에서 5분 정도 고소하게 굽는다.
④ ③을 그릇에 담는다.

갯가재 구이 나마샤코노 아부리(生蝦蛄の炙り)

— 다쿠미 다쓰히로(匠 達広)

갯가재는 데쳐서 스시에 쓸 때가 많은데 살아 있는 가재를 곧바로 굽기도 한다. 부드럽고 촉촉하게 레어로 구워서 입에 착 달라붙는 식감을 끌어냈다.

만드는 방법
① 살아 있는 갯가재(이시카와현 나나오)의 머리를 떼고 껍데기를 벗긴다. 한 마리를 통째로 석쇠에 레어로 굽는다. 참고로 갯가재는 미리 가볍게 냉동시키면 껍데기를 깨끗하게 벗길 수 있다.
② ①을 그릇에 담고 니키리 간장을 바른다.

키조개 구이와 김   다이라가이노 이소베야키(平貝の磯辺焼き)

― 기즈시(㐂寿司)

기즈시는 독특하게 키조개에 시치미 고춧가루를 뿌린다. 창업했던 지역이 시치미 고춧가루로 유명했기 때문이라고 한다.

만드는 방법
① 키조개의 관자를 얇게 썬다.
② ①의 관자 양면에 간장을 바르고 시치미 고춧가루를 뿌려서 양면을 고소하게 굽는다.
③ 구운 김으로 ②를 감싸서 먹을 수 있도록 담는다.

우럭조개 된장 구이   미루가이노 사이쿄야키(みる貝の西京焼き)

― 다쿠미 다쓰히로(匠 達広)

우럭조개를 단맛이 나는 교토의 흰색 사이쿄 된장에 하룻밤 재워서 고소하게 굽는다. 다른 조개나 불똥꼴뚜기, 흰살 생선도 같은 방법으로 조리한다.

만드는 방법
① 우럭조개(아이치현)의 조갯살을 꺼내 내장과 외투막을 제거한다. 수관과 발을 잘라내서 각각 껍질을 벗긴다. 수관은 세로로 칼집을 넣어 펼치고 발과 함께 깨끗하게 씻는다.
② ①을 사이쿄 된장에 하룻밤 재워두었다가 된장을 털어낸다. 보통 영업 시작시간까지 밀폐용기에 담아서 냉장고에서 보관한다.
③ ②의 수관에 세로로 얇게 칼집을 넣고 ②의 발과 함께 석쇠에서 고소하게 굽는다. 그릇에 담고 고추냉이를 갈아서 곁들인다.

소라 껍데기 구이   사자에노 쓰보야키(さざえの壺焼き)

― 스시 요시다(鮨 よし田)

소라를 껍데기째 굽는 것을 '쓰보야키'라고 부르는데, 스시 요시다는 부드럽고 고급스러운 맛을 추구한다. 소라 살을 한입 크기로 썰어서 담백한 맛 간장으로 만든 조림장에 살짝 조렸다.

만드는 방법
① 소라는 껍데기째 들여와 살과 간을 꺼내고 물에 씻는다. 각각 한입 크기로 썰고 껍데기는 따로 보관한다.
② ①의 살과 간을 뜨거운 물에 살짝 데쳐서 물기를 턴다.
③ 조림장*을 끓여서 ②의 살과 간을 약 1분간 조린다.
④ ①에서 따로 보관한 껍데기를 석쇠에 올려 데운다. 껍데기 안에 ③의 살과 간, 조림장을 넣고 강한 불로 끓인다. 끓기 시작하면 곧바로 불에서 내리고 소금을 깐 그릇에 껍데기째 올린다. 파드득나물을 곁들인다.

* 가다랑어포 육수, 담백한 간장, 맛술, 술, 소금으로 간을 한 것

대구 이리 구이 야키시라코(燒き白子)

― 스시 후쿠모토(鮨 福元)

대구 이리는 노릇노릇하게 색이 들거나 얇은 껍질이 단단해지면 소용이 없다고 후쿠모토 장인은 말한다. 대구 이리를 구울 때는 오븐에서 불에 멀리 두고 살며시 데우는 정도로 굽는다.

만드는 방법
① 대구 이리를 손질해서 물에 씻어 물기를 닦는다. 한입 크기로 썰어서 소금을 뿌리고 오븐에서 굽는다. 노릇하게 구워지지 않도록 불에서 멀리 두고 속까지 데운다.
② ①을 그릇에 담고 스다치를 곁들인다.

성게 댓잎 구이 우니노 사사야키(雲丹の笹燒き)

― 스시 잇신(鮨 一新)

북쪽말똥성게(에조바훈우니)를 대나무 잎에 올려서 은은하게 데우는 정도로 숯불에 살짝 구웠다. 조린 붕장어를 스시로 쥘 때도 댓잎 구이를 활용하기도 한다.

만드는 방법
① 댓잎에 북쪽말똥성게를 올리고 댓잎째 숯불에서 살짝 구워 데운다.
② ①을 댓잎째 그릇에 담고 니키리 간장을 살짝 바른다.

고래 절임 스테이크 쿠지라즈케노 스테이크(鯨ヅケの ステーキ)

- 스시 마스다(鮨 ます田)

고래 꼬리 살을 아슬아슬하게 익을 정도로 부드럽고 촉촉하게 구웠다. 생강 간장을 곁들여 회로 내기도 한다.

만드는 방법
① 고래의 꼬리 살을 한입 크기로 얇게 썰어서 니키리 간장에 4분간 담가서 즈케를 만든다.
② ①의 양면을 오븐에 가볍게 구워서 미디엄으로 완성한다.
③ ②를 그릇에 담고 고추냉이를 갈아서 곁들인다.

죽순 구이 야키 다케노코(焼き筍)

― 스시 마루후쿠(鮨 まるふく)

죽순을 데친 후 겉면을 살짝 구웠다. 코스 요리에서 어패류 사이에 계절 야채를 넣어 다른 풍취로 제철을 맛볼 수 있도록 한다.

만드는 방법
① 죽순은 거품을 덜어내면서 데친 후 한입 크기로 썬다.
② ①을 겉면을 구워서 그릇에 담고 소금을 뿌린다.

연근, 표고버섯, 가지 모둠

야사이 가가렌콘 시이타케 밧텐나스(野菜 加賀れんこん 椎茸 ばってんなす)

― 니시아자부 다쿠(西麻布 拓)

연근은 두툼하게 썰어 표고버섯과 함께 숯불에 굽고, 소형 가지(밧텐나스)는 그대로 얇게 썰어서 니키리 간장으로 간을 한다.

만드는 방법
① 연근(이시카와현)은 두께 1cm로 먹기 좋은 크기로 썰어서 숯불에서 고소하게 굽는다. 마무리로 소금을 뿌린다.
② 통통한 표고버섯(니가타산 우오누마)은 갓만 양면을 숯불에 고소하게 굽는다. 다 구운 후에 니키리 간장과 스다치 과즙을 뿌린다.
③ 밧텐나스*는 생짜로 세로로 얇게 썰어서 니키리 간장을 바른다.

* ばってんなす: 구마모토현 우키 지역의 소형 가지. 점도가 높고 수분이 많다.

붉은 스시 누룽지 아카샤리노 오코게(赤シャリのおこげ)

― 니시아자부 다쿠(西麻布 拓)

적초 100%로 만든 스시밥을 말려서 바삭바삭 가볍게 중화풍 누룽지로 튀겼다.

만드는 방법
① 두 종류 적초, 소금, 설탕으로 간을 한 스시밥을 넓은 쟁반에 얇게 펼치고 실온에서 2~3일 정도 말린다.
② ①을 적당한 크기로 나누어서 180℃ 기름에서 양면을 10여 초 바삭하게 튀긴다.
③ ②를 그릇에 담고 소금을 곁들인다.

은어 뼈와 껍질 튀김 아유노 호네야 카와노 카라아게(鮎の骨や皮のから揚げ) - 스시도요(すし豊)

자연산 은어를 살은 회로 내고 남은 자투리와 껍질은 전분을 묻혀서 바삭하게 튀겼다.

만드는 방법
① 은어를 손질하고 나오는 자투리(머리, 아가미, 등뼈, 잔가시, 가슴지느러미)와 껍질에 남아 있는 물기를 닦고 전분을 바른다. 170℃ 전후의 식용유로 바삭 튀긴다.
② 종이를 깐 그릇에 담고 소금을 뿌린 후 여뀌를 곁들인다.

뼈 튀김, 껍질과 간 소금 구이 호네센베이 카와토 기모노 아부리(骨煎餅皮と肝の炙り) - 가마쿠라 이즈미(鎌倉 以ず美)

붕장어와 학꽁치의 뼈(왼쪽), 학꽁치의 껍질과 붕장어의 간 소금 구이(오른쪽)는 가마쿠라 이즈미에서 꾸준히 내는 술안주다. 각종 흰살 생선의 껍질로 만든다.

만드는 방법

뼈 튀김
① 붕장어와 학꽁치를 손질할 때 등뼈는 머리를 붙인 상태로 물에 씻어서 검붉은살 등 오염물을 제거한다. 물에 1시간 정도 담가서 피와 비린내를 뺀다.
② ①의 머리에 쇠꼬치를 꽂아 매달아서 3일간 그늘에서 말린다. 머리를 제거하고 먹기 쉬운 크기로 자른다.
③ ②는 아무것도 바르지 않고 낮은 온도에서 시간을 들여서 바삭바삭하게 튀긴다.
④ ③의 기름을 털고 뜨거울 때 소금을 뿌린다. 종이를 깐 그릇에 담는다.

껍질과 간 소금 구이
① 학꽁치 껍질을 대나무 꼬치에 나선형으로 말아서 감는다. 소금을 뿌리고 겉을 굽는다.
② 붕장어는 간과 위를 손질해서 가볍게 소금물에 데친다. 물기를 닦고 대나무 꼬치에 꽂아서 소금을 뿌리고 겉을 굽는다.
③ ①과 ②를 그릇에 담는다.

도다리 튀김 가레이노 카라아게(鰈のから揚げ) - 스시 요시다(鮨 よし田)

도다리(메이타가레이)는 모든 부위가 가장 맛있게 튀겨지도록 머리, 등뼈, 지느러미살(엔가와), 껍질, 살을 시간차를 두고 순서대로 넣고 항상 새 기름에 튀긴다.

만드는 방법
① 도다리를 깨끗하게 물로 씻어서 내장을 제거하고 머리를 떼고 5장으로 포를 뜬다. 껍질을 벗기고 등뼈 옆면에 붙어 있는 지느러미살(엔가와)을 잘라낸다. 내장 이외의 모든 부위를 따로 떼어서 한입 크기로 썰고 전분을 바른다.
② 160℃ 기름(기름 종류는 상관없으나 깨끗한 새 기름을 사용)에 잘 익지 않는 부분(머리, 뼈, 지느러미살, 껍질, 살 순서)부터 시간차를 두고 넣는다. 뒤로 갈수록 온도를 올리기도 하면서 모든 부위가 동시에 바삭바삭하게 튀겨지도록 한다.
③ ②의 기름을 털어 그릇에 담고 암염을 곁들인다.

조린 전복 튀김 니아와비 카린토아게(煮鮑かりんと揚げ) - 스시 구리야가와(鮨 くりや川)

조린 전복에 전분을 발라서 튀겼다. 짙은 갈색으로 약간 단맛이 나도록 살짝 튀긴 모습이 일본과자 카린토와 비슷해 이 이름을 붙였다.

만드는 방법
① 참전복(에조아와비)을 껍데기째 수세미로 물에 씻은 후 찬물에 넣고 점액질과 거품을 제거하면서 데친다. 데친 물은 버린다.
② ①을 냄비에 넣고 물과 술을 부어서 불을 킨다. 끓어오르면 약한 불로 약 1시간 30분간 부드럽게 삶는다. 설탕을 더하고 다시 30분간 조려서 맛을 들인다. 마지막으로 간장을 추가해서 간을 하고 불에서 내려서 그대로 조림장에 담근 채 식힌다.
③ ②의 껍데기를 벗기고 살에 전분을 발라서 180℃ 기름에서 튀긴다.
④ ③을 한입 크기로 썰어서 그릇에 담고 거친 소금과 헤베스*를 잘라 곁들인다.

* 平兵衛酢: 미야기현 히나타 지방 특산 감귤. 산뜻하고 무난한 산미가 있다.

모둠
모리아와세 盛合せ

전채 모둠 핫슨(八寸)

– 스시도코로 미야코와케미세(すし処 みやこ分店)

칠을 따라 재료를 바꾸면서 1년 내내 내는 전채 모둠이다. 사진은 전복, 성게, 고하다, 사이마키에비*(보리새우) 등 어패류와 육수에 푹 익힌 후로후키다이콘**과 고하쿠나마스***를 담은 1월의 핫슨****이다.

* サイマキエビ: 10cm 이하의 보리새우를 말한다.
** 風呂吹き大根: 일본식 무 조림.
*** 紅白なます: 무 당근 초절임.
**** 八寸: 약 24cm 정사각형 쟁반에 담는 요리를 가리킨다.

만드는 방법

반숙 메추리알과 보리새우
① 메추리알은 뜨거운 물에 1분 50초간 담가서 반숙해 찬물에 식힌다. 식으면 껍질을 벗긴다.
② 가다랑어포 육수, 간장, 맛술을 멘쓰유처럼 묽은 농도로 배합해 한 번 끓인 후에 식힌다.
③ ①의 메추리알을 ②의 절임장에 1일간 담가둔다.
④ 보리새우의 내장을 빼고 술을 넣은 뜨거운 물에 데쳐서 머리와 꼬리를 떼어낸다.
⑥ ③의 메추리알과 ④의 새우를 장식 꼬치에 꽂아 그릇에 담고 무 줄기를 얇게 찢어서 장식한다.

무 당근 초절임
① 미우라 무와 교 당근*을 채썰어 소금물에 한동안 담가서 풀을 죽인다. 물기를 확실하게 짠다.
② 쌀식초, 설탕, 물을 섞은 달콤한 배합초에 ①의 야채를 담가 맛을 들인다.
③ ②의 물기를 털어 그릇에 담고 산초 잎으로 장식한다.

* 京にんじん: 교토 지역 야채 브랜드.

니코고리
① 흰살 생선의 부산물로 낸 육수에 소금과 담백한 맛 간장으로 맑은 국보다 약간 담백하게 간을 한다. 용기에 옮겨서 냉장고에서 식힌다.
② 유리잔에 ①을 담고 말똥성게를 올리고 싹차조기로 장식한다. 참고로 성게는 계절에 따라 종류를 바꾼다.

일본식 무 조림
① 미우라 무*을 원통으로 썰어서 껍질을 벗기고 한 번 데친다.
② 흰살 생선의 부산물로 낸 육수와 가다랑어포 육수를 같은 비율로 섞어 라우스 다시마를 넣고 소금, 담백한 맛 간장, 맛술로 간을 한 다음 ①의 무를 넣고 약 30분간 조린다.
③ 유자 된장을 만든다. 흰 된장에 달걀노른자, 설탕을 더하고 가열해서 잘 풀어서 주고 마지막에 유자 과즙을 넣고 섞는다.
④ ②의 무를 한입 크기로 잘라서 담고 ③의 유자 된장을 올린다.

* 三浦大根: 카나가와현 미우라 반도에서 출시되는 무로 주로 겨울에 유통된다.

전복 조림
① 참전복을 깨끗하게 물에 씻어서 껍데기를 제거한다.
② 냄비에 술, 물, 라우스 다시마를 약간 많이 넣고 끓여서 ①의 전복을 넣어 부드럽게 조린다. 그대로 조림장에 담근 채 식힌다.
③ ②의 전복을 꺼내서 물결 모양으로 썬 다음 한입 크기로 잘라서 담는다.

고하다 기누타마키
① 미우라 무를 얇게 돌려깎은 후 소금물에 담가 풀을 죽인다. 물기를 털고 쌀식초, 설탕, 물을 섞은 달콤한 배합초에 담근다.
② ①의 무의 물기를 털고 식초에 절인 고하다와 차조기를 올려서 만다. 한 입 크기로 썰어서 그릇에 담고 단풍잎으로 장식한다.

쥐노래미, 아카시 문어, 찐 전복

아부라메신코노 난반즈케(油目新子の南蛮漬け), 아카시다코노 부쓰키리(明石蛸のぶつ切り), 무시 아와비(蒸し鮑)　　- 스시 기즈나(鮓 きずな)

아부라메신코란 아카시에서 봄의 맛으로 알려진 쥐노래미(아이나메)의 유어로 이번에는 난반즈케했다. 심플하게 데친 문어와, 쪄서 술에 조린 전복을 함께 담았다.

만드는 방법

쥐노래미

① 쥐노래미의 새끼(몸길이 7~8cm 유어 후 고현 아카시)를 물에 씻어서 물기를 잘 닦는다. 통째로 전분을 발라서 160℃ 기름에 튀긴다.
② ①을 넓은 쟁반에 펼치고 양파와 당근을 얇게 채썰어 흩어놓는다.
③ 쌀식초, 담백한 간장, 설탕, 송송 썬 빨간 고추를 냄비에 넣고 끓인 후 ②에 뿌리고 1일 두어 맛을 들인다.

아카시 문어

1.2~1.5kg짜리 아카시 문어 한 마리를 통째로 소금으로 주물러서 점액질을 뺀다. 물에 씻은 후에 끓는 물에 넣어 뚜껑을 덮고 25분 동안 삶는다. 꺼내서 식힌다.

찐 전복

① 맏전복(도쿠시마현 나루토)은 껍데기째 문에서 수세미로 문질러 씻은 후 데친다.
② ①의 전복을 껍데기째 찜기에 넣고 2시간 찐다.
③ ②의 전복 살만 꺼내 니키리 술과 물을 넣어 조린다. 조림장이 황갈색이 되고 국물이 냄비 밑바닥까지 졸 때까지 1시간~1시간 반 정도 조린다.
④ ③에 가다랑어포 육수, 다시마 육수, 소금, 맛술, 담백한 간장을 넣고 비벼서 그대로 식힌다.
⑤ ④의 전복에서 간을 빼서 흰 된장을 맛술로 푼 장에 넣고 1일간 재운다.

완성

접시의 오른쪽에 쥐노래미 난반즈케를 놓고, 가운데 차조기를 깔고 한입 크기로 썬 삶은 아카시 문어를 담는다. 찐 전복은 살과 간을 썰어서 왼쪽에 담는다.

간을 올린 전복 회와 전복 외투막 내장 무침

아와비노 사시미 기모노세(鮑の刺身肝のせ), 아와비노 엔페라노 고노와타아에(鮑のえんぺらのこのわた和え) — 스시 나카무라(鮨 なかむら)

전복의 살, 간, 외투막을 담은 전복 모둠이다. 전복 살은 회를 뜬 다음, 짓이긴 간을 올려 맛에 악센트로 더했다. 한편 외투막은 데쳐서 내장 소스로 무쳤다.

만드는 방법
① 참전복(에조아와비, 산리쿠)을 손질해 껍데기를 벗기고 살, 간, 외투막으로 나눈다.
② ①의 살을 폭 1.5cm 막대기 형태로 썰고 위아래 면에 비스듬히 섬세한 칼집을 넣는다. 칼집은 살의 안까지 깊게 넣는다.
③ ①의 간은 끓는 물에 데쳐서 중심까지 익힌다. 물기를 털고 체에서 짓이겨 간장에 푼다.
④ ①의 외투막은 살짝 데쳐서 물기를 닦고 한 입 크기로 썬다. 고노와타(해삼 내장 시오카라)로 무친다.
⑤ ②의 살을 두 개로 나누어 접시에 담고 ③의 간과 고추냉이를 갈아서 올린다. ④의 외투막을 한쪽에 올리고 유자 껍질을 갈아서 뿌린다.

물문어 벚꽃색 조림과 새조개

미즈다코노 사쿠라니토 도리가이노 니텐모리(水蛸の桜煮と鳥貝の二点盛り) — 스시 아쓰미(鮨 渥美)

홋카이도의 물문어 벚꽃색 조림은 가게 문을 연 후부터 계속 내는 간판 메뉴다. 새조개는 익히는 정도를 다르게 해서 스시와 술안주에 적절하게 조리한다. 사진은 반 정도만 익혀 조리했다.

만드는 방법
① 물문어(홋카이도)는 마리 단위로 들여와 다리만 잘라 소금을 바르지 않고 10분 정도 문질러서 점액질을 제거한다. 물에 씻어 물기를 닦는다.
② 물, 설탕, 간장을 섞어서 펄펄 끓인 후 ①의 물문어를 넣고 조린다. 거품은 꼼꼼하게 제거하고 설탕, 간장으로 간을 하면서 약 1시간 동안 조린다. 불에서 내려서 식힌다.
③ 새조개는 손질해서 반만 익힌다(142쪽 참고).
④ ②의 물문어를 원형으로 썰고 ③의 새조개와 함께 그릇에 담는다. 생미역, 얇게 썬 양하, 고추냉이를 갈아시 곁들인다.

맑은 국
스이모노汁もの

백합 맑은 국 ① 하마구리노 오스모이노(蛤のお吸いもの) － 스시 나카무라(鮨 なかむら)

코스 요리에서 처음에 나가는 맑은 국이다. 국물에 백합의 풍미를 응축시킨 후, 흰살 생선을 갈아 끈끈하게 만들어 백합 살을 뭉쳐 넣었다.

만드는 방법
① 냄비에 니키리 술, 물, 다시마를 넣고 끓여서 백합 조갯살을 삶는다. 백합의 맛이 완전히 우러나오도록 삶아서 풍미가 진한 국물을 만든다.
② ①을 체에 걸러서 국물만 분리하다. 조갯살을 잘게 저민 후 흰살 생선 등을 섞고 소금을 더해서 작고 둥근 경단 모양으로 뭉친다.
③ ②의 국물에 경단을 넣고 같이 데워서 그릇에 담는다.

백합 맑은 국 ② 하마구리노 스이모노(蛤の吸いもの) － 스시 마루후쿠(鮨 まるふく)

백합을 물에 넣고 육수를 내서 소금으로 간을 했다. 손님이 살을 먹는 동안 국물에 스시밥을 작게 뭉쳐서 넣고 말아 먹도록 권한다.

만드는 방법
① 백합은 껍데기째 물에 넣고 끓이다 껍데기가 열리면 체에 걸러 백합과 국물로 나눈다. 국물은 소금으로 간을 한다. 백합과 국물을 따로따로 보관한다.
② 나가기 직전에 ①의 백합과 국물을 섞어서 데우고 그릇에 담는다. 조갯살을 먼저 먹도록 권한다.
③ ②의 남은 국물에 탁구공 크기로 둥글게 만 상온의 스시밥과 송송 썬 실파를 넣는다. 밥을 뭉개서 국물과 함께 먹도록 권한다.

백합 맑은 국 ③ 하마구리노 스이모노(蛤の吸いもの)

— 스시 하마다(鮨 はま田)

백합을 데칠 때 나온 국물을 반복해서 사용해 농도를 올렸다. 간은 따로 하지 않고 백합의 맛만 살린다.

만드는 방법
① 백합 조림을 준비하며 백합을 데친 국물(128쪽 참고)을 체에 걸러 냉장고에 보관한다.
② 두 번째 백합 조림을 준비할 때 ①의 국물에 술과 물을 더해서 백합이 자작자작 잠길 정도로 넣고 데친 후 국물을 체로 거른다. 네다섯 번 반복해서 사용한다.
③ ②를 데워서 그릇에 담는다.

자라 맑은 국 슷뽄노 마루스이(すっぽんの丸吸い)

– 스시 와타나베(鮨 わたなべ)

자라를 시간을 들여 끓여 농축한 맑은 국이다. 12월에서 1월 정도에 코스 요리 중간에 내거나 혹은 마무리 국물로 내놓는다.

만드는 방법
① 자라는 손질해서 껍질, 머리, 내장 등을 제거하고 데쳐서 얇은 껍질을 제거한다. 깨끗하게 물로 씻어서 적당한 크기로 썬다.
② 술과 물을 같은 비율로 섞고 육수용 다시마의 뿌리 부분을 넣고 끓인 후 ①의 자라를 넣는다. 끓기 시작하면 거품이 일지 않도록 최대한 약한 불로 몇 시간 조용히 끓여서 투명한 국물을 만든다.
③ 구조 파의 흰 부분을 한입 크기로 썰어서 굽는다. 파란 부분은 송송 썰어 물에 헹구어 물기를 닦는다.
④ ②의 자라 국물을 작은 냄비에 약간 덜어 데운 후 소금, 담백한 맛 간장, 맛술로 간을 한다. 자라의 등껍질은 한입 크기로 썰어서 넣고 데워서 파와 함께 담는다.

쑤기미 맑은 국 도라우오노 마루시타테(虎魚の丸仕立て)

– 스시도코로 미야코와케미세(すし処 みや古分店)

쑤기미는 칡전분을 발라 술과 소금을 넣은 뜨거운 물에 넣고 부드럽게 익혔다. 따로 가다랑어포 육수를 베이스로 국물을 만들어 함께 담는다.

만드는 방법
① 쑤기미(오코제)를 3장으로 포를 떠서 잔가시를 제거하고 껍질째 먹기 쉬운 크기로 썬다. 냄비에 술, 물, 소금을 섞어 끓인 다음 쑤기미에 칡전분을 발라 넣고 데친다.
② 가다랑어포 육수를 데우고 소금과 담백한 맛 간장으로 간을 한다. 따로 물에 풀어 놓은 칡전분을 조금씩 물에 넣으며 끈기를 만든다.
③ 그릇에 쑤기미를 담고 ②의 국물을 붓는다. 생강즙을 떨어뜨리고 채썬 파 흰 부분과 산초 잎을 곁들인다.

생선 맑은 국 우시오지루(潮汁)

– 오스모지도코로 우오토쿠(おすもじ處 うを德)

식사 마무리 단계에 나가는 국물이다. 제철 흰살 생선의 부산물을 사용하는데, 사진은 범가자미(호시가레이)를 썼고, 문치가자미(마코가레이), 농어, 도미 등으로 만들기도 한다.

만드는 방법
① 흰살 생선의 부산물을 한입 크기로 썰어놓는다. 소금물에 씻어서 피와 오염물을 제거한다. 끓는 물에 한 번 데쳐서 찬물에서 다시 오염물을 깨끗하게 씻어낸다. 소쿠리에 담아 물기를 뺀다.
② ①을 냄비에 넣고 물을 담는다. 리시리 다시마, 술, 담백한 간장, 소금으로 간을 하고 한동안 끓인다. 거품은 꼼꼼하게 거둔다.
③ ②에서 리시리 다시마를 건져내고 건더기와 국물을 그릇에 담아 유자 껍질을 곁들인다.

대구 이리 스프 시라코노 다시와리(白子のだし割り)   - 신주쿠 스시이와세(新宿 すし岩瀬)

대구 이리를 체에서 짓이긴 후 진한 국물에 풀어서 단맛과 걸쭉한 식감을 내고 가다랑어포 육수로 감칠맛을 더했다.

만드는 방법
① 손질한 대구 이리를 체에서 짓이긴다.
② 가다랑어포 육수, 담백한 맛 간장, 술, 소금을 섞어서 진한 국물을 만든다.
③ 손님에게 내기 직전에 ①의 대구 이리와 ②의 국물을 냄비에 넣고 뜨겁게 데워서 그릇에 담는다.

다랑어 파 맑은 국 네기마지루(ねぎま汁)   - 스시도코로 긴베에(寿司處 金兵衛)

다랑어 뱃살을 작은 사각형으로 썰어 넣고 얇게 썬 파도 듬뿍 넣은 국물 요리다. 겨울에는 참다랑어로 여름에는 인도다랑어로 철에 맞추어 일 년 내내 만든다.

만드는 방법
① 다랑어의 중뱃살이나 대뱃살을 작은 육면체로 썰어서 소금을 뿌리고 10분간 두어 비린내가 나는 수분을 뺀다.
② ①을 펄펄 끓는 물에 넣어서 표면이 하얗게 되면 곧바로 꺼낸다. 흐르는 물에 20~30분간 헹군다.
③ ②의 물기를 털어 냄비에 넣고 물을 붓고 불을 켠다. 펄펄 끓기 직전까지 데우고 뜨는 거품을 제거한다. 간장, 소금, 아주 소량의 맛술로 간을 해 다시 끓어오르기 직전까지 데운다. 불에서 내리고 식혀서 다랑어 육수를 만든다.
④ 파는 전체를 얇게 채썰어 그릇에 담고, ③의 국물을 데워 다랑어와 함께 담는다.

해조 미소장국 카이소노 미소시루(海藻の味噌汁)

― 스시도요(すし豊)

다섯 가지 해조류를 넣은 된장국이다. 가다랑어포 육수와 백합 데친 물을 같은 양 넣어서, 감칠맛을 보충하고 해조류의 비린내를 억눌렀다.

만드는 방법
① 가다랑어포 육수와 백합 조림을 만들 때 백합을 데친 물을 같은 양 냄비에 넣고 데운다. 생미역, 생파래, 사각형으로 썬 기누고시두부*를 넣고 데운 후 쌀된장을 푼다.
② 뜨거울 때 ①을 그릇에 담고 각각 생햇김, 큰실말, 괭생이모자반*을 넣는다.

* 絹ごし豆腐: 연한 두부.
* ぎばさ: 해조류로 정식 일본 이름은 아카모쿠다. 끈기가 있고 보통 다갈색인데 뜨거운 물에 데치면 선명한 녹색으로 변한다.

도미 진한 국 다이코쿠완(鯛こく椀)

― 스시 구리야가와(鮨 くりや川)

참돔의 머리와 뼈를 3일간 끓여서 간장으로 간을 했다. 진한 국물과 사르륵 부서지는 뼈가 상당히 인상적이다. 된장은 단맛이 나는 된장을 두 종류 사용했다.

만드는 방법
① 냄비에 손질한 참돔의 머리와 뼈를 한입 크기로 썰어서 넣고 물, 술, 매실 절임을 넣는다. 강한 불로 끓인다. 펄펄 끓기 시작하면 불을 약하게 하고 거품은 꼼꼼하게 거두면서 약 8시간 동안 곤다.
② ①을 3일 동안 비슷한 방식으로 계속 졸인다. 뼈가 간단하게 부수어질 정도로 부드러워지면 완성이다. 도중에 물이 부족해지면 수시로 물을 추가한다.
③ ②의 냄비에 사이쿄 된장과 교사쿠라 된장*을 풀고 매실 절임을 꺼낸다.
④ ③을 뼈째 그릇에 담고 실파를 송송 썰어 담고 산초가루를 뿌린다.

* 京桜味噌: 쌀된장과 콩된장의 원료를 섞어서 양조해 수개월간 재운 단맛이 나는 된장.

튀긴 가지 맑은 국 가모나스 아게히타시(賀茂茄子の揚げ浸し) – 오스모지도코로 우오토쿠(おすもじ處 う乙德)

교토에서 들여온 육질이 두꺼운 가지를 씹는 맛이 뚜렷하게 남게끔 튀긴 다음 국물과 함께 담았다.

만드는 방법
① 가지의 위아래를 잘라내고 가로로 2등분한다. 기름이 잘 스며들도록 꼬치 등으로 몇 번 찔러서 겉과 속에 구멍을 낸다.
② ①을 170℃ 기름에서 튀긴다. 너무 부드럽지 않고 씹는 식감이 남을 정도로 익힌다.
③ ②의 기름을 털고 한입 크기로 썰어서 따뜻한 팔방지*에 담근다.
④ 일번육수를 데워서 담백한 간장으로 간을 하고 송이버섯을 얇게 썰어 넣고 살짝 익힌다. 칡전분을 물에 풀어 끈기를 만든다.
⑤ ③의 가지의 물기를 털고 그릇에 담은 후 ④를 붓는다.

* 이번육수를 담백한 간장, 소금, 맛술로 간을 한 것.

구운 가지 퓌레 야키나스노 스리나가시(焼き茄子のすり流し) – 스시 구리야가와(鮨 くりや川)

가지를 구워서 퓌레를 만들어 간을 한 차가운 요리다. 가지를 강한 불에 단숨에 구워 수분을 유지하고 감칠맛과 향을 살린다.

만드는 방법
① 가지 끝에 젓가락 등으로 구멍을 하나 내서 가열할 때 수증기가 빠져나가도록 한다. 강한 불에 직접 껍질 전체가 검게 될 때까지 구워서 안까지 익힌다. 얼음물에 넣어서 식힌다.
② ①의 껍질을 벗기고 꼭지를 따고 믹서에 갈아서 퓌레를 만든다.
③ ②에 담백한 간장, 니키리 맛술*을 더해서 간을 하고 냉장고에서 식힌다. 그릇에 담는다.

* 煮切りみりん: 맛술을 끓여 알코올을 날린 것.

밥
고한모노 ごはんもの

전복 밥 아와비노 기모고한(鮑の肝ご飯) － 스시 아쓰미(鮨 渥美)

조린 전복의 간을 스시밥에 섞었다. 전복을 얇게 썰어서 곁들이거나 성게나 연어 알을 더해서 해산물 지라시즈시를 만들 때도 있다.

만드는 방법
① 흑전복(산리쿠)의 껍데기를 벗기고 물에 씻어서 술과 소금을 넣은 물에서 2시간 정도 삶는다.
② ①의 전복에서 간을 빼어 얇게 썰고 적당한 양을 스시밥에 섞어서 니키리 간장으로 간을 하며 잘 비빈다.
③ ①의 전복 살을 얇게 썰어 놓는다.
④ 그릇에 ②를 담고 ③의 전복 살을 올리고 고추냉이를 갈아서 곁들인다.

고등어 말이 사바노 치도리(鯖の千鳥) － 스시도코로 미야코와케미세(すし処 みや古分店)

방어 센마이 하카타 오시즈시(56쪽 참고)를 변형해 단초에 절인 고등어와 스시밥을 센마이즈케로 말았다. 작게 썰어서 식사 사이에 내놓는다.

만드는 방법
① 센마이즈케 1장에 식초 절임 고등어를 얇게 썬 것 2장과 스시밥을 올리고 볶은 깨를 뿌리고 말아서 장식 꼬치로 꽂는다(사진은 속이 보이도록 2등분했다).
② 술에 매실 절임을 넣고 불을 켜서 반으로 졸면 다시 술을 넣고 원래 양으로 만든다. 라우스 다시마도 추가해서 다시 반이 될 때까지 졸인다. 일반 이리자케는 다른 요리에 사용하고 이번에는 매실 절임만 써서 만든다.
③ ①을 그릇에 담고 ②의 매실 절임을 곁들인다. 유자 껍질을 채썰어 올리고 산초 잎도 올린다.

털게 껍데기 밥 게가니노 고오라즈메토 가니고한(毛蟹の甲羅詰めと蟹ごはん) — 고비키초 도모키(木挽町 とも樹)

털게를 쪄서 살 1인분을 다시 껍데기에 채운 요리로 고비키초 도모키의 명물이다. 게살 밥은 살짝 변형한 버전으로 게살에 스시밥 등을 섞어서 김으로 말았다.

만드는 방법

털게 껍데기 밥
① 살아 있는 털게를 물에 씻어서 통째로 찜기에서 25분간 찐다.
② ①의 털게를 발라서 몸통과 다리의 살, 내장을 모두 꺼낸다. 살과 내장을 균형 있게 비벼서 껍데기에 다시 채워 넣고 냉장고에 넣어 둔다.

게살 밥
① 게 껍데기에 채웠던 게살의 일부를 그릇에 넣고 스시밥, 흰깨, 송송 썬 실파, 심을 제거한 꽃이싹 차조기, 간장을 넣어 가볍게 비빈다.
② ①을 김에 만다.

완성
① **털게 껍데기 밥**은 껍데기째 몇 등분해 그릇에 담는다. 스다치 과즙과 꽃이싹 차조기, 거친 소금을 곁들인다.
② **게살 밥**을 ① 곁에 둔다.
③ 삼배초를 다른 용기에 따르고 꽃이삭 차조기를 띄운다.

대게 덮밥 고바코가니노 코돈(香箱蟹の小丼) — 신주쿠 스시이와세(新宿 すし岩瀬)

암컷 대게를 통째로 사용한 겨울 요리다. 게 내장의 감칠맛에 맛을 보충하는 정도로 간을 하고, 니키리 간장을 약간 더한다.

만드는 방법
① 암컷 대게를 약 20분간 찐다. 대게를 발라 게살, 내장, 곤이, 알을 무친다. 아주 소량의 니키리 간장으로 간을 한다.
② 손님에게 내기 직전에 ①을 찜기에서 데워서 스시밥을 조금 깐 그릇에 담는다.

전갱이 보즈시 고아지 보즈시(小鯵の棒寿司)

− 스시 오가와라(鮨 大河原)

보즈시를 한입 크기로 썰어 술안주로 내어 코스에 변화를 준다. 생선의 종류와 절이는 방법 등은 그때마다 바꾼다.

만드는 방법
① 작은 전갱이를 머리와 내장을 제거하고 3장으로 포를 뜬다. 껍질을 벗기고 배 쪽 잔가시 등을 제거하고 등 쪽에서 양쪽에 칼집을 넣고 활짝 펼쳐서 두께를 조절한다. 껍질 면에 세로로 칼집을 넣는다.
② ①을 뒤집어서 차조기를 깔고 스시밥을 올리고 보즈시로 만든다.
③ ②를 먹기 쉬운 크기로 썰어서 그릇에 담고 니키리 간장을 바른 후 볶은 흰깨를 뿌린다. 고추냉이를 갈아서 곁들인다.

벚꽃새우 김말이 사쿠라 에비노 테마키(桜海老の手巻き)

− 다쿠미 다쓰히로(匠 達広)

스시 코스 사이에 나가는 한입 크기 벚꽃새우 김말이다. 김의 향과 바삭한 식감을 즐길 수 있도록 손님이 직접 말아서 먹도록 한다.

만드는 방법
① 생벚꽃새우(시즈오카현 스루가완)를 냄비에서 아무것도 넣지 않고 볶다가 마지막에 간장을 조금 넣어 향을 더한다. 고추냉이 간장에 담갔다 건진다.
② 그릇에 작게 자른 김을 깔고 스시밥을 조금 올리고 ①의 벚꽃새우를 올린다. 위에 고추냉이를 조금 갈아서 올린다.

성게와 절인 야채 덮밥

가라쓰산아카우니 나라즈케오 소에테(唐津産赤雲丹 奈良漬けを添えて) — 고비키초 도모키(木挽町 とも樹)

스시밥에 단맛이 진한 분홍성게(아카우니)를 올리고 나라즈케를 얇게 썰어서 곁들였다. 나라즈케의 새콤달콤한 풍미가 분홍성게의 단맛을 끌어올린다.

만드는 방법
① 흰 오이 나라즈케*를 얇게 썬다. 비스듬히 칼을 넣어서 폭은 약간 넓게 두께는 아주 얇게 썬다.
② 스시밥을 소량 쥐어서 그릇에 담고 분홍성게(사가현 가라쓰)를 덮듯이 올린다. ①의 나라즈케를 2장 올리고 고추냉이를 갈아서 위에 올린다. 나라즈케는 맛이 진하므로 분홍성게의 양에 맞추어 조금만 올린다.

* 奈良漬け: 염장한 오이, 생강 등 야채를 술지게미로 발효한 식품.

성게 밥 누룽지 우니메시노 오코게(雲丹飯のおこげ)

 — 스시 오가와라(鮨 大河原)

스시밥으로 고소한 누룽지를 만들었다. 성게, 관자, 털게 등 몇 종류 어패류를 섞어서 얇게 펼치고 간장을 흘려서 굽는다.

만드는 방법
① 스시밥에 성게, 관자, 털게 다리 살, 생김을 섞는다.
② 전복의 껍데기에 ①을 얇게 바르듯이 펼치고 석쇠에 올려 굽는다. 바닥이 타기 시작하면 간장을 두 번 정도 두르고 오븐에서 굽는다. 볶은 흰깨를 뿌리고 고추냉이를 갈아서 곁들인다.

스시 장인 35인과 스시집

유이 류이치 油井 隆一 · 기즈시 㐂寿司 - 도쿄도 닌교초

유이 류이치
1942년 도쿄 출생. 대학 졸업 후 '도쿄 회관'(도쿄 오오테마치)에서 3년간 프랑스 요리를 배웠다. 그 후 가업을 잇고자 '기즈시'에 들어와 처음부터 스시를 배웠다. 1975년에 3대 주인이 되었다.

에도 마에 스시를 만든 '요헤 스시'의 흐름을 따르고 그 기술을 전승한다. 최근에 보기 드물어진 재료, 준비 방법, 완성 방법 등 여러 전통이 남아 있다. 청새치, 오징어 간장 조림, 오징어 인롱 외에도 오보로 니기리즈시, 데친 달걀로 만들어 일본어로 병아리라는 이름이 붙은 '히요코', 고하다와 보리새우로 줄무늬를 만들어 일본어로 말고삐라는 이름이 붙은 '다즈나즈시'가 건재하다. 제철 재료를 중시해 각 재료의 풍미가 최고조에 달하는 기간에만 한정해 사용하는 재료가 많은 점에서도 전통을 이어나가는 노점포만의 기개가 엿보인다.

주소: 도쿄도 추오구 일본바시 닌교초 2-7-13 | 전화: 81-3-3666-1682 ※ 유이 류이치 씨는 2018년 5월에 서거하고 현재는 장남인 가즈히로 씨가 4대를 잇고 있다.

야스다 도요쓰구 安田 豊次 · 스시도요 すし豊

"흰살 생선과 새우 종류가 놀라울 정도로 다양해서 오사카에 반했습니다"라고 야스다 장인은 말한다. 모든 재료는 소규모라도 오사카완 바다를 중심으로 양질의 지역 재료를 갖추고 있는 오사카 키즈 도매시장에서 공수한다. 그리고 도쿄의 순수한 에도 마에 기법으로 조리한다. 운영상 쓰는 재료는 20여 종인데, 내고 싶은 것이 많아서 어느새 25종 가깝게 늘었다고 한다. 천연 은어 스가타즈시나 부시리(히라마사)를 식초에 절여 순무, 갯무, 비트 같은 무나 손수 재배한 텐노지무와 조합한 가부즈시(蕪寿司)는 간판 메뉴다.

야스다 도요쓰구
1948년 도쿄 출생. 에도 마에 스시의 전통 있는 '신토미스시'(도쿄 긴자)에서 수업을 시작했다. 6년간 배운 후에 22세에 오사카로 이주해 오사카 시내 스시집에서 3년간 경험을 쌓은 후 1974년에 독립했다.

주소: 오사카시 아베노구 오지초 2-17-29 | 전화: 81-6-6623-5417

오카지마 산시치 岡島 三七 · 조로쿠즈시 미나미 蔵六鮨 三七味

오카지마 산시치
1951년 나가노현 출생. 도쿄 에비스에 있는 '갓포이리부네'에서 일본요리를 배운 후에, 경영주가 같은 '이리부네스시'에서 7년간 배웠다. 1980년에 '조로쿠즈시'가 처음 개업할 때부터 함께 시작해서 1984년에 주인이 되었다.

메뉴는 추천 코스 오마카세가 많은 편인데 취향대로 골라서 주문하는 것도 환영한다고 한다. "예전에는 손님이 좋아하는 스시를 좋아하는 만큼 먹었다. 그렇게 좋아하는 스시만 먹는 것도 스시집의 특별한 매력이다"라고 말한다. 문어를 탄산수, 간장, 싸라기설탕, 술에 넣어 씹는 맛이 남도록 조린 '다이젠(大善煮) 문어'를 특히 좋아한다고 한다. 또 중뱃살 즈케는 데쳐서 1시간 동안 절임장에 담갔다가 하룻밤 숙성시키는 전통 방식을 따른다. 10월에서 이듬해 1월은 아오야마현 오마, 그 외에는 맛이 좋고 품질이 안정된 아일랜드산 참다랑어를 쓴다.

주소: 도쿄도 미나토구 미나미아자부 4-2-48 TTC 빌딩 2층 | 전화: 81-3-6721-7255

스기야마 마모루 杉山 衛 · 긴자 스시코혼텐 銀座 寿司幸本店

"손님과 대화를 주고받으면서 맛, 조리 방법, 크기, 부드러운 정도 등 모든 면에서 임기응변을 발휘하면서 저마다 지닌 맛의 세계를 만들어가는 데서 스시일의 가장 큰 매력을 느낀다"라고 말한다. 창업 이래 130여 년 동안 쌓아온 기술이 스시코혼텐의 근간을 이루고 있다. 원점을 추구하는 전통 기술을 관철하는 한편, 시대의 감각을 도입하는 유연성도 있어서 두 가지가 딱 좋게 섞여 있다. 오보로가 전자이고 와인을 사용하는 즈케는 후자의 좋은 예다.

스기야마 마모루
1953년 도쿄 출생. 대학 졸업 후 가업인 '긴자 스시코혼텐'에 들어가서 스시를 배우기 시작했다. '긴자 스시코혼텐'은 1885년 창업한 전통 있는 점포로 1991년 38세에 4대째로 가업을 이었다.

주소: 도쿄도 추오구 긴자 6-3-8 | 전화: 81-3-3571-1968

가미시로 미키오 神代 三喜男 · 가마쿠라 이즈미 鎌倉 以ず美

에도 마에 기술을 그대로 지키면서 어패류의 맛과 향을 더욱 끌어올리고자 시행착오를 거듭하는 한편 새로운 재료를 들이는 데도 적극적이다. 봄에는 제철 맛으로 악센트를 주고 계절감을 연출하며, 다양한 색채의 재료를 데쳐서 간장을 더해 구워서 스시를 쥔다. 유자 과즙과 쌀 식초로 절인 은어 치어 스가타즈시나 희소한 케이지(연어의 유어)도 계절의 간판 메뉴다. 재료는 어종이 풍부하고 질이 좋은 쓰키지에서 들어온다. 2018년에 도쿄 긴자에도 점포를 냈다.

가미시로 미키오
1957년 치바 출생. 10년 근무한 '이즈미'(도쿄 메구로)의 분점(노렌와케)으로 1987년에 독립했다. 2018년 3월에는 도쿄 긴자에 '가마쿠라 이즈미 ginza'를 개업했다.

가마쿠라 이즈미 주소: 가나가와현 가마쿠라시 나가다니 2-17-18 | 전화: 81-467-22-3737 **가마쿠라 이즈미 ginza** 주소: 도쿄도 추오구 긴자 4-12-1 긴자12빌딩 8층 | 전화: 81-3-6874-8740 ※ 월~금은 긴자, 격주 토요일은 가마쿠라에서 영업한다. 자세한 내용은 문의를 바란다.

후쿠모토 토시오 福元 敏雄 · 스시 후쿠모토 鮨 福元

후쿠모토 장인은 '술과 함께 즐길 수 있는 스시'에 가장 신경을 쓴다고 한다. 스시를 약간 작게 만들어 한입에 먹기 쉽고, 스시밥과 술에 어울리는 맛을 고려한다고 한다. 스시밥은 맛이 진하고 산미가 부드러운 적초를 두 종류 배합해서, 해조소금, 설탕으로 간을 한다. 밥알이 서며 약간 단단한 식감이 특징이다. 추천 코스 오마카세일 때는 술안주 요리 6종에서 7종과 스시는 10개에서 11개 정도 낸다. 조린 붕장어는 니쓰메 간장을 바른 것과 소금을 곁들이는 것, 두 종류를 항상 내놓는다. 또 테이블 위에 그날 모든 재료의 산지를 적어 두는데 이 점도 평이 좋다.

후쿠모토 토시오
1959년 가고시마 출생. 도쿄, 가나가와, 요코하마 스시집에서 수업 후 도쿄 시모키타자와의 '스시도코로 사와'의 점장으로 갔다. 오너가 되었다가 2000년에 현재 주소로 옮겨서 '스시 후쿠모토'로 이름을 바꿨다.

주소: 도쿄도 세타가야구 다이자와 5-17-6 하나부 빌딩 지하1층 | 전화: 81-3-5481-9537

하시모토 다카시 橋本 孝志 · 스시 잇신 鮨 一新

하시모토 다카시
1961년 도쿄 출생. 15세부터 요리의 길에 들어서 도쿄 내 일본요리점을 거쳐 세 곳에서 경험을 쌓았디. 1990년 29세 때 출신지 이시쿠시에시 기업됐디.

다랑어 뱃살 외에는 거의 모든 재료에 한 과정을 더해서 스시를 쥔다. 식초 절임, 다시마 절임, 즈케, 조리기, 소금에 데치기, 술 찜 등. 즈케는 짧게 담그는 방법은 사용하지 않고 간장 베이스 절임장에 하룻밤 담그는 전통 기법만 쓴다. 또 보통 껍질째 사용하는 보리멸도 껍질이 단단해 거슬린다며 벗기기 어려운 껍질을 꼭 벗기는 등 섬세하게 작업한다. 스시밥에도 고집이 있어, 다이쇼에서 쇼와 시대의 증기 압력 솥에 숯불을 피워 폭신하게 밥을 짓고 있다.

주소: 도쿄도 다이토구 아사쿠사 4-11-3 | 전화: 81-3-5603-1108

오오타 다쓰히토 太田 龍人 · 스시도코로 기라쿠 鮨処 喜楽

추천 코스 오마카세에서 나가는 스시는 12개다. 균형 잡힌 재료의 변화를 즐길 수 있도록 하는 것을 최우선으로 생각한다. 또 간판 메뉴로 관심을 받는 스시보다 전체를 통틀어 두루두루 맛있다고 느껴지는 코스를 추구한다. 3대를 이은 후 쌀식초와 적초를 나누어 쓰는 방법이나 밥짓기 등 전체를 다시 검토했는데, 여전히 시행착오를 거듭하는 나날이라고. 또 낚시가 취미로 히라마사 지역을 중심으로 직접 낚은 어류를 메뉴에 올리는 일도 많다고 한다.

오오타 다쓰히토
1962년 도쿄 출생. 고등학교 졸업 후 호텔에서 영업으로 일하다 21세에 가업을 잇기로 결심했다. 2대인 아버지의 아래에서 스시를 배워 1999년 36세 때 3대째로 물려받았다.

주소: 도쿄도 세타가야구 쿄도 1-12-12 | 전화: 81-3-3429-1344

아오키 도시카쓰 青木 利勝 · 긴자 스시아오키 銀座 鮨青木

니기리즈시 명인으로 이름을 널리 알린 선대의 전통을 이으며 시대 흐름에 맞는 새로운 맛을 도입해 자신만의 스시를 확립해왔다. 사진에 소개하는 오징어 인롱과 중국풍 아이의 긴머리 가라시를 닮은 사이마키 새우 '가라시즈케'는 지금은 일부 노점포에서밖에 만들지 않는 전통 스시인데, 스시아오키도 지켜가고 있다. 한편 큼직한 굴을 술에 조려서 만드는 스시는 아오키 장인이 새로 만들어낸 것이다. 관서지역에서 주로 쓰는 갯장어도 스시로 쥐거나 보즈시로 만들어 호평을 받고 있다.

아오키 도시카쓰
1964년 사이타마현 출생. 대학 졸업 후 '요시노'(도쿄 코바시)에서 2년간 배우고 아버지가 경영하는 '스시아오키'(도쿄 고치마치)에 들어갔다. 1992년에 긴자로 이전해 이듬해 29세로 뒤를 이었다. 2007년에 니시아자부에도 점포를 냈다.

주소: 도쿄도 추오구 긴자 6-7-4 긴자 다카하시 빌딩 2층 | 전화: 81-3-3289-1044

노구치 요시유키 野口 佳之 · 스시도코로 미야코와케미세 すし処 みや古分店

술안주 10여 종, 스시 8개와 요리로 구성한 추천 코스 오마카세가 기본이다. 요리 종류가 다양하고 스시 재료로 제철의 풍부한 어종을 사용한다. 방어는 책에서 소개한 하카타 오시즈시가 간판 메뉴인데 가장 지방이 많은 배 쪽 아래 부분(砂ずり)은 스시로 쥐기도 한다. 또 스시 재료로 드문 붉은메기 같은 고급 어종도 겨울에는 자주 사용한다. 소금, 식초로 절이는 재료는 스시밥의 맛을 기준으로 가감하는 것이 미야코와케미세의 방식이라고 한다.

노구치 요시유키
1964년 도쿄 출생. 고등학교 졸업 후 '데라오카'(후쿠오카 하카다)에서 2년간 일본요리와 스시를 배웠다. 1987년에 3대째 잇고 있는 가업 일본요리점 '오료리 이마무라'(도쿄, 긴자)에서 선대에게 배우기도 했다.

주소: 도쿄도 기타구 아카바네니시 1-4-16 | 전화: 81-3-3901-5065

오가와라 요시토모 大河原 良友 · 스시 오가와라 鮨 大河原

오마카세 코스는 술안주, 니기리즈시, 국물요리 등을 합쳐서 약 20종이다. 어패류는 술안주용과 스시용을 나누고 있는데, 손님이 요청하면 임기응변을 발휘하기도 한다. 최근에는 생선을 숙성하는 스시집이 늘고 있지만, 오가와라 장인은 '신선도를 중시한 니기리즈시'를 모토로 생각한다. 또 한 번 익힌 재료를 다시 냉장고에 넣으면 맛이 떨어지므로 가게 문 여는 시간 직전에 전부 준비해서 상온에 보관한다. 그날 모든 재료를 사용하는 것을 기본으로 하고 있다.

오가와라 요시토모
1966년 오사카 출생. 도쿄 갓포에서 일본요리를 5년간 배우고 26세에 스시의 세계에 입문했다. 얼 곳 님는 곳에서 경험을 쌓은 후 '쓰바키'(노교 긴사) 등 스시집 3곳에서 조리장으로 근무하다 2009년에 독립했다.

주소: 도쿄도 추오구 긴자 6-4-8 소네 빌딩 2층 | 전화: 81-3-6228-5260

고미야 겐이치 小宮 健一 · 오스모지도코로 우오토쿠 おすもじ處 うを徳

전형적 에도 마에 스시를 만드는 선대에게 물려받은 기법에 독자적인 준비 방법과 대접 방법을 더해서 새로운 '우오토쿠' 스타일을 구축했다. 책에서 소개하는 다시마 절임과 볏짚 구이는 고미야 장인이 시작했다고 한다. 또 보통 중하로 만드는 달걀말이는 단맛, 감칠맛의 강함에 끌려서 보리새우를 사용하고, 성게는 군함말이가 아니라 스시밥과 함께 김말이로 만들어 일체감을 강조하는 등 최대한 맛있게 먹을 수 있도록 다양한 연구를 거듭하고 있다.

고미야 겐이치
1968년 도쿄 출생. 대학 시절에 프랑스요리점 주방에서 3년간 일하고 졸업 후에는 '갓파 야마시타'(교토 기야마치초 산조)에서 2년 넘게 일본요리를 배우다 1992년부터 가업인 스시집에 들어와 2008년에 3대를 이었다.

주소: 도쿄도 스미다구 히가시무코지마 4-24-26 | 전화: 81-3-3613-1793

니시 다쓰히로 西 達広 · 다쿠미 다쓰히로 匠 達広

술안주 8종, 스시 12개, 김말이 1개로 구성한 추천 코스 오마카세가 기본 메뉴다. 스시 다쿠미의 가르침을 따라서 도중에 술안주와 스시를 교대로 내거나, 적초와 쌀식초로 각각 스시밥을 준비해 재료의 풍미에 맞추어 스시를 쥔다. 생짜로 스시를 쥐는 재료는 성게를 비롯한 일부뿐이다. 소금 절임, 식초 절임, 다시마 절임, 감귤류 과즙을 활용한 절임과 숙성, 즈케는 물론이고 데치기, 조리기 등 대부분의 재료에 한 번 더 공을 들이고 있다.

니시 다쓰히로
1968년 이시카와현 출생. 가나자와의 일본요리점에서 배우고 스시 장인을 꿈꾸며 도쿄로 나왔다. 몇 곳을 거치고 독립하기 전 5년간 '스시 다쿠미'(도쿄 요쓰야)에서 경험을 쌓았다. 2009년에 개업해 2012년 8월에 이전했다.

주소: 도쿄도 신주쿠구 신주쿠 1-11-7 | 전화: 81-3-5925-8225

이사야마 유타카 伊佐山 豊 · 스시 마루후쿠 鮨 まるふく

니기리즈시에 사용하는 재료는 에도 마에를 모토로 피조개, 새조개 등 조개류를 제외하고, 대부분의 한 번 더 공을 들인다. 사진은 니기리즈시의 한 예로 다랑어 중뱃살을 덩어리째 니키리 간장에 7시간 담근 즈케다. 또 고하다는 선배 직인에게 배웠다는 독특한 방법으로 손질해 30분 정도 물로 씻어서 지방을 적당히 빼고 식초에 절였다가 한 번 더 식초다시마로 3~4일 절인다. 이렇게 공을 들이는 방식으로 손님들에게 두터운 지지를 얻고 있다.

이사야마 유타카
1969년 도쿄 출생. 19세부터 도쿄 도내 스시집 5곳에서 스시를 배우고 2011년 10월에 독립했다. 가게는 일찍이 도쿄의 다른 장소에서 가족이 경영했던 스시집 이름을 이어받은 것이다.

주소: 도쿄도 스기나미구 니시오기미나미 3-17-4 | 전화: 81-3-3334-6029

나카무라 마사노리 中村 将宜 · 스시 나카무라 鮨 なかむら

5종에서 10종 정도 되는 풍부한 술안주와 스시 13개 전후로 구성한 추천 코스 오마카세가 메인이다. 스시 재료는 오징어 등 단단한 재료도 대체로 자잘한 칼집을 넣어서 부드럽고 감칠맛을 느끼기 쉽게 만드는 점이 특징이다. 스시밥은 작은 솥에 조금씩 시간차를 두고 지어서 쌀식초와 소량의 적초로 간을 한다. 독립한 후에도 책 등으로 스시 기술을 연구해 다양한 니기리즈시의 원형이라고 할 수 있는 공정수가 다소 많은 '혼테가에시(本手返し)'를 도입했다.

나카무라 마사노리
1969년 나가노 출생. 조리학교를 졸업한 후 도쿄와 오사카의 일본요리점에서 9년간 경험을 쌓았다. 그 후 도쿄 도내 스시집에서 2년간 스시를 공부했다. 2000년에 도쿄 롯본기에서 독립해 2002년에 현재 장소로 이전했다.

주소: 도쿄도 미나토구 롯본기 7-17-16 고메히사 빌딩 1층 | 전화: 81-3-3746-0856

아쓰미 신 渥美 槙 · 스시 아쓰미 鮨 渥美

스시 아쓰미는 시내에 있는 요코중앙어시장에서 어패류를 들인다. 전국 어패류를 풍부하게 다루어서 고시바산 갯가재·보리새우, 마쓰와산 고등어, 사지마산 문어, 히라즈카오키 토종 물고기 등 유명 특산물부터 지역 특산물까지 다양하다. 아쓰미 장인은 젊은 시절부터 진취적 기질이 강해서 전통 어패류 이외에도 새로운 품종을 계속 스시 재료로 도입하고 있다. 사진의 청어 외에도 금눈돔, 양태류 생선(고치), 벤자리(이사키)도 자주 사용한다.

아쓰미 신
1970년 가나가와 출생. 15세부터 요코하마 시내의 스시집 2곳에서 수업을 시작했다. 20세에 '나카다'(도쿄 긴자)로 옮겨서 8년에 걸쳐 기술을 닦았다. 1999년에 고향으로 돌아와 독립했다.

주소: 가나가와현 요코하마시 미나토미나미구 히노미나미 6-29-7 | 전화: 81-45-847-4144

사토 다쿠야 佐藤 卓也 · 니시아자부 다쿠 西麻布 拓

식사는 안주에서 시작해 도중에 술안주와 스시가 교차해 나오다 스시로 흘러간다. 술안주만 주문하는 손님이 늘어서 스시집의 기본인 스시를 내려고 이 스타일로 정착했다. 손님의 취향에 맞추어 순서, 간격, 스시의 크기 등을 가감한다. 스시밥은 두 종류를 준비하는데, 적초 스시밥은 즈케, 식초 절임, 다시마 절임에 쓴다. 쌀식초 메인(쌀식초와 적초가 5:1)은 다랑어의 붉은살, 흰살 생선, 뱅어 등에 쓴다. 생선의 종류와 준비 방법에 맞추어 적절하게 사용한다.

사토 다쿠야
1970년 도쿄 출생. '긴자 큐베에'(도쿄 긴자) 등에서 배우고 2005년에 독립했다. 현재는 한참 미국, 하와이의 '스시 다쿠미' 일로 바빠서, 일본에 없을 때는 점장인 이시사카 겐지 장인이 가게를 지킨다.

주소: 도쿄도 미나토구 니시아자부 2-11-5 카파루아 니시아자부 1층 | 전화: 81-3-5774-4372

스즈키 신타로 鈴木 真太郎 · 니시아자부 스시 신 西麻布 鮨 真

일부는 모둠으로 내기도 하지만 술안주 5종과 스시 11개에서 12개로 구성한 추천 코스 오마카세가 중심으로, 술안주 없이 스시 코스도 주문을 받는다. 에도 마에 전통 스시 재료를 중시하면서 그 외에도 스시에 어울리는 어패류가 있으면 적극적으로 도입한다. 창꼬치, 옥돔, 능성어 등이 그 예다. 생선은 대부분 소금으로 절여 탈수 시트로 감싸서 두는데, 생선의 개성, 개체 차이, 부위에 맞추어 수분을 조절하고 감칠맛을 최대한 이끌어내고 있다.

스즈키 신타로
1971년 도쿄 출생. 고등학교 시절에 3년간 아르바이트를 했던 '고칸즈시'(도쿄 히가시마쓰바라)에서 11년간 근무했다. 그 후 스시집 두 곳을 거쳐 2003년에 니시아자부에서 개업했다. 2011년에 현재 위치로 이전했다.

주소: 도쿄도 미나토구 니시아자부 4-18-20 니시아자부 CO-HOUSE 1층 | 전화: 81-3-5485-0031

요시다 노리히코 吉田 紀彦 · 스시 요시다 鮨 よし田

전통 에도 마에를 기본으로 교토의 여름을 대표하는 갯장어나 은어도 재료로 쓴다. 갯장어는 조리법을 자유자재로 변화시켜 사진 속 '오토시' 니기리즈시와 '쓰케야키' 보즈시 외에도 '생짜'로 양면을 구운 '야키시모'로 스시를 쥐기도 한다. 보즈시는 관서지역의 전통 방법인 만큼 빼놓지 않고 코스 마지막에 낸다. 계절에 따라 갯장어나 고등어로 만든다. 스시밥은 보즈시용은 쌀식초로 만든 관서풍의 단맛이 있는데, 스시용은 적초만 사용해 단맛을 누른다.

요시다 노리히코
1971년 교토 출생. '갓포 마스다'(교토 가하라마치)에서 7년간 일본요리를 배운 후에 교토 시내 다양한 스시집에서 경험을 쌓았다. 2009년에 교토 기디오지에서 점포를 냈다가 2014년 11월에 현재 위치로 이전했다.

주소: 도쿄도 히가시야마구 기온마치 미나미가와 570-179 | 전화: 81-80-4239-4455

우에다 가즈토시 植田 和利 · 스시도코로 긴베에 寿司處 金兵衛

쇼와 시절에 활약했던 조부의 기술을 아버지를 통해 배워서 3대째 기본을 이어가고 있다. 한층 재료를 절이는 시간을 가감하거나 조미료와 재료를 바꾸기도 하면서, 현대적 재료와 맛의 트렌드에 맞추어 조절하는 등 신세대 스시를 추구하고 있다. 또 기본적으로 칼을 다루는 방법, 어패류를 손질하는 방법, 작업 속도, 뼈를 바르는 방법 등등 기술을 갈고닦아 맛을 한층 올리는 데 신경을 쓰고 있다고 한다.

우에다 가즈토시
1972년 도쿄 출생. 대학 졸업 후 가업을 이어 스시집에 들어가 같은 시기에 2대를 이은 아버지 밑에서 도제 수업을 받았다. 2013년에 4월에 40세로 3대를 물려받았다.

주소: 도쿄도 미나토구 신바시 1-10-2 우에다빌딩 1층 | 전화: 81-3-3571-1832

야마구치 다카요시 山口 尚享 · 스시도코로 메구미 すし処 めくみ

아오모리산 다랑어, 홋카이도산 성게, 규슈산 붕장어를 제외한 재료는 대부분 노토를 중심으로 하는 호쿠리쿠 어패류로 채우고 있다. 아침 일찍 노토반도, 미나오 어항과 가나자와 중앙도매시장을 돌면서 최상품을 산 채로 들여온다. 이케지메 기술은 물론 운반할 때 물의 관리, 손질 후 온도·습도 등에 만전을 기해 품질과 신선도를 유지하는 것이 야마구치 장인의 모토다. 스시밥은 전분이 적게 나오고 밥알이 서도록 가마솥에 뜨거운 물로 짓고 적초로만 간한다.

야마구치 다카요시
1972년 이시카와현 출생. 22세부터 도쿄 긴자의 노점포 '호카케' 등 스시집 4곳에서 8년간 경험을 쌓았다. 2002년에 고향으로 돌아와 독립해서 개업했다.

주소: 이시카와현 노노이치시 시모바야시 4-48 | 전화: 81-76-246-7781

이치야나기 가즈야 一柳 和弥 · 스시야 이치야나기 すし家 一柳

니기리즈시의 핵심은 간뿐만 아니라 재료를 써는 형태, 크기, 더욱이 스시밥의 양이 맞아야 한다고 말한다. 재료를 어떤 형태로 어떤 크기로 자를지 칼을 잘 사용해 보기에도 아름답고 먹었을 때 감칠맛을 느끼기 쉬운 스시를 지향하고 있다. 또 니기리즈시는 씹었을 때 확실히 씹는 맛을 즐기는 요리다. 맛있게 씹으려면 높이가 적절해야 하는데, 스시밥의 길이는 짧게 만들고 높이를 올려서 스시를 쥐는 것도 중요하다고 한다.

이치야나기 가즈야
1973년 치바현 출생. 고등학교 졸업 후 도쿄 긴자의 스시집에서 12년간 경험을 쌓았다. 여러 점포를 거쳐 2009년 호텔 세이요 긴자 내 '스시야 마오'에서 조리장으로 근무하다 2013년 6월에 독립했다.

주소: 도쿄도 추오구 긴자 1-5-14 긴자코스미온 빌딩 1층 | 전화: 81-3-3562-7890

이와세 겐지 岩瀬 健治 · 신주쿠 스시이와세 新宿 すし岩瀬

신주쿠 스시이와세의 추천 코스 오마카세는 니기리즈시 20개 전후로 구성되어 있다. 술안주와 함께 스시 재료의 종류도 다양하고 모든 재료를 한 번 더 공을 들여 확실하게 맛을 끌어내는 데 심혈을 기울이고 있다. 아래 사진 속 초굴은 바로 이런 창의력이 발휘된 재료 중 하나다. 입에 착 들러붙는 진한 맛이 특징으로 홋카이도 센포시산 굵직한 굴을 데쳐 달콤한 식초에 5분간 담갔다. 손님들에게 좋은 평가를 받아 현재는 1년 내내 내고 있다.

이와세 겐지
1973년 카나가와현 출생. 3년간 회사에서 근무하다가 '스시 히데'(도쿄 요쓰야), '스시 다쿠미 마사'(도쿄 히로오), '스시 노보루'(도쿄 이오야미)에서 배우고 2012년 9월에 독립했다. 2017년에 현재 주소로 옮겼다.

주소: 도쿄도 신주쿠구 니시신주쿠 3-4-1 후쿠치 빌딩 1층 | 전화: 81-3-6279-0149

오구라 가즈아키 小倉 一秋 · 스시도코로 오구라 すし処 小倉

독립해 전부 혼자서 하면서 새롭게 알아차린 요령이 있는가 하면 시행착오를 겪은 것도 많다고 한다. 식초 절임할 때 간을 하는 방법, 스시밥을 지을 때 간은 특히 숙고했다. 고등어에 시로이타 다시마를, 가스고에 센마이즈케를 조합하는 등 스승에게 전수받은 독특한 방법을 자신의 가게에서도 정착시켰다. 또 날에 따라 문어를 간장에 조릴 때도 있고 벚꽃 조림을 할 때도 있으며, 달걀말이는 육수 타입과 간 생선 타입 두 종류를 항상 준비해 두고 있다.

오구라 가즈아키
1973년 치바 출생. 조리학교를 졸업한 후 '하뉴'(도쿄 지유가오카)에서 17년간 경험을 쌓았다. 2008년 같은 열차노선에 있는 학예대학 앞에 개업해 부부 둘이서 경영하고 있다.

주소: 도쿄도 메구로구 다카반 3-12-5 RH 빌딩 1층 | 전화: 81-3-3719-5800

와타나베 마사야스 渡邉 匡康 · 스시 와타나베 鮨 わたなべ

같은 종류라도 산지와 계절에 따라 달라지는 풍미를 손님에게 잘 전달해 즐길 수 있게 하는 데 심혈을 기울이고 있다고 한다. 중매업자나 동종업계 종사자와 정보를 밀접하게 교환하면서 직접 눈과 혀로 확인해 스시 재료의 좋은 점을 끌어낼 수 있도록 최선을 다한다. 미니덮밥으로 내는 성게는 다른 산지의 맛을 동시에 즐길 수 있어 평이 좋아 간판 메뉴가 되었다. 서일본 각지에서 온 분홍성게와 홋카이도산 북쪽말똥성게 등 대여섯 종류를 올리고 있다.

와타나베 마사야스
1973년 교토 출생. '오카자키 쓰르야'(교토 오카자키)에서 2년간 일본요리를 배운 후에 호주의 일본요리점을 거쳐 25세부터 도내의 스시집에서 11년간 경험을 쌓았다. 조리장을 경험한 후 2014년에 독립해 개업했다.

주소: 도쿄도 신주쿠구 아라키초 7 산반칸 1층 | 전화: 81-3-5315-4238

이시카와 다이치 石川 太一 · 스시 다이치 鮨 太一

스시 다이치에는 에도 마에의 전통을 이은 스시가 많다. 아래 사진 속 다랑어 혼즈케는 여름에 나오는 다랑어의 붉은살을 덩어리째 데쳐 표면을 굳히고 니키리 간장에 반나절 담가서 만든다. 또 오징어도 최근에 드문 스시 재료인 다루마이카(창오징어 새끼)와 무기이카(살오징어의 지방 명칭)를 간장과 맛술로 부드럽게 조려서 스시를 쥔다. 오징어의 흰색을 유지하기 위해 담백한 맛 간장을 조절해 사용한다고 한다.

이시카와 다이치
1974년 도쿄 출생. 본가에서 스시집을 경영한다. 도쿄 스시집 여러 곳에서 경험을 쌓은 후 '스시 잇큐'(도쿄 히몬야) 등에서 조리장을 거쳐 2008년에 독립했다.

주소: 도쿄도 추오구 긴자 6-4-13 아사키 빌딩 2층 | 전화: 81-3-3573-7222

고바야시 도모키 小林 智樹 · 고비키초 도모키 木挽町 とも樹

재료를 준비할 때 조미료의 배합과 사용 방법을 구별하고 타이밍을 조금씩 바꾸는 등 시행착오를 반복하며 이상적 맛을 추구하는 데 여념이 없다. 재료는 주로 쓰키지 시장을 중심으로 들여오는데 지방의 희귀한 재료도 직송해서 다양성을 늘리고 있다. 오마카세 코스는 기본 안주 이후 다랑어와 같은 에도 마에를 대표하는 당일 추천 재료 3종으로 스시를 내고, 그 후에는 술안주와 교대로 낸다. 나머지는 손님이 술을 마시는 속도 등에 맞추어 임기응변으로 응대한다.

고바야시 도모키
1974년 도쿄 출생. 대학 졸업 후 '사사키' 등에서 약 10년간 경험을 쌓았다. 2007년 가부키좌에 가장 가까운 긴자 고비키초에 독립했다.

주소: 도쿄도 추오구 긴자 4-12-2 | 전화: 81-3-5550-3401

스가야 쇼고 周嘉谷 正吾 · 쓰구 스시마사 継ぐ 鮨政

가볍게 들러서 니기리즈시를 몇 개를 먹고 돌아가는 손님도 환영한다고 한다. 추천 코스 오마카세도 있는데 취향에 맞게 주문하는 손님이 많다. 쓰구 스시마사 스시의 특징 중 하나는 식초에 있다. 적초를 반까지 졸여서, 소금, 설탕으로 간을 해서 재웠다가 밥과 섞기 직전에 쌀식초를 섞는다. 적초는 산미가 날아가기 쉬워 밤 늦게까지 유지되지 않기 때문에, 감칠맛 진액을 만들어 놓고 산미가 오래 지속되는 쌀식초를 보충하는 방법을 고안했다.

스가야 쇼고
1974년 도쿄 출생. 대학 졸업 후 도쿄 스시집 두 곳에서 스시를 배우고 '와시'(니시아자부)에서 5년간 부조리장으로 근무했다. '도쿠야마즈시'(사가현 나가하마)에서 1년간 경험을 쌓고 2008년에 독립했다.

주소: 도쿄도 신주쿠구 아라키초 8 가인드 스테이지 요쓰야 3초메 1층 | 전화: 81-3-3358-0934

마쓰모토 다이스케 松本 大典 · 스시 마쓰모토 鮨 まつもと

장소가 어디라도 배운 대로 에도 마에 스시를 만드는 것을 기본으로 생각한다. 관서지역에서 대중적인 옥돔과 희귀한 비와호의 비와송어는 교토의 지방색을 살리고자 도입했는데, 나머지는 도쿄 시절과 다르지 않다. 생선에 식초와 소금을 강하게 주고 적초로 만든 스시밥 등은 에도 마에 전통을 고수한다. 교토 스시문화는 도쿄와 다르지만, 인상이 강한 에도 마에 스시도 저항 없이 받아들여준다.

마쓰모토 다이스케
1974년 가나가와현 출생. 18세부터 집에서 경영하는 스시집에서 일하다 24세에 도쿄 스시집에서 경험을 쌓았다. 다음해부터 '신바시 시미즈'(도쿄 신바시)에서 5년간 경험을 쌓은 후 2006년 4월에 교토에서 독립했다.

주소: 교토시 히가시야마구 기온초 미나미가와 570-123 | 전화: 81-75-531-2031

이와 히사요시 岩 央泰 · 긴자 이와 銀座 いわ

스시는 재료와 스시밥의 양의 균형, 쥘 때 힘 조절에 가장 신경을 쓴다고 한다. 스시밥은 적초 100%로 밥알이 약간 단단하게 짓는다. 주문은 대부분 술안주와 니기리즈시를 섞은 코스인데, 스시 재료의 종류, 순서, 고추냉이 양 등은 손님의 취향을 세심하게 들어보고 정한다. 또 마무리로 김말이를 내놓을 때도 손님에게 나가는 타이밍에 맞추어 적은 양으로 다양한 종류를 모둠으로 낸다.

이와 히사요시
1975년 도쿄 출생. 조리학교 졸업 후 도쿄 스시집 '요헤에', '스시 가네사카'에서 배웠다. 2008년부터 '스시 이와'(긴자)에서 조리장으로 근무하다 2012년 긴자 이와를 개업했다. 2016년 현재 위치로 옮겼다.

주소: 도쿄도 추오구 긴자 8-4-4 미우라빌딩 | 전화: 81-3-3572-0955

곤도 다케시 近藤 剛史 · 스시 기즈나 鮨 きずな

다랑어 등을 제외하고 아카시산이 많고, 전복을 중심으로 세토 내해 일대의 어패류가 많다. 도미를 비롯한 각종 흰살 생선, 등푸른 생선, 오징어, 문어, 전복 등 다채롭다. 관서지역은 회처럼 씹는 맛이 있는 생생한 재료로 만드는 스시가 많은데, 곤도 장인은 적당히 숙성시켜 감칠맛을 올릴 뿐만 아니라, 스시밥과 하나가 될 수 있는 부드러움을 끌어낸다. 스시밥은 최근 수년간 단맛이 있는 관동 스타일에서 적초를 섞어 사용하는 에도 마에 스타일로 변화했다.

곤도 다케시
1975년 오카사 출생. 대학 졸업 후 스시를 배우기 시작했다. '히데스시'(오카사 미야코지마)에서 4년, '아카시 기쿠스이'(효고 아카시)에서 5년간 근무한 후 2008년 오사카에서 독립했다.

주소: 오사카시 미야코지마구 미야코지마 미나미도오리 2-4-9 후지미 하이츠 1층 | 전화: 81-6-6922-5533

하마다 쓰요시 浜田 剛 · 스시 하마다 鮨 はま田

스시 장인을 꿈꾼 이후에도 마에 스시를 최대한 끌어올리는 것을 지향해왔다고 한다. 가능한 다양한 스시를 내고 싶어서 술안주 종류를 줄이고 스시에 힘을 쏟는다. 스시밥은 적초를 강하게 들이고 그에 맞추어 재료도 소금, 식초로 확실하게 절이거나 조림장에는 단맛을 더하는 등 스시 하나하나가 강약이 있는 맛을 추구한다. 재료에 맞추어 스시밥의 양, 쥐는 힘을 조절하는 등 기본을 철저하게 지키고 있다.

하마다 쓰요시
1975년 미에현 출생. 17세부터 4년간 지역 스시집 '하마신'에서 배웠다. 에도 마에 스시를 배우려고 '긴자 스시아오키'(도쿄 긴자)에서 9년간 실력을 갈고닦은 후 2005년 독립했다.

주소: 가나가와현 요코하마시 나카구 오타마치 2-21-2 신칸나이 빌딩 1층 | 전화: 81-45-211-2187

구리야가와 고이치 厨川 浩一 · 스시 구리야가와 鮨 くりや川

스시 구리야가와의 추천 코스 오마카세는 스시로 시작한다. 그 후 술안주가 나오다가 다시 스시가 나온다. 처음 내는 스시는 허기를 느끼는 손님의 배를 진정시키기 위해서라고 한다. 개업 초기에는 제철 어패류로 계절감을 주는 데 주력했는데, 최근에는 인상이 강하고 손님들에게 지지를 많이 받는 다랑어의 붉은살로 낸다. 또 술안주 사이에도 허기를 달랠 수 있도록 조금씩 스시밥을 활용한 요리를 내고 있다.

구리야가와 고이치
1977년 시즈오카현 출생. 고등학교 졸업 후 가나가와현의 스시집과 도쿄의 일본요리점에서 총 10년간 경험을 쌓았다. 2005년부터 도쿄 니시아자부 스시집에서 6년간 조리장으로 근무한 후 2011년 12월에 독립했다.

주소: 도쿄도 시부야구 에비스 4-23-10 힐 사이드 레지던스 지하1층 | 전화: 81-3-3446-3332

사토 히로유키 佐藤 博之 · 핫코쿠 はっこく

스시밥은 두 종류의 적초를 배합해 진한 맛과 향을 강조한다. 다랑어의 맛에 지지 않는 강한 풍미를 추구한다. 다른 재료는 스시밥에 맞추어 맛을 조절한다. 주로 다랑어의 머리에 가까운 살로 만든 김말이로 시작하고 있다. 붕장어는 술과 물만 넣고 산뜻하게 조려서 죽탄염과 니쓰메 간장으로 간을 해 내고 있다. 따뜻하고 차갑게 온도 차이를 둔 두 종류 성게를 담아 만 군함말이, 윗면을 캐러멜화한 다마고야키 등 개성적인 방식이 많다.

사토 히로유키
1978년 도쿄 출생. 레스토랑에서 서비스업을 경험한 후 '스시 아키즈키'(도쿄 신센초)에서 배웠다. '아자키유키타카'(도쿄 아자부주반)에서 일본요리를 배운 후 2013년에 '스시 도카미'에서 조리장으로 근무했다. 2018년 2월에 '핫코쿠'를 개업했다.

주소: 도쿄도 추오구 긴자 6-7-6 라페 빌딩 3층 | 전화: 81-3-6280-6555

마스다 레이 増田 励 · 스시 마스다 鮨 ます田

스시 마스다는 다루는 재료의 종류가 많고 전통 재료부터 최근 도입한 재료까지 다양한데, 스시에 어울린다고 생각되면 적극적으로 도입한다고 한다. 쌀식초를 조합한 스시밥은 산미를 강하게 준다. 재료는 스시밥과 균형을 맞추어 준비한다. 또 재료의 적정온도에도 신경을 쓴다. 본문에서 소개한 금눈돔은 상온보다 높은 편이지만, 백합은 상온, 고하다는 상온과 냉장의 중간, 전갱이와 정어리는 썰은 후 냉동실에서 1~2분 두는 등 섬세하게 설정한다.

마스다 레이
1980년 후쿠오카 출생. 출신지 근처 스시집 '텐즈시'와 일본요리점 등에서 스시와 요리의 기본을 배웠다. 2004년부터 '스기야 아시 지로'(도쿄 긴자)에서 9년간 경험을 쌓은 후 2014년에 개업 독립했다.

주소: 도쿄도 미나토구 미나미아오야마 5-8-11 BC 미나미아오야마 PROPERTY 지하1층 | 전화: 81-3-6418-1334

스시 관련 기본 용어

ㄱ

- **가리**(ガリ) = 초생강
  초생강을 말한다. 생강을 덩어리째로 혹은 얇게 썰어서 단식초에 담근다. 날생선이 많은 스시를 먹을 때 독성을 제거하고 입맛을 새롭게 하는 용도로 곁들이게 되었다. '가리'는 스시 업자끼리 부르는 말 중 하나다.

- **겉면 굽기** ☞ 아부리

- **곤부즈케**(昆布締め) = 다시마 절임
  흰살 생선을 썰어서 다시마 사이에 끼우거나 또는 한쪽 면에 대서 다시마의 감칠맛을 생선에 배도록 하고 또 생선의 수분을 다시마에 흡수시켜 살을 단단하게 만드는 방법이다. 스시 한 개 크기로 썰기도 하고 3장 또는 5장으로 포를 뜨기도 하며 혹은 덩어리째 만드는 등 방법은 다양하다. 또 다시마의 종류, 다시마의 밑처리, 절이는 시간도 스시집과 어종에 따라 제각각이다.

- **구이** ☞ 시라야키

- **군칸마키**(軍艦巻き) = 군함말이
  쇼와 시대에 다양한 니기리즈시를 만들려는 노력으로 탄생되었다. 스시밥을 김으로 한 바퀴 뺑글 두른 후 위쪽에 재료를 올려서 만드는데 모습이 군함을 떠올린다고 해 이 이름이 붙었다. 연어 알, 성게, 뱅어, 고바시라 등 작거나 부드러워서 형태가 망가지기 쉬운 재료로 주로 만든다.

- **군함말이** ☞ 군칸마키

- **김말이** ☞ 마키모노

ㄴ

- **나레즈시**(熟れ鮨)
  생선 등을 소금에 절여 발효시킨 음식.

- **나미기리**(波切り) = 물결 모양 썰기
  전복이나 문어처럼 살이 단단하고 탄력이 좋은 재료를 얇게 써는 방법을 말한다. 칼을 눕히고 구불구불 움직이며 엇베어 썰어서 표면에 물결무늬를 만든다. '사자나미기리'라고 말하기도 한다.

- **네타** ☞ 다네

- **누름초밥** ☞ 오시즈시

- **니기리즈시**(握りずし) = 쥠 초밥
  에도 마에 스시를 대표하는 요리로 작게 정리한 스시밥 위에 재료를 올리고 밥과 재료가 잘 어울리도록 쥐어 만든 것을 말한다. 초기에는 주먹밥 정도 크기였는데 현대에 들어오면서 한입에 먹을 수 있는 크기로 줄었고 최근에는 점점 작아지는 추세다.

- **니쓰메**(煮ツメ)
  붕장어, 백합, 갯가재, 문어, 조린 전복, 조린 오징어 등 조려서 준비하는 재료에 바르는 간장을 말한다. 바싹 졸인다는 '니쓰메루(煮つめる)'에서 온 말로 간단히 쓰메라고 말하기도 한다. 보통 붕장어의 조림장으로 자주 사용하는데 조미료로 맛을 정리해 농도가 끈끈해질 때까지 바싹 졸여서 사용한다. 일반적으로 니쓰메 한 종류를 다양한 재료에 사용하는데 재료마다 니쓰메를 다르게 준비하는 곳도 있다.

- **니키리 술**(煮切り酒)
  술을 냄비에 넣고 가열해 알코올을 날린 것.

- **니키리**(煮切り)
  니기리즈시에 바르는 간장으로 정확하게는 니키리 간장을 말한다. 간장, 술, 혹은 맛술을 섞어 끓여서 알코올을 날려 만든다. 최근에는 육수를 추가하는 곳도 있다. 스시를 쥔 후 재료 위에 솔로 한 번 바르거나, 즈케의 절임장으로 사용하거나, 회에 곁들이는 간장으로 사용하기도 한다.

ㄷ

- **다네(タネ) = 재료, 네타**
  요리의 재료를 말한다. 스시에서 어패류나 달걀말이, 오보로, 박고지 조림 등 재료를 가리킨다. 거꾸로 읽은 '네타'는 원래는 스시 장인들이 사용하던 은어였다. 최근에는 일반에도 널리 알려졌으며 특히 한국에는 네타로 더 많이 통용된다.

- **다시마 절임** ☞ 곤부즈케

- **다테시오(立て塩) = 소금물**
  염분농도가 해수와 같은 정도(3%)인 소금물을 말한다. 재료에 소금의 짠맛을 더하거나 소금기를 뺄 때 쓴다.

- **데치기** ☞ 유시모/유비키

- **등푸른 생선** ☞ 히카리모노

ㅁ

- **마루즈케(丸付け) = 통 쥐기**
  고하다, 신코를 스시로 쥐는 방법으로 한 마리를 통째로 재료로 쓸 때를 말한다. 큰 고하다를 반으로 썰어 쥐면 반쪽 쥐기(片身付け)라고 말한다. 한편 몸이 작은 신코는 여러 마리를 겹쳐서 쥐는데 숫자에 따라 1장 쥐기(一枚付け), 2장 쥐기(二枚付け), 3장 쥐기(三枚付け) 등으로 부른다.

- **마키모노(巻きもの) = 김말이**
  김발을 사용해서 만든 김말이(海苔巻き)를 말한다. 에도 마에 스시에서 김말이는 김과 스시밥을 기본으로, 한 종류의 재료(박고지, 오보로, 오이, 다랑어 등)만 넣고 가늘게 말아서 일본어로 가늘다는 뜻의 호소마키(細巻き)를 가리킨다. 오사카 스시나 각 지방의 향토 스시로 다양한 재료를 조합해 두껍게 말아 두껍다는 뜻의 후토마키(太巻き)가 있다.

- **모양초밥** ☞ 스가타즈시

- **무시아와비(蒸し鮑) = 찐 전복**
  원래는 찜기에 쪄서 부드럽게 익힌 전복을 가리키는 말인데 스시집에서 부드럽게 조려서 만든 전복도 무시아와비라고 부를 때가 많다. 정확하게 말하면 후자는 니아와비(조린 전복)다.

ㅂ

- **배합초** ☞ 스시즈

- **벚꽃색 조림** ☞ 사쿠라니

- **볏짚 구이** ☞ 와라야키

- **보즈시(棒寿司) = 봉초밥**
  스시밥 위에 식초에 절인 재료를 올리고 김발이나 행주 등으로 말아서 둥그스름한 봉 모양으로 정리한 스시를 말한다. 고등어가 대표적이지만, 붕장어, 갯장어, 흰살 생선 등 다양한 재료로 만들고 있다.

- **봉초밥** ☞ 보즈시

- **붉은살** ☞ 아카미

ㅅ

- **사쿠(サク) = 스시용 덩어리**
  손질해 포를 뜨거나 껍질, 잔가시, 검붉은 살 등을 제거하고 회나 스시용 크기로 곧바로 자를 수 있도록 잘라서 정리한 것을 말한다. 이 작업을 사쿠토리, 사쿠를 만든다고 말한다.

- **사쿠라니(桜煮) = 벚꽃색 조림**
  문어를 조리하는 방법 중 하나다. 많은 스시집이 주로 술, 설탕, 간장 등으로 간을 해 부드럽게 조리는데, 문어 껍질이 아름다운 붉은색으로 변하기 때문에 벚꽃에 빗대어 이 이름이 붙었다. 현재는 문어의 다리를 통째로 장시간 조리는 방법이 일반적이지만, 에도 시대 요리 기록에 남아 있는 벚꽃색 조림은 다리를 얇게 썰어서 간장 풍미로 살짝 조린 것을 말했다. 원형으로 썬 문어 다리가 조려질 때 수축하는 모양이 벚꽃과 닮아 이 이름이 붙었다.

- 상자초밥 ☞ 하코즈시

- 생초 ☞ 키즈

- 소금물 ☞ 다테시오

- 술지게미 식초 ☞ 아카즈

- 슈세우오(出世魚) = 출세어
  치어에서 성어로 성장하는 단계마다 명칭이 다르고 각 단계마다 귀중하게 다루어지는 생선을 말한다. 예시는 표준 이름(성어)으로 정리한다.

  ◦ 고노시로(コノシロ) = 전어
    신코(シンコ) → 고하다(コハダ) → 나카즈미(ナカズミ)/나가쓰미(ナガツミ) → 고노시로(コノシロ)

  ◦ 부리(ブリ) = 방어
    와카시(ワカシ) → 이나다(イナダ)/하마치(ハマチ) → 와라사(ワラサ) → 부리(ブリ)
    쓰바스(ツバス) → 하마치(ハマチ) → 메지로(メジロ) → 부리(ブリ)

  ◦ 스즈키(スズキ) = 농어
    세이고(セイゴ) → 훗코(フッコ) → 스즈키(スズキ)

또 출세어라고 부르지 않지만, 성장하면서 이름이 바뀌는 생선도 있다.

  ◦ 구로마구로(クロマグロ) 혼마구로(ホンマグロ) = 참다랑어
    고메지(コメジ) → 메지(メジ)/요코와(ヨコワ) → 추보(チュウボウ)/마구로(マグロ) → 구로마구로(クロマグロ)/혼마구로(ホンマグロ)/오오마구로(オオマグロ)

  ◦ 아나고(アナゴ) = 붕장어
    노레소레(ノレソレ) → 아나고(アナゴ)

  ◦ 사와라(サワラ) = 삼치
    사고시(サゴシ)/사고치(サゴチ) → 나기(ナギ) → 사와라(サワラ)

  ◦ 치다이(チダイ) = 붉돔
    가스고(カスゴ) → 치다이(チダイ)

- 스가타즈시(姿寿司) = 모양초밥
  생선을 한 마리 모양 그대로 만드는 스시를 말한다. 모습을 뜻하는 말인 '스가타'와 스시가 합성된 말이다. 머리가 붙은 상태로 몸만 펼친 후 내장과 뼈를 제거하고 살은 식초에 절여서 스시밥과 함께 채워서 원래 생선 모양을 만든다. 샛돔(이보다이), 아지, 작은 도미, 은어, 고등어, 꽁치 등이 대표적이다.

- 스시용 덩어리 ☞ 사쿠

- 스시즈(すし酢) = 배합초
  스시밥에 쓰는 배합초를 말한다. 에도 마에 스시에서는 식초와 소금이 기본이었는데, 최근에는 설탕을 더하는 것이 일반적이 되었다. 설탕을 더함으로써 단맛 외에 윤기가 나고 맛도 매끄러워졌다.

- 스아라이(酢洗い) = 식초 담그기
  재료를 식초에 살짝 담그거나 식초를 뿌려서 식초의 풍미를 가볍게 더하는 조리법을 말한다. 스시의 경우 어패류를 식초에 절이는 일이 많고, 소금으로 절인 재료를 물로 씻은 후 식초에 살짝 담갔다 꺼낸 후 새 식초에 담그기도 한다. 어패류의 비린내나 오염물을 식초로 씻어내고, 절임용 식초를 깨끗하게 해 풍미를 좋게 할 수 있다. 이때 사용하는 식초는 생식초, 물로 희석한 식초, 이전에 사용했던 식초 등 스시집마다 다양하다.

- 스지메(酢締め) = 식초 절임
  주로 등푸른 생선을 준비하는 방법이다. 소금을 뿌려서 여분의 수분을 제거한 후에 식초에 담가서 비린내를 빼면서 감칠맛을 끌어낸다. 식초 절임 고등어가 잘 알려져 있는데 고하다도 기본 식초에 절인다. 사용하는 식초의 종류는 쌀식초, 적초, 양조식초 등 스시집마다 다양하다.

- 시라야키(白焼き) = 구이
  재료를 조미료로 간을 하지 않고 그대로 구워서 익히는 것을 말한다.

- 시메루(締める) = 절이다
  생선에 소금을 뿌리거나 식초에 담그거나 다시마를 대는 등 생선에서 여분의 수분을 빼고 살을 단단하게 응축시켜 감칠맛을 끌어내는 과정을 말한다.

☞ 곤부지메(다시마 절임) 항목 참고
☞ 스지메(식초 절임) 항목 참고

· 시모후리 ☞ 유시모/유비키

· 식초 담그기 ☞ 스아라이

· 식초 절임 ☞ 스지메

· 신경 파괴 ☞ 이케지메

ㅇ

· 아부리(あぶり) = 겉면 굽기
스시 재료의 표면을 숯불, 볏짚, 가스불 등으로 가볍게 굽는 것을 말한다. 일반적으로 지방이 많은 재료의 겉면만 살짝 구워서 지방을 적당하게 제거해 산뜻한 맛을 살리며 동시에 바삭한 식감과 고소함을 더하는 것이 목적이다. 지방이 많은 대뱃살의 인기가 많아지고 또 지방층이 마블링된 고급 소고기를 스시 재료로 들여오면서 시작된 새로운 기법이다. 붕장어나 껍질째 사용하는 지방이 풍부한 흰살생선을 비롯해 함박조개 등에 쓰는 곳도 많다.

· 아카미(赤身) = 붉은살
좁은 의미로는 다랑어 등뼈 주위에 있는 지방이 적고 선명한 붉은색을 띤 살을 말한다. 쇼화 초기만 해도 다랑어라고 하면 붉은살을 말했고 뱃살보다 사랑받았다. 넓은 의미로는 다랑어, 가다랑어, 황새치 등 살이 붉은 생선을 말한다.

· 아카즈(赤酢) = 적초, 술지게미식초, 지게미식초
술지게미를 원료로 발효 제조한 식초다. 쌀식초보다 붉은색을 띠고 있어서 '적초'라는 통칭으로 부르고 있다. 이 책에서도 적초라고 표기한다. 감칠맛이 있고 향이 좋으며 온화한 신맛이 특징이다. 쌀식초보다 역사가 짧아서 에도시대 후기부터 만들기 시작했는데 에도 마에 스시와 함께 단숨에 보급되었다 ㄱ 후 쌀식초가 부활하며 적초는 영향력이 줄었으나 최근에는 에도 마에 스시의 기원으로 돌아가고자 적초를 사용하는 곳이 늘고 있다. 술지게미 100% 제품 외에도 쌀식초, 양조용 알코올, 과일식초 등을 배합한 색이 옅은 제품도 있다. 직접 여러 종류의 적초를 배합하거나 쌀식초와 섞어서 사용하는 곳도 많다.

· 야키시모(焼き霜)
껍질이 붙은 상태로 손질한 생선을 처리하는 방법으로, 껍질만 강한 불로 살짝 노릇한 색이 나오도록 굽고 냉수에 식힌다. 비린내를 없애고 고소한 향을 내며 감칠맛을 한층 끌어올리고 껍질이 부드러워진다.

· 에도 마에(江戶前)
에도 마에란 우리말로 '에도의 앞'이라는 뜻으로 원래는 에도 지방의 앞 바다, 즉 지금의 도쿄만을 가리켰다. 에도 앞 바다에서 잡은 어패류, 더욱이 그 어패류를 재료로 만든 니기리즈시, 튀김, 장어 등의 요리를 의미했다. 지금은 어패류의 산지에 상관없이 전통적인 조리법과 대접 방법을 따르는 스시를 에도 마에 스시라고 부르게 되었다.

· 엔가와(えんがわ) = 지느러미살
스시 재료에서는 광어의 지느러미살을 가리킨다. 지느러미 뿌리 부근 살로 지방이 풍부하고 오독오독한 식감으로 사랑받는 재료다. 채취량이 적기 때문에 흔하지 않은 만큼 비싸다. 스시 재료로는 가자미 엔가와, 전복 엔가와도 있다.

· 오보로(おぼろ)
스시에서는 새우나 흰살 생선(도미, 광어 등)으로 만드는 오보로와 달걀노른자로 만드는 스오보로 두 종류를 가리킨다. 둘 다 조미료로 맛을 들이고 볶아서 미세한 입자 상태로 만든다.

  ○ 오보로
  전통적인 오보로는 중하나 흰살 생선으로 만들었는데, 보리새우를 사용하는 곳도 있다. 새우를 데친 후 갈아서 술과 설탕으로 간을 한 후 바싹 볶아서 작은 입자로 만든다. 오보로를 재료로 해 스시를 쥐거나 새우, 보리멸, 학꽁치, 달걀말이 등에 오보로를 조금 곁들이는 스시가 전통적이다. 호소마키, 후토마키, 지라시즈시에도 사용한다.

  ○ 달걀노른자 스오보로(黃身酢おぼろ)
  식초를 더한 달걀물(달걀노른자 또는 전란)을 아주 섬세한 입자 형태로 볶아서 만드는데 식초의 은은한 신맛이 특징이다. 가스고, 보리새우를 스오보로에 담그니 발리서 스시를 친다.

- 오시즈시(押し寿司) = 누름초밥
  틀에 넣고 눌러 만든 초밥.

- 오토시(落とし)
  작게 썬 후 순간적으로 뜨거운 물에 데치는 회의 한 종류.

- 와라야키(藁焼き) = 볏짚 구이
  불을 붙인 볏짚에 생선의 겉면을 살짝 대 훈제향을 더하고 표면을 어렴풋이 구워서 단단하게 하는 조리법을 말한다. 여분의 지방이 빠져나가 산뜻하게 먹을 수 있다. 가다랑어의 도사즈쿠리(土佐造り)가 대표적이다. 이 책에서는 메지마구로(다랑어 유어), 삼치, 고등어 식초 절임을 예로 소개한다.

- 유시모(湯霜)/유비키(湯引き) = 데치기, 시모후리
  손질한 어패류의 살에 뜨거운 물을 살짝 끼얹거나 살을 뜨거운 물에 담가서 표면을 굳히는 것을 말한다. 서리가 내린 것처럼 하얗게 된다고 해 '시모후리'라고도 부른다. 비린내, 점액질, 여분의 지방을 빼거나 껍질을 부드럽게 하는 것이 목적이다. 살이 지나치게 익지 않도록 행주를 씌우고 뜨거운 물을 뿌리거나 곧바로 냉수에 담가서 식힌다. 냉수 대신에 냉동실에서 재빨리 식히는 곳도 있다. 껍질이 아름다운 생선이나 껍질에 감칠맛이 있는 생선의 껍질을 살리고자 할 때는 껍질 서리라는 뜻으로 가와시모(皮霜)라고 부르기도 한다.

- 이리자케(煎り酒)
  매실 절임의 풍미를 담은 술로 주로 회를 만들 때 절임장 대신에 사용한다. 술에 매실 절임을 넣고 약한 불로 바싹 조린 후 거른 것으로, 가다랑어포나 담백한 맛 간장 등을 추가하기도 한다.

- 이케지메(活け締め) = 신경 파괴
  신선한 생선을 살아 있는 동안에 순식간에 등뼈를 잘라서 혈관과 척수를 절단하거나 혹은 송곳으로 뇌를 파괴하고 피를 빼는 처리방법을 말한다. 사후 경직이 지연되어 신선도를 장시간 유지할 수 있을 뿐만 아니라 감칠맛도 늘어난다. 척수에 철사 등을 꽂아서 조직을 부수는 신경 파괴(신경 죽이기) 공정을 하기도 있다. 신경 파괴를 하면 더욱 효과가 올라간다. 그 후 아가미, 내장, 피 덩어리를 깨끗하게 제거한 상태로 혹은 3장으로 포를 떠서 일정 시간 둔 후 사용한다.

- 인로(印籠) = 인롱
  재료의 속과 내장을 빼고 다른 재료를 채워넣은 요리를 말한다. 스시에서는 오징어를 조린 후 몸통 안에 스시밥과 다른 재료를 채운 것이 대표적이다. 원래 인롱은 도장과 인주 또는 약을 넣는 휴대용 용기인데 만든 후 모습이 닮아서 이 이름이 붙었다.

- 인롱 ☞ 인로

ス

- 재료 ☞ 다네

- 적초 ☞ 아카즈

- 쥘 초밥 ☞ 니기리즈시

- 즈케(ヅケ) = 절임
  다랑어(마구로)의 붉은살을 니키리 간장(☞ 니키리 항목 참고)에 담가 절이는 조리법을 말한다. 현대에는 뱃살이나 흰살 생선을 즈케하기도 한다. 원래는 냉장 설비가 없던 에도시대에 다랑어를 장기 보관하는 방법으로 고안되어 덩어리째 절였는데 현대는 스시 한 개 크기로 썰어서 아주 짧은 시간만 절이는 방법도 있다.

- 즈케코미(漬け込み) = 담그기
  백합이나 갯가재 등을 조리하는 방법으로 한 번 데친 후에 간장, 맛술, 설탕 등으로 조미해 상온으로 식힌 담금장에 푹 담가서 시간을 들여 맛을 들이는 방법을 말한다. 전통 에도 마에 스시 조리법 중 하나다.

- 지게미식초 ☞ 아카즈

- 지느러미살 ☞ 엔가와

- 지라시즈시(ちらしずし)
  식초와 소금으로 간을 맞춘 밥을 그릇에 담아 생선·조개·달걀부침 등을 얹은 초밥.

- 찐 전복 ☞ 무시아와비

ㅊ

- 초생강 ☞ 가리

- 출세어 ☞ 슈세우오

ㅋ

- 키리츠케(切りつけ)
  스시용 덩어리(사쿠)로 잘라서 정리한 생선의 살을 스시 재료나 회용으로 얇게 써는 일을 말한다.

- 키즈(生酢) = 생초
  희석하거나 가열하거나 간을 하지 않은 원래 상태의 식초를 말한다.

ㅌ

- 통 쥐기 ☞ 마루즈케

ㅎ

- 하마유데(浜ゆで)
  어패류를 잡은 직후에 산지에서 데쳐서 들여오는 것을 말한다. 해변 또는 항구를 뜻한 하마(浜)와 데친다는 뜻의 유데루(ゆでる)가 합쳐진 말.

- 하코즈시(箱寿司) = 상자초밥
  오사카에서 시작된 오시즈시(누름초밥)를 말한다. 목제 틀에 재료와 스시밥을 채워넣고 틀을 빼서 직사각형으로 만든다. 흰살 생선, 등푸른 생선, 새우, 붕장어 등 다양한 재료로 만든다. 특히 식초 절임 고등어 하코즈시를 '밧테라'라고 부른다.

- 히모큐(ひもきゅう) = 외투막과 오이 김말이
  조개의 외투막을 가리키는 일본어 '히모'와 오이 '큐리'을 합성한 말로 피조개 외투막과 오이를 가운데 넣고 만든 김말이 초밥을 말한다. 유사한 작명으로 아나큐(붕장어와 오이), 에비큐(에비와 오이)도 있다.

- 히카리모노(光りもの) = 등푸른 생선
  등이 푸른 생선이나 비늘에 광택을 띤 소형 어류를 말한다. 껍질째 식초에 절이거나 다시마에 절인다. 고하다, 신코, 전갱이, 고등어, 학꽁치, 가스고, 보리멸 등이 대표적이다. 재료를 준비하기 까다롭고 조리 실력에 따라 맛의 차이가 커서, 흔히 등푸른 생선을 먹어보면 그 스시집의 레벨을 알 수 있고 말한다.